« RÉPONSES »
Collection dirigée par Sylvie Angel
et Abel Gerschenfeld

TRACY HOGG
avec la collaboration de MELINDA BLAU

LES SECRETS D'UNE CHARMEUSE DE BÉBÉS

Traduit de l'américain par Viviane Mikhalkov

ROBERT LAFFONT

Titre original : SECRETS OF THE BABY WHISPERER

ISBN : 2-221-09556-1
(édition originale : ISBN 0-345-44075-7 Ballantine Books, New York)

À Sara et à Sophie.

Les diverses anecdotes relatées dans ce livre ne sont pas nécessairement arrivées réellement. Certains portraits ont été composés à partir de différentes personnes, mais les noms et les détails caractéristiques ont été modifiés afin de protéger leur vie privée.

Bien que les renseignements et les conseils dispensés dans ces pages aient fait l'objet d'une révision par des spécialistes, ils ne sauraient se substituer aux avis de votre médecin traitant et autres professionnels de la santé. Je vous engage vivement à les consulter pour toute question requérant un suivi médical ou un diagnostic, de même qu'avant d'administrer ou d'entreprendre quelque traitement que ce soit.

Avant-propos

« Quels livres devrais-je lire ? » me demande-t-on souvent. Si la question me place devant un dilemme, ce n'est pas celui de conseiller un ouvrage bien documenté sur le plan médical, mais plutôt de citer un texte simple et pratique, donnant des avis individualisés sur le comportement et le développement des nouveau-nés. Grâce aux *Secrets d'une charmeuse de bébés*, ce problème est maintenant résolu.

Avec son livre, Tracy Hogg offre un cadeau précieux aux parents, qu'ils soient jeunes ou expérimentés – je veux parler du talent de comprendre son enfant. Grâce au cadre qu'elle leur fournit, ils seront en mesure de décrypter très tôt le tempérament de leur bébé, d'interpréter son comportement et sa façon de communiquer. Elle propose un ensemble de solutions pratiques et faciles à mettre en œuvre pour remédier aux problèmes propres aux nourrissons, tels que pleurs excessifs, alimentation trop fréquente ou manque de sommeil. Écrit sur le mode de la conversation, ce livre est à la fois pratique et intelligent, léger mais truffé de conseils judicieux valables pour les bébés les plus difficiles. On appréciera le ton « très british » des plaisanteries de Tracy.

La surinformation, qu'elle provienne de parents et d'amis remplis des meilleures intentions ou de livres et de publications en ligne, est pour beaucoup de jeunes parents source de confusion et d'inquiétude avant même que leur bébé soit là. Les ouvrages traitant des problèmes propres aux nouveau-nés sont souvent trop dogmatiques ou, pis, dénués de vision globale. Confrontés à ce tir de barrage, les parents inexpérimentés s'en remettent souvent au « coup par coup », et leur éducation, fondée sur les meilleures intentions du monde, risque fort d'engendrer de nouveaux problèmes.

Tracy souligne l'importance de mettre en place une structure routinière. Elle propose un cycle auquel elle donne le nom de EASY, acronyme formé à partir de la première lettre en anglais des trois temps forts de la vie de Bébé – alimentation (*eating*), activités (*activities*) et sommeil (*sleep*) – auxquels elle ajoute le Y (*you*) correspondant au temps libre laissé à l'adulte, la maman et le papa. Respecter le programme établi aide non seulement Bébé à trouver l'apaisement en faisant appel à ses ressources personnelles sans le secours du sein ou du biberon, mais également les parents à ne pas se laisser déborder.

Si Bébé pleure après avoir été nourri, ses parents sauront interpréter plus justement son besoin.

Aux mamans et aux papas qui brûlent de s'occuper de tout et vivent déjà en parents avant même l'arrivée de leur enfant, Tracy propose une méthode destinée à freiner leurs ardeurs. Dénommée STOP, elle comporte des suggestions qui simplifient considérablement la vie de toute la famille pendant l'inévitable et difficile période d'adaptation qui suit l'arrivée de Bébé. Capables d'anticiper les problèmes, de percevoir les signaux ténus que Bébé leur adresse, les parents apprendront à écouter leur petit, à décrypter les mouvements de son corps, puis, se fondant sur ses réactions, à interpréter ses besoins essentiels.

Les parents qui liront ce livre tardivement, alors que leur enfant n'est plus un nouveau-né, découvriront eux aussi dans ces pages des conseils utiles pour démêler et résoudre des problèmes de longue date et trouver les solutions les mieux adaptées. Avec un minimum d'attention, d'anciennes habitudes peuvent être modifiées. Pas à pas, Tracy conduit les papas et les mamans le long du chemin. Elle leur redonne confiance en eux, tout en leur démontrant que la tâche de parent n'est pas nécessairement un enfer. Oui, les mauvaises habitudes peuvent être corrigées, qu'il s'agisse du sommeil de Bébé ou de la maniaquerie du conjoint. Comme en témoigneront ses pages écornées, *Les Secrets d'une charmeuse de bébés* deviendra un livre apprécié de tous les parents, l'ouvrage de référence que nous attendions tous.

Et maintenant, bonne lecture !

Jeannette J. LEVENSTEIN,
interne des hôpitaux, membre de la FAAP
(groupe médical pédiatrique de Valley, Encino, Californie),
pédiatre au centre médical Cedars Sinai de Los Angeles
ainsi qu'au Children's Hospital de Los Angeles

INTRODUCTION

Comment je suis devenue une charmeuse de bébés

La meilleure façon de rendre les enfants bons, c'est de les rendre heureux.

Oscar WILDE

Apprendre la langue de bébé

Laissez-moi vous dire tout de suite, jolie maman, que je ne me suis pas autoproclamée « charmeuse de bébés » : c'est une maman comme vous qui m'a décerné ce titre. Avant elle, bien des parents m'exprimaient déjà leur affection en m'appelant la fée, la magicienne, voire l'ogresse en référence à mon nom de famille aussi bien qu'à mon bel appétit. Mais tout cela était un tantinet mystérieux ou effrayant pour mon goût. Alors que charmeuse de bébés, là, oui ! J'avoue que ça m'a plu. D'ailleurs, cela rend assez bien l'esprit de ce que je fais.

Peut-être avez-vous rencontré de ces charmeurs de chevaux comme en incarne Robert Redford dans le film qu'il a tiré du livre *L'homme qui murmurait à l'oreille des chevaux*. Dans ce cas vous vous rappelez certainement comment le héros parvient à guérir le malheureux animal : pas à pas, avec une patience infinie, il avance en direction du cheval. Arrivé à distance respectueuse, il s'immobilise, l'oreille tendue et l'œil aux aguets, puis il reprend sa progression. Lorsqu'il a enfin réussi à s'approcher du cheval, il le regarde droit dans les yeux en lui parlant doucement. Tout au long de son travail d'apprivoisement, le dompteur n'a pas dévié d'un pouce de sa stratégie et c'est par son inébranlable sérénité qu'il est parvenu à calmer l'étalon.

Comprenez-moi bien, je ne compare pas les nouveau-nés à des chevaux (bien que tous les deux soient des animaux doués de perception) ; je dis seulement que les manières de l'homme qui murmurait à l'oreille des chevaux correspondent assez bien à la façon dont j'apprivoise les bébés. On voit donc que ma méthode n'a rien de vraiment mystérieux, même si les parents me prêtent un don spécial. Ce talent toutefois n'est pas le fait de quelques rares élus. Savoir « parler à l'oreille » d'un bébé est une question de respect, d'observation et d'écoute. Évidemment, décrypter les signaux qu'il adresse ne s'apprend pas en une nuit, mais il n'est pas non plus obligatoire de s'être exercé comme moi sur plus de cinq mille nourrissons. En fait, n'importe qui possède ce don, et tous les parents du monde devraient savoir comment le mettre en œuvre. Pour cela, il suffit de connaître quelques trucs – les bons – et mon propos est justement de vous les enseigner.

Mon apprentissage personnel

On pourrait dire que j'ai passé ma vie à me préparer au métier que j'exerce aujourd'hui. J'ai grandi dans le Yorkshire – là où l'on fait le meilleur pudding du monde, soit dit en passant. La personne qui a eu le plus d'influence sur moi a été Nan, ma grand-mère maternelle. Aujourd'hui, à l'âge de quatre-vingt-six ans, elle demeure la femme la plus patiente, la plus douce et la plus aimante que j'aie rencontrée dans ma vie. Elle aussi avait ce don de charmer les bébés. Les plus grognons eux-mêmes ne pouvaient lui résister. Elle ne s'est pas bornée à me guider et à me rassurer à l'époque où j'ai eu mes filles (les deux autres personnes qui m'ont le plus influencée) ; dès mon enfance elle a joué un rôle déterminant dans ma vie.

Petite, j'étais une enfant agitée et nerveuse, un vrai garçon manqué. La patience n'était pas ma qualité première. Pourtant, à l'aide d'un jeu ou d'une histoire, Nan parvenait toujours à contenir mes débordements. Je vous donne un exemple : nous faisons la queue au cinéma. Moi, sale gamine typique, je pleurniche et tire sur sa manche : « Dis, Nan, encore combien de temps avant qu'ils nous laissent entrer ? J'en ai assez d'attendre. »

Une telle insolence m'aurait valu une tape de la part de mon autre grand-mère. En parfaite épouse victorienne, Granny – paix à son âme ! – croyait dur comme fer que les enfants sont faits pour être vus et non pas entendus, et elle s'entendait à faire régner sa loi. Mais, Nan, elle, n'avait jamais besoin d'user de sévérité. Pour mettre fin à mes ronchonnements, il lui suffisait de me lancer, l'œil brillant d'excitation :

« Regarde là-bas ce que tu es en train de rater, avec tes jérémiades. En ne t'intéressant qu'à ta petite personne, tu laisses échapper un spectacle passionnant. (Et de fixer un point derrière moi.) Tu vois la maman et le bébé ? Où crois-tu qu'ils vont ?

– En France ! répondais-je, entrant immédiatement dans le jeu.

– Mais c'est loin ! Comment vont-ils s'y rendre ?

– En jumbo ! (J'avais dû entendre l'expression quelque part.)

– Et dans quelle ville vont-ils atterrir ? »

Sans que je m'en rende compte, le petit jeu avait produit son effet. L'attente n'avait plus d'importance, seule comptait désormais l'histoire que nous étions en train de tisser. Nan en appelait constamment à mon imagination. Apercevant une robe de mariée dans une vitrine, elle demandait : « Combien de personnes crois-tu qu'il a fallu pour que cette robe arrive à la place où elle est, dans ce magasin ? » Si je répondais « deux », elle me pressait de questions pour obtenir plus de détails. Comment la robe avait-elle été livrée à Londres ? Où avait-elle été coupée ? Qui en avait cousu les perles ? Elle n'avait pas fini sa dernière phrase que j'étais déjà en Inde à décrire le fermier en train de planter les graines qui donneraient le coton à filer pour fabriquer le tissu.

Cette façon de ne jamais assener interdictions ou réprimandes sans les assortir d'un petit récit était une tradition dans la famille. Nan et sa sœur la tenaient de leur mère, mon arrière-grand-mère. Elles l'ont transmise à ma mère qui à son tour me l'a léguée. À présent, j'en fais bénéficier les parents qui recherchent mon aide. Je recours à toutes sortes de paraboles et de métaphores pour faire passer le message : aux parents d'un bébé surexcité qui n'arrive pas à s'endormir tant la musique est forte, je dis : « Vous pourriez vous endormir, vous, si je mettais votre lit au beau milieu de l'autoroute ? » L'image suggère au lieu d'ordonner, et les parents suivent le conseil plus volontiers.

Si les femmes de ma famille contribuèrent à faire éclore mes talents, c'est Granddad, le mari de Nan, qui discerna le premier dans quel domaine j'en ferais le meilleur usage plus tard. Il était infirmier-chef dans ce qu'on appelait alors un asile d'aliénés. Un Noël, il nous emmena, ma mère et moi, visiter le pavillon des enfants – endroit sinistre, rempli de bruits et d'odeurs étranges et, surtout, peuplé d'enfants hagards, avachis dans des fauteuils roulants ou affalés par terre sur des coussins. Je n'avais guère plus de sept ans alors, mais je revois encore le regard bouleversé de ma mère et ses joues inondées de larmes d'horreur et de pitié.

Face à de tels malades, la plupart des gens éprouvent de la peur. À moins d'y être obligés, ils ne mettront pour rien au monde le pied dans ce genre d'établissement. Mais, moi, j'ai été fascinée et j'ai tanné Granddad pour qu'il m'y remmène. « Si les soins apportés à ces enfants t'intéressent à ce point, m'a-t-il déclaré au bout de plusieurs visites, tu devrais peut-être te diriger dans cette voie quand tu seras grande. Tu as bon cœur, Tracy, et beaucoup de patience. Comme Nan. »

Il n'aurait pu m'adresser compliment plus doux. L'avenir a prouvé que son flair ne l'avait pas trompé. À dix-huit ans, je suis entrée à l'École d'infirmières. En Angleterre, le cursus est de cinq ans et demi et les travaux pratiques occupent une place prépondérante. Plus portée au bachotage qu'à l'assiduité, j'avoue que je n'en suis pas sortie avec une mention mirobolante, mais j'ai quand même été couronnée « Infirmière de l'année » pour l'excellence de mon travail auprès des patients. Et c'est vrai que j'étais très bonne pour les écouter, les observer et leur montrer ma compassion.

Je suis donc devenue infirmière et sage-femme en Angleterre. Je me suis spécialisée dans les soins aux enfants handicapés moteurs et mentaux. Ces pauvres petits bouts de chou sont bien souvent dépourvus de tout moyen de communication. Enfin, ce n'est pas tout à fait exact car, en réalité, ils communiquent. Mais, à l'instar des nouveau-nés, ils le font avec des moyens qui leur sont propres, où cris et mouvements du corps tiennent lieu de mots. Pour les secourir, il m'a fallu apprendre à déchiffrer et à traduire leur langage.

Cris et chuchotements

À force de m'occuper de nouveau-nés que j'avais bien souvent aidés à faire leur entrée dans le monde, j'en suis venue à comprendre leur langage dépourvu de mots. Aussi, quand j'ai déménagé en Amérique, me suis-je spécialisée dans le soin aux nourrissons et aux jeunes accouchées – métier que vous, les Yankees, appelez « infirmière de bébé ». À New York comme à Los Angeles, j'ai expliqué à ces mamans et papas tout neufs qu'ils possédaient eux aussi le talent de charmer leur bébé : pour cela, ils devaient lire dans sa tête au lieu de se précipiter, et n'entreprendre de l'apaiser qu'une fois le problème décrypté. Doter son enfant d'une structure apte à faire de lui un petit être indépendant, leur ai-je dit, voilà ce à quoi devraient s'employer tous les parents du monde, à mon avis.

C'est vers cette époque que j'ai commencé à promouvoir ce que j'appellerais par la suite l'approche globale en éducation parentale : à savoir que Bébé doit s'intégrer dans la famille, et non la famille s'intégrer à Bébé. Si tout le monde nage dans le bonheur – parents, frères et sœurs et même animaux domestiques –, alors le bébé sera heureux, lui aussi.

Sachant combien la naissance d'un enfant est un moment précieux dans la vie des parents – celui où, malgré les nuits blanches et les angoisses inévitables, ils éprouvent le plus grand bonheur –, je ressens comme un privilège d'être invitée à le vivre auprès d'eux. Un drame a lieu. Pour le résoudre, ils ont requis ma présence. À mesure que les diverses phases se déroulent sous mes yeux, je m'efforce de les aider à émerger du chaos pour jouir pleinement de cette expérience toute neuve. Par mon action, j'ai le sentiment d'apporter mon écot à leur joie.

Aujourd'hui encore il m'arrive de m'installer à demeure auprès d'une famille pour un temps plus ou moins long mais, en règle générale, je donne plutôt des consultations. Les premiers jours ou semaines qui suivent l'arrivée de Bébé, je viens pour une petite heure ou deux. Une bonne partie des parents qui requièrent mes services ont dans les trente-quarante ans. Habitués à dominer pleinement leur vie, les voilà brusquement rétrogradés au stade de débutants, à se demander quelle bêtise ils ont encore faite – position ô combien inconfortable ! Un nouveau-né, voyez-vous – et particulièrement le premier –, est le plus formidable des niveleurs : qu'ils aient des millions en banque ou trois sous en poche, ses parents sont bouleversés de la même façon. J'ai fréquenté des mamans et des papas de tous les horizons, des gens portant le nom d'appareils ménagers qu'on trouve dans tous les foyers d'Amérique, et d'autres dont le nom était à peine connu de leurs voisins. Eh bien, jolie maman, laissez-moi vous dire que l'arrivée d'un bébé fait resurgir la terreur chez les plus aguerris.

À vrai dire, du matin au soir, parfois même au milieu de la nuit, mon téléphone retentit d'appels désespérés.

« Tracy, comment se fait-il que Chrissie n'ait jamais l'air rassasié ? »

« Tracy, pourquoi Jason ne me sourit-il que pour fondre en larmes, la minute d'après ? »

« Tracy, je ne sais plus que faire. Joey a passé la nuit à s'égosiller. »

« Tracy, Rick pourrit notre enfant. Il n'arrête pas de le prendre dans ses bras. Vous pourriez lui dire d'arrêter ? »

Croyez-le ou pas, après plus de vingt ans de pratique, je peux souvent diagnostiquer le problème par téléphone, surtout si je connais l'enfant. Il me suffit de demander à la maman d'approcher l'appareil du berceau et de cesser de verser toutes les larmes de son corps parce qu'elle m'empêche d'entendre son tout-petit. S'il le faut, je fais un saut chez elle, quitte à y passer toute la nuit, afin de détecter ce qui dans la vie du ménage dérange le bébé ou perturbe ses habitudes. À ce jour, je n'ai pas rencontré un seul cas que je n'aie été capable de résoudre.

Le respect – clef du monde des bébés

Mes clients me disent souvent : « Tracy, à vous regarder, tout a l'air facile comme bonjour. » Mon truc : traiter les bébés comme des êtres humains. Avec respect. Et cela, mes amis, c'est l'essence même de ma pratique d'ensorcellement. Pour ne rien vous cacher, cela m'est facile de parler à l'oreille des tout-petits, parce que j'ai le contact.

> Un bébé est une personne dotée d'un langage, de sentiments et d'un caractère unique et qui, de ce fait, mérite le respect.

Le respect est un thème qui reviendra souvent au long de ces pages. Si vous pensez systématiquement à votre bébé comme à une personne, vous lui manifesterez toujours le respect qui lui est dû. D'après le dictionnaire, respecter signifie « traiter avec considération, ne pas porter atteinte à l'intégrité d'une chose ou d'une personne ». Vous aimez qu'on parle « au-dessus de votre tête », vous, comme si vous n'étiez pas là ? Qu'on vous ordonne des choses, qu'on vous touche sans votre consentement ? Vous ne vous sentez pas violé dans votre intimité ? Cela ne vous fâche-t-il pas, cela ne vous blesse-t-il pas qu'on vous traite comme quantité négligeable ? Vous ne préféreriez pas qu'on parle *avec* vous, qu'on vous explique les choses ? Eh bien, le bébé pense exactement comme vous.

Les gens ont tendance à parler « au-dessus de la tête » du nouveau-né comme s'il n'existait pas, là, étendu sous leurs yeux. J'entends souvent parents et nounous dire : « Le bébé a fait ci ou ça. » À croire qu'ils parlent d'un objet inanimé. C'est impersonnel et irrespectueux. Pire encore, je les vois prendre et manipuler ce pauvre chéri sans un mot d'explication à son adresse, comme si leur âge les autorisait à violer son espace sous prétexte qu'ils sont adultes et propriétaires du territoire envahi, un nourrisson. Mais comment faire, alors ? me demanderez-vous. Ma réponse est simple : tracer autour de votre enfant une frontière invisible – un cercle de respect que vous ne pourrez franchir sans lui en avoir expressément demandé l'autorisation et sans l'avoir prévenu de ce que vous vous apprêtez à lui faire. (Je développerai ce thème dans le chapitre 5.)

Pour ma part, je ne pense jamais à ce petit être allongé dans son berceau comme à un « bébé » ; en fait, je l'appelle par le nom qui est le sien et cela, dès son arrivée au monde dans la salle de travail[1]. Pourquoi ne le faites-vous pas, vous aussi ? En agissant de la sorte, vous pensez à votre enfant comme à la personne minuscule qu'il est en vérité, et non comme à une vague forme totalement désarmée.

En effet, chaque fois que je fais la connaissance d'un petit, que ce soit à l'hôpital quelques heures à peine après sa naissance ou chez lui des semaines plus tard, je commence toujours par me présenter et par lui expliquer les raisons de ma présence. Les yeux plongés dans ses grands yeux bleus, je dis : « Bonjour, Sammy. Moi, je m'appelle Tracy. Tu ne reconnais pas ma voix parce que tu ne l'as encore jamais entendue, mais je suis ici pour apprendre à te connaître et découvrir ce que tu veux. Et pour aider ta maman et ton papa à comprendre eux aussi ce que tu dis. »

Parfois une maman s'écrie : « Pourquoi lui dites-vous cela ? Il n'a que trois jours, il ne peut pas comprendre. »

À quoi je réponds : « Cela, ma chère, nous ne pouvons l'affirmer en toute certitude. Imaginez un instant qu'il me comprenne et que je ne lui parle pas. Vous ne trouvez pas que ce serait horrible ? »

Au cours de ces dix dernières années, les scientifiques ont découvert que les nouveau-nés savaient beaucoup plus de choses et comprenaient bien mieux qu'on n'avait pu le supposer jusque-là. Les recherches ont prouvé que les bébés étaient sensibles aux bruits et aux odeurs, qu'ils étaient capables de distinguer entre plusieurs stimuli visuels. Leur mémoire commence à se développer dès les premières semaines de leur vie. Par conséquent, même si le petit Sammy ne comprend pas mot pour mot le discours que je lui tiens, il sait sans aucun doute faire la différence entre la personne qui marche lentement et parle d'une voix

1. Tout au long de ce livre, je dirai aussi bien « il » ou « elle » pour parler d'un bébé, afin de ne pas privilégier un sexe par rapport à l'autre.

apaisante et celle qui fait irruption dans la pièce et s'empare de la situation à bras-le-corps. Et s'il comprend, il saura dès la première minute que je le traite avec respect.

Ne pas confondre : « chuchoter à l'oreille et babiller »

Le secret consiste à se rappeler que votre bébé est toujours à l'écoute et qu'il comprend ce que vous lui dites, à un certain niveau. Pratiquement, tous les livres sur le sujet conseillent aux parents de parler à leur enfant. Ce n'est pas suffisant. Il faut établir avec lui un véritable dialogue, une conversation à deux, en sachant que si votre bébé ne peut pas répondre avec des mots, il le fait avec ses gazouillements, ses pleurs et ses gestes. (Vous verrez au chapitre 3 comment décoder ce qu'il dit.)

Parler avec Bébé est l'une des multiples manières de lui témoigner votre respect. Vous ne restez pas à regarder des adultes en chiens de faïence si vous les appréciez, n'est-ce pas ? Au moment de faire connaissance, vous vous présentez, vous leur expliquez de quoi il retourne ; vous êtes poli, vous ponctuez probablement vos phrases de « s'il vous plaît » et de « merci ». Je me trompe ? En vertu de quoi manifesteriez-vous moins de considération envers votre tout-petit ?

C'est également une question de tact que de découvrir ses goûts et ses dégoûts. Vous verrez au chapitre 1 que certains enfants entrent d'emblée dans le mouvement alors que d'autres se montrent plus rétifs, voire rebelles. Les bébés se développent à des rythmes différents. Respecter véritablement son enfant, c'est l'accepter *tel qu'il est*, sans le comparer sans cesse à une prétendue norme. Voilà pourquoi vous ne trouverez dans ce livre aucune description de ce que votre bébé devrait être capable de faire, mois par mois. Il a le droit d'avoir ses *propres réactions* face au monde. Plus tôt vous commencez à construire un dialogue avec ce petit être précieux entre tous, plus tôt vous comprendrez qui il est et ce qu'il attend de vous.

Je ne doute pas un instant que tous les parents du monde souhaitent aider leurs enfants à devenir des êtres humains indépendants et équilibrés, pour lesquels ils éprouveront respect et admiration. Mais ce n'est pas une chose qu'on enseigne à son rejeton quand il a quinze ans ni même cinq. C'est un apprentissage qui débute dès la petite enfance. Être maman ou papa est l'affaire de toute une vie. En tant que parents, vous tenez le rôle de modèle, ne l'oubliez jamais ! Si vous écoutez votre bébé et lui témoignez du respect, il deviendra à son tour un individu capable d'écouter les autres et de les respecter.

> Si vous prenez le temps d'observer votre enfant et de découvrir ce qu'il cherche à vous dire, vous aurez un bébé heureux, et la famille ne sera pas l'esclave d'un petit en plein désarroi.

Les bébés dont les parents font de leur mieux pour décoder leurs besoins et les satisfaire sont des bébés qui ont confiance en eux. Ils ne pleurent pas quand on les dépose parce qu'ils ne se sentent pas abandonnés quand on les laisse seuls mais en sécurité dans leur environnement. Ils ont la certitude que quelqu'un se portera à leur secours, quoi qu'il se passe. Paradoxalement, un bébé qui a confiance en lui requiert *moins* d'attention que les autres. Il apprend à jouer tout seul plus vite que ceux qu'on a laissé pleurer ou ceux dont les parents ne cessent d'interpréter les signes à l'envers. (Je m'empresse d'ajouter qu'il est normal de ne pas savoir décrypter tous les signaux du premier coup.)

La confiance en soi – qualité indispensable aux parents

Se dire qu'on sait ce qu'on fait procure un sentiment de sécurité. Malheureusement, la vie moderne et son rythme échevelé vont à l'encontre des meilleures intentions. Souvent coincés dans des horaires impossibles, les mamans et les papas n'ont pas conscience qu'il leur faut commencer par calmer leur propre rythme avant de vouloir calmer Bébé. Une partie de mon travail consiste donc à les freiner, à les « brancher sur la fréquence » de leur enfant sans pour autant étouffer leurs voix intérieures.

De nos jours, de nombreux parents sont victimes de la surinformation, et c'est bien regrettable. Pendant la grossesse, ils ont dévoré tous les ouvrages possibles et imaginables, ils ont fait mille recherches, ils ont passé au crible Internet, écouté amis, cousins et spécialistes de tout poil. Sources dont je ne mets pas en doute le sérieux, mais qui, additionnées les unes aux autres, aboutissent à ce que ces malheureux parents se retrouvent à présent dans une confusion plus inextricable qu'au départ, lorsqu'ils ne savaient rien de rien. Le pire, c'est que leur simple bon sens a tout bonnement disparu, noyé sous les avis de tous ces gens, au demeurant pleins de bonne volonté.

On tient pour acquis qu'un homme averti en vaut deux. Telle est justement mon intention avec ce livre : partager mes trucs avec vous. Mais sachez bien que dans votre nouvelle fonction de parent votre meilleur allié reste encore votre confiance en vous et en vos propres talents d'éducateur. Pour accroître votre assurance, il est indispensable que vous vous figuriez ce qui marche pour vous. Les bébés ne sont pas seuls sur Terre à être des individus uniques, les papas et les mamans le sont tout autant ! En vérité, toutes les familles sont uniques et, de ce fait, ont des besoins différents. C'est pourquoi je n'ai pas l'intention de vous raconter systématiquement ce que j'ai fait moi-même avec mes propres filles dans telle ou telle occasion. À quoi cela m'avancerait-il ?

Dès que vous saurez un tant soit peu comprendre votre bébé, il vous deviendra de plus en plus facile de satisfaire ses besoins, je vous assure. Croyez-moi, je passe mes journées à enseigner aux parents comment repérer les signes que leur adresse leur enfant et comment communiquer avec lui. Je suis donc bien placée pour dire que Bébé n'est pas le seul à progresser – ses parents aussi acquièrent confiance et compétence. Je le constate régulièrement.

Un livre peut effectivement tenir lieu de guide

Charmer les bébés est un art qui s'apprend. La plupart des parents sont stupéfiés de voir la rapidité avec laquelle ils commencent à comprendre leur bébé, une fois qu'ils savent sur quoi porter leur attention. Si je fais œuvre de magie, c'est bien en rendant la confiance à ces nouveaux parents. Les mamans et papas tout neufs ont besoin d'un guide, tous sans exception. La majorité d'entre eux n'est tout simplement pas préparée à affronter la période d'adaptation inévitable, quand se lèvent mille et une questions. Et c'est là que j'interviens. Je fais le tri dans leurs soucis. Je dis : « Commençons par planifier les choses. » Je leur montre comment instaurer une structure dans leur vie de famille et je leur apprends ensuite tout ce que je sais encore.

Que faut-il pour être de bons parents ?

« Une bonne mère se doit d'allaiter son bébé », ai-je lu quelque part. Balivernes que cela ! Donner le sein au lieu du biberon ne prouve pas davantage que vous soyez une bonne mère que l'emploi de couches en tissu en lieu et place des couches à jeter. De plus, on ne devient pas bon père ou bonne mère dans les premières semaines de la vie de son bébé. C'est un talent qui se développe au fil des années, parce que les enfants grandissent et qu'il faut apprendre à les connaître en tant qu'individus. La meilleure preuve que vous l'aurez été, vous l'obtiendrez lorsque vos enfants s'adresseront à vous quand, à leur tour, ils auront besoin de conseils et de soutien.

Cela dit, tout bon parent se doit de :

- Respecter son bébé
- Reconnaître en lui un individu unique
- Dialoguer avec lui au lieu de discourir
- L'écouter et satisfaire ses besoins, quand il le demande
- L'informer de ce qui l'attend, et lui prouver chaque jour qu'il peut compter sur vous en lui procurant un cadre prévisible et une structure adaptée.

Être parent est une tache quotidienne difficile, souvent effrayante, toujours exigeante et rarement gratifiante. Loin de moi l'intention de vous dresser un tableau idyllique de la situation. Mon but est plutôt de vous préparer à l'affronter avec humour. Espérons qu'avec ce livre je l'aurai atteint.

Que trouverez-vous ici ?

• Une énumération des divers types de bébés et des difficultés propres à chacun, ainsi que les moyens de découvrir le tempérament du vôtre. Au chapitre 1, un jeu de questions-réponses vous permettra de cerner sa personnalité tout en recensant les moments épineux auxquels vous risquez d'être confronté.

• Une compréhension de votre propre tempérament et de vos capacités d'adaptation. L'arrivée d'un bébé s'accompagne de transformations radicales. Il est important que vous sachiez où vous vous situez sur ce que j'appelle « le méridien capharnaüm-carcan » (chapitre 2). Êtes-vous de celles qui naviguent à vue au milieu du chambard ou de celles qui programment à tout crin et ne voient de salut que dans une rigueur toute militaire ?

• Une explication de la méthode EASY, laquelle vise à établir une routine structurée, susceptible de satisfaire les besoins de Bébé en matière d'alimentation, d'activités et de sommeil, tout en procurant à Maman un cadre qui lui permette de recharger ses batteries sur les plans physique et mental. Le chapitre 2 offre une vue d'ensemble du programme, tandis que les chapitres allant de 4 à 7 sont consacrés respectivement à l'alimentation de Bébé, à ses activités, à son sommeil et à ce que vous pouvez faire pour vous-même afin de garder la forme.

• Une description des qualités indispensables pour devenir vous aussi une charmeuse de bébés, c'est-à-dire quelqu'un capable de voir et comprendre ce que votre enfant tente de vous dire, de le tranquilliser quand il est perturbé (chapitre 3), mais aussi de s'observer soi-même et de pratiquer l'introspection.

• Une revue de certaines circonstances particulières présidant à la conception de Bébé ou à sa naissance, comme l'adoption, le recours à la mère porteuse, la naissance avant terme, la maladie ou les naissances multiples (chapitre 8).

• Un exposé de ma « cure magique en trois jours » destinée à corriger de leurs habitudes néfastes non seulement Bébé mais aussi ses parents « fauteurs de troubles », et l'explication de ma technique toute simple dite « méthode 1-2-3 », permettant d'analyser les erreurs (chapitre 9).

J'ai voulu rendre ce livre amusant. Je sais que les parents épluchent rarement de A à Z les livres sur l'éducation des enfants, mais qu'ils les consultent au moment où survient le problème et ne lisent en général que les pages s'y rapportant. Ce n'est pas une critique. Je sais mieux que personne combien vous êtes débordés. Pourtant, j'aimerais que vous fassiez pour une fois une entorse à cette habitude et que vous vous attachiez à lire au moins les trois premiers chapitres – ceux où j'expose mes conceptions et les bases de ma méthode. Ainsi, même si vous ne lisez le reste du livre que par petits bouts, vous aurez compris mes idées et le sens de mon conseil essentiel – qui est : entourer l'enfant du respect qui lui est dû sans pour autant lui permettre de régner en tyran sur toute la maisonnée.

Plus que votre mariage, plus qu'un nouvel emploi, plus même que la disparition d'un être cher, l'arrivée du bébé bouleversera votre vie. Non seulement vous allez devoir vous adapter à un mode de vie complètement différent – perspective déjà effrayante en soi –, mais vous allez affronter des moments de terrible solitude – soit que vous, les mamans, vous vous sentiez nulles, ayez des problèmes d'allaitement ou n'éprouviez pas dans l'instant pour votre amour de bébé un sentiment qui transporte les montagnes ; soit que vous, les papas, craigniez de ne pas être assez attentifs. Rassurez-vous, ces sentiments sont fréquents.

Chers lecteurs, n'étant pas une fée, je n'ai pas les moyens de débarquer au milieu de votre salon pour vous réconforter de vive voix. En revanche, je peux être pour vous un guide aussi rassurant que ma grand-mère Nan le fut pour moi lorsque j'étais jeune maman. Écoutez-moi, je vous en conjure : accablement et manque de sommeil ne dureront pas éternellement. Entre-temps, persuadez-vous que vous faites de votre mieux. Sachez que vous n'êtes pas les seuls à souffrir les affres de l'incertitude et qu'au bout du compte vous vous en sortirez très bien, vous verrez.

J'espère que ma philosophie et mes aptitudes – mes secrets, dites-vous – sauront trouver le chemin de votre intelligence et de votre cœur. Elles ne feront peut-être pas un Einstein de votre nouveau-né – d'ailleurs, allez savoir ! – mais elles vous rendront certainement joie de vivre et confiance, et elles vous persuaderont que vous avez au fond de vous toutes les capacités requises pour devenir une bonne mère sans devoir faire l'abandon de toute vie personnelle. Pour ma part, je crois inébranlablement, pour en avoir été maintes fois le témoin, qu'à l'intérieur de tous les nouveaux papas et mamans se cachent des parents attentionnés, confiants et compétents – un homme et une femme capables un jour de charmer leur bébé.

1

Aimer le bébé à qui vous avez donné le jour

Je n'en reviens pas du nombre de bébés qui pleurent. Je n'imaginais pas le moins du monde dans quoi je m'embarquais. À vrai dire, je croyais que ça serait un peu comme d'avoir un chat.

Anne LAMOTT,
Operating Instructions

Ciel, un *bébé* !

Aucun événement dans la vie d'un adulte n'égale la joie – *mais aussi* l'angoisse – de devenir maman ou papa pour la première fois. Heureusement qu'au bout du compte c'est la joie qui l'emporte sur les moments de crainte et d'insécurité. Alan, par exemple, graphiste de trente-trois ans, se rappelle dans ses moindres détails le jour où il est allé chercher à l'hôpital sa femme Susan, écrivain de vingt-sept ans. Le destin voulait que ce soit le jour même de leur quatrième anniversaire de mariage. Deux jours auparavant, elle avait accouché assez facilement d'un beau petit Aaron aux yeux bleus qui mangeait sans problème et pleurait rarement. Tout allait si bien dans le meilleur des mondes que Susan et Alan piaffaient de quitter l'hôpital et son tohu-bohu pour entamer leur vie à trois.

« Je me revois encore, sifflotant le long des couloirs pour me rendre à sa chambre, se souvient le papa. Je voguais sur un petit nuage. Aaron avait bien mangé avant mon arrivée et, maintenant, il dormait dans les bras de Susan. Tout était exactement comme je l'avais imaginé. Même le soleil était au rendez-vous. Nous sommes descendus par l'ascenseur et l'infirmière m'a laissé pousser Susan dans sa chaise roulante jusqu'au-dehors. En courant à la voiture pour ouvrir la portière, j'ai réalisé que j'avais oublié d'installer le siège de bébé. Premier drame : l'opération m'a pris une demi-heure au bas mot. Enfin, j'ai réussi à y déposer Aaron. Quel petit ange, celui-là ! J'ai aidé Susan à monter en voiture, j'ai remercié l'infirmière pour sa patience et me suis mis au volant.

« Et voilà que, brusquement, Aaron a commencé à s'agiter. Ce n'était pas de vrais pleurs, plutôt de petits couinements. Je n'avais pas souvenir de l'avoir entendu se manifester de la sorte jusque-là, mais peut-être n'y avais-je pas prêté attention. Susan m'a regardé. Je l'ai regardée. Je n'ai pu me retenir de lâcher : "Qu'est-ce qu'on fait *maintenant* ?" J'étais terrifié. »

Je ne connais pas un seul couple qui ne soit passé par une crise d'anxiété, à un moment ou à un autre. Pour les uns, cela survient à l'hôpital ; pour les autres pendant le trajet à la maison ou bien deux ou trois jours après le retour. Tant de choses entrent en jeu : l'état physique, l'impact émotionnel, les soins à donner au bébé. Les mamans avouent souvent qu'elles étaient complètement désemparées. Et ce n'était pas faute d'avoir lu tout ce qui existait sur le sujet. D'autres se rappellent qu'elles pleuraient tout le temps : « J'étais débordée, je ne savais plus où donner de la tête ! » En fait, les parents sont rarement prêts à affronter le choc.

Les trois ou cinq premiers jours sont souvent les plus durs. Tout est nouveau et source d'angoisse. Les parents me bombardent de questions : « Combien de temps doit durer une tétée ?… Pourquoi est-ce qu'il gigote comme ça ?… Est-ce que je m'y prends bien pour le changer ?… Pourquoi ses selles sont-elles de cette couleur ?… » Sans oublier la question n° 1, primordiale, celle qui revient tout le temps : « Mais pourquoi pleure-t-il ? » Les parents, en premier lieu les mamans, se sentent souvent coupables de ne pas tout savoir d'emblée. Je me souviens de l'une d'elles me disant à propos de son bébé d'un mois : « J'ai beau être angoissée à l'idée de mal faire, je ne peux pas supporter que quelqu'un m'aide ou me donne des conseils. »

Pour commencer, je répète sur tous les tons aux parents : « N'allez pas plus vite que la musique ! Ça prend du temps de connaître son bébé, ça demande de la patience et du calme. Ça demande de la force et de l'endurance, du respect et de la bonté, de la responsabilité et de la discipline. Ça demande une attention et une observation de tous les instants, il faut du temps et de la pratique pour que tout fonctionne. Surtout, ça demande d'être à l'écoute de sa propre intuition. »

Vous avez noté la répétition des « Ça demande ». C'est cela un bébé – un petit être qui « demande » bien plus qu'il ne donne au début. Mais, par la suite, les joies et les récompenses seront infinies. C'est promis, mes chéris. Cela dit, n'allez pas croire que tout se réglera en un jour. Comptez plutôt sur des mois, voire des années, et sachez qu'aucune expérience ne ressemble à une autre. Comme l'a fait observer une mère à l'un des ateliers que je dirige : « Dire que je faisais tout comme il faut quand je suis rentrée à la maison ? Non. Mais chacun a sa petite idée sur ce qui est bon et sur ce qui ne l'est pas. Et nos opinions n'ont rien à voir avec celles du voisin. Alors, à quoi bon se mettre martel en tête ? »

J'ajouterai à cela que *chaque bébé* est différent. C'est pourquoi je dis à mes mamans que leur premier travail consiste à comprendre le bébé qu'elles ont, et non pas celui qu'elles ont rêvé d'avoir tout au long de leur grossesse. Dans ce chapitre, je vous aiderai à prendre conscience de ce que vous pouvez attendre de ce bébé qui est *le vôtre*. Mais d'abord, un tableau rapide de vos premiers jours à la maison.

Le retour à la maison

Me considérant l'avocat de *la famille tout entière* et pas seulement celui du nouveau-né, je consacre une bonne part de mon travail à aider les parents à relativiser les problèmes. L'une de mes premières tâches consiste à les rassurer. Oui, la paix va revenir, la frénésie actuelle n'est qu'un moment à passer. Oui, vous aurez bientôt confiance en vous ; et oui, vous serez les meilleurs parents possible. Arrivera même le jour où Bébé fera sa nuit entière ! Promis, juré, ce n'est pas de la blague. Mais, pour l'instant, révisez vos espérances à la baisse. Vous allez avoir des journées où tout marche comme sur des roulettes et d'autres où rien ne va plus. Il est impératif que vous vous prépariez aux unes comme aux autres. Avant tout, ne visez pas la perfection du premier coup.

Mon conseil : mieux vous aurez préparé votre retour chez vous, mieux il se passera pour tout le monde. Veillez à ce que les flacons et les tubes de crème aient déjà été ouverts et tous les articles neufs déballés. Ainsi vous n'aurez pas à vous battre avec sachets et bouchons quand vous aurez Bébé dans les bras.

Un retour chez soi dans le calme et l'harmonie

Si « mes » bébés se distinguent par leur tranquillité, c'est parce que tout est prêt pour les accueillir, un bon mois avant leur arrivée. Grâce à quoi, leur maman a tout loisir de se consacrer à eux, de les observer et d'apprendre à les connaître. Pour ce faire :

- Mettez des draps dans le couffin ou le berceau.
- Organisez la table à langer. Disposez tous les objets nécessaires à portée de main : lingettes, couches, coton, alcool, etc.
- Préparez la première tenue de Bébé. Déballez la layette, retirez les étiquettes et lavez tout à l'aide d'un détergent doux sans agent de blanchiment.
- Remplissez le réfrigérateur et le congélateur en vue du retour. Une semaine ou deux avant la naissance, préparez des plats faciles à congeler – lasagnes, hachis Parmentier et autres potages. Ayez en stock tous les aliments de base – lait, beurre, œufs, céréales, pâtée pour chiens ou chats, etc. Vous vous nourrirez mieux et à moindres frais, et vous vous éviterez aussi des voyages superflus à la supérette.
- Emportez le minimum de choses à l'hôpital. Au retour, vous serez de toute façon plus chargée, sans compter Bébé.

En général, je dois spécifier aux mamans que le retour chez soi signifie : « Adieu, cocon hospitalier ; adieu, paix de l'esprit et conseils avisés à portée de sonnette ! Bonjour, dure réalité et solitude affreuse ! » La mère est le plus souvent ravie de quitter l'hôpital, c'est on ne peut plus naturel. Elle est parfois tombée sur des infirmières un peu brusques ou qui n'avaient pas accordé leurs violons. De plus, elle a probablement eu bien du mal à se reposer, entre les fréquentes incursions du personnel et le défilé incessant des amis. Pourtant, à l'idée de rentrer chez elles, les mamans sont en général un peu effrayées. Elles sont épuisées, elles n'ont pas la tête claire ou bien elles ont mal partout, quand ce n'est pas tout à la fois.

En conséquence, je ne saurais assez insister sur la nécessité d'effectuer un retour à la vie de tous les jours lent et mesuré. Au moment de franchir votre seuil, inspirez profondément pour vous recentrer. Ne vous compliquez pas la vie. (Attention, je vais vous tanner avec ce conseil !) Pensez à l'avenir comme à une aventure inconnue sur le point de débuter, et dans laquelle votre compagnon et vous-même tenez le rôle d'explorateurs. Gardez les pieds sur terre, je vous en conjure : les relevailles sont semées d'embûches. Les parents qui n'ont jamais trébuché se comptent sur les doigts d'une main. (Vous trouverez au chapitre 7 des indications sur la meilleure façon de récupérer après l'accouchement.)

Croyez-moi, si quelqu'un sait combien une maman est débordée à son retour chez elle, c'est moi. C'est pourquoi je vous conseille d'observer le petit rituel suivant. Il a fait ses preuves. Il vous redonnera du cœur à l'ouvrage, si vous vous sentez abattue. Vous verrez que vous serez beaucoup moins effondrée. (Encore une fois, il ne s'agit que d'un aperçu général, les détails seront abordés plus loin.)

Entamez le dialogue, tout en faisant faire à Bébé le tour du propriétaire. Eh oui, jolie maman. Posez-vous en conservateur de musée et traitez votre enfant en visiteur de marque. Vous vous souvenez de ce que je vous ai dit à propos du respect ? Votre petit chéri est un être humain doué de compréhension et de sentiments. D'accord, il baragouine un sabir fait de pleurs et de cris auquel vous ne comprenez que couic ! Mais que cela ne vous empêche pas de l'appeler par son nom ni de saisir toutes les occasions d'établir un dialogue au lieu de lui tenir des sermons !

Donc, vous le promenez dans vos bras dans toutes les pièces de la maison. En parlant *avec* lui. D'une voix toute douce, vous lui expliquez : « Ça, c'est la cuisine, la pièce où papa et moi préparons à manger. Là, c'est la salle de bains. C'est là que nous faisons notre toilette. » Et ainsi de suite. Évidemment, vous vous sentez peut-être un tantinet bêtassou. Rassurez-vous, ça passe. Et la gêne initiale itou. Vous n'êtes ni la première ni la dernière maman à éprouver ce sentiment. Ce n'est pas si simple d'ouvrir le dialogue avec son bébé. Mais, avec un peu d'entraînement, vous y parviendrez sans problème et serez émerveillée de voir combien c'est facile. Il suffit seulement de vous rappeler que ce petit paquet dans vos bras est un *être humain* si petit soit-il, une personne pourvue des mêmes cinq sens que vous et qui sait reconnaître votre voix et votre odeur.

Que Papa ou Grand-mère prépare une tisane pendant cette petite visite des lieux. Personnellement, j'ai un faible pour le thé. Dame, on est anglais ou on ne l'est pas. Dans mon pays, tradition oblige, quand une maman rentre chez elle, il y a toujours la voisine d'à côté pour mettre une bouilloire sur le feu. Je trouve cette coutume hautement civilisée. Je suis fière de dire que j'y ai converti toutes les familles dont je m'occupe en Amérique. Après une « bonne petite tasse », comme on dit chez nous, plus rien ne vous retient d'explorer sous toutes ses coutures l'admirable et glorieuse créature à qui vous avez donné le jour. Comment cela ? En faisant sa toilette, bien sûr ! Et en lui donnant la tétée, le sein ou le biberon.

La toilette et le dîner de Bébé. Tout d'abord rappelez-vous que vous n'êtes pas la seule à avoir subi un choc. Bébé aussi. Il vient d'effectuer un sacré voyage ! Mettez-vous à la place de ce petit bout d'homme sans défense : vous émergez de l'obscurité totale dans une salle d'un blanc aveuglant pour être accueilli par un concert de grosses voix inconnues et happé prestement par des mains solides qui vous tourneboulent, frottent et manipulent dans tous les sens ! Puis, au bout de quelques jours, voilà qu'on vous

Limitez les visites

Les premiers temps, restreignez les visites à un cercle très étroit. Si vous avez des parents venus de loin, avides de vous prêter main-forte, canalisez leurs ardeurs. Qu'ils fassent le marché, la cuisine et le ménage ! Dites-leur gentiment que vous aimeriez passer ces premiers temps en tête à tête avec votre petit, mais que vous n'hésiterez pas à les appeler à la rescousse pour s'occuper du bébé *si* le besoin s'en fait sentir.

met à la porte de la pouponnière juste au moment où vous commenciez enfin à vous sentir chez vous parmi d'autres êtres minuscules, pour vous expédier Dieu sait où ! Vous parlez d'un changement ! Et si Bébé est adopté, son voyage aura été encore plus mouvementé !

Mon conseil : à l'hôpital, la pouponnière était maintenue à une température élevée, proche de celle du ventre. Alors, veillez à ce que le nouveau ventre de Bébé, sa chambre, fasse, elle aussi, dans les vingt-cinq degrés.

Tout ça pour dire que, du côté de Bébé comme du vôtre, le répit n'est pas volé ! Le moment de la toilette vous offre l'occasion rêvée d'examiner par le menu cette merveille des merveilles, issue de votre chair. D'ailleurs, avez-vous déjà contemplé Bébé dans sa tenue d'Ève ou d'Adam ? Sinon, c'est le moment ou jamais de le « passer en revue ». Dites-lui tout haut combien vous admirez chacun de ses petits doigts et de ses minuscules orteils. Profitez-en pour développer le lien qui vous unit à lui. Donnez-lui le sein ou le biberon et regardez-le dodeliner. Oh, il va s'endormir ! Mais attention : n'attendez pas demain pour lui donner de bonnes habitudes. Dès qu'il a bu, posez-le dans son couffin ou son berceau.

« Mais… elle a encore les yeux ouverts ! » proteste Gail, tandis que, dans son berceau, sa petite fille de deux jours fixe d'un air serein la photo d'un bébé, posée contre les barreaux.

Tout à l'heure, quand je lui ai proposé d'aller prendre

elle-même un peu de repos, Gail s'est rebiffée : « Quand Lily sera endormie ! »

Je rétorque : « Regardez, Lily est en tête à tête avec son petit ami. À votre tour maintenant de vous mettre au lit ! »

Jeune maman, laissez-moi vous le dire sans ambages : votre bébé n'a pas besoin d'être endormi pour que vous le déposiez dans son berceau et vous éloigniez !

Pas de stress inutile !

Vous avez du pain sur la planche, n'accumulez pas les obligations. Vous n'y gagnerez qu'à être fâchée contre vous-même. Donc : ne vous jurez pas d'envoyer chaque jour quarante lettres de remerciements quand vous arriverez tout au plus à en rédiger cinq. Définissez des objectifs réalisables. Sériez les questions, faites des piles séparées : « Urgent », « Demain », « La semaine prochaine ». Considérez ce que vous avez à faire calmement, sans vous raconter de salades. Vous serez étonnée de voir le nombre de choses qui peuvent être reportées au lendemain.

La sieste, disais-je et j'entends par là : Dodo ! C'est-à-dire : interdiction d'ouvrir des paquets, de passer des coups de fil et d'arpenter la maison en vous désespérant devant la montagne de lessive ! Vous êtes épuisée. Bébé dort ? Bénie soit la nature ! Elle vous offre là un de ces miracles dont elle a le secret. Ne le laissez pas s'envoler, gentille maman ! Il faut plusieurs jours au nouveau-né pour récupérer du choc de la naissance. Il n'est pas rare qu'un bébé d'un ou de deux jours dorme jusqu'à six heures d'affilée, ce qui vous donne un peu de temps pour récupérer vous-même. Mais ne vous laissez pas abuser : ce calme peut précéder l'orage et l'angelot doux comme un agneau se réveille parfois en furie, pour peu qu'il ait une réaction à des médicaments que vous avez pris ou, ce qui est plus probable, qu'il ne se soit pas encore remis des efforts qu'il a dû fournir pour émerger à l'air libre, même si votre accouchement s'est passé le plus facilement du monde. En fait, votre enfant n'est pas encore tout à fait lui-même, son vrai tempérament ne s'est pas encore exprimé. Cela ne va pas tarder, comme vous le verrez dans les pages suivantes.

Toutou, Minou et Bébé

Les animaux sont parfois jaloux du nouveau-né : pour eux, c'est un concurrent qui pénètre dans la maison.

Toutou. Au lieu de lui tenir des discours, pensez à lui faire sentir par Papa une couche ou un lange rapporté de l'hôpital, ça lui donnera une « idée » de l'avenir. Connaître déjà l'odeur de Bébé ne peut qu'arrondir les angles, le jour où ils feront connaissance. Le moment venu, faites les présentations dehors, avant d'entrer dans la maison. Les chiens ont tendance à défendre leur territoire et, pour Toutou, Bébé est un intrus.

Minou. Bouchez vos oreilles à ces récits de matous pelotonnés sur le visage des bébés, ce sont des contes de bonnes femmes. Néanmoins, il est vrai que Minou est très attiré par cette petite boule toute chaude. Lui interdire la chambre de Bébé est encore le meilleur moyen de l'empêcher de sauter dans le berceau et de se blottir contre votre enfant. Les poumons d'un nouveau-né sont extrêmement fragiles. Les poils de chat – mais aussi de chien quand ils sont fins comme ceux des jack russel – peuvent lui causer des allergies, voire de l'asthme.

Si j'ai un conseil à vous donner, c'est de ne jamais laisser Bébé seul à seul avec un animal, si gentil soit-il.

Qui est donc ce bébé que vous avez mis au monde ?

Robbie n'en est qu'à son troisième jour sur terre et déjà Lisa se plaint : « Il était si mignon à l'hôpital, un vrai petit ange. Pourquoi n'arrête-t-il pas de pleurer, maintenant ? » En l'entendant, je me dis que si j'avais touché un euro chaque fois qu'une maman ou un papa me disait cette phrase, je serais millionnaire à présent. Mais trêve de plaisanterie. Ce que je dois expliquer à Lisa, c'est que le petit bébé qui a désormais investi sa maison n'a pas grand-chose à voir avec celui de l'hôpital qu'elle croyait si bien connaître.

Le fait est que les bébés, tout comme les adultes, diffèrent les uns des autres par leur façon de manger, de dormir, de répondre aux excitations et de trouver l'apaisement. Appelez cela comme vous voudrez : tempérament, personnalité, dispositions, nature. Toujours est-il que ces particularités, qui se manifestent entre le troisième et le cinquième jour, vous indiquent d'ores et déjà à quel type appartient votre enfant.

Comme je reste souvent en contact avec « mes » bébés et les vois donc passer de l'enfance à l'adolescence, je peux affirmer par expérience qu'à la façon dont le nourrisson accueille les gens qu'il ne connaît pas, accepte les situations nouvelles ou se conduit avec ses parents et avec les autres bébés, on perçoit déjà en lui l'individu qu'il sera plus tard.

Davy, bébé maigrichon et tout rouge, né deux semaines avant terme à la surprise de ses parents, ne se sentait en sécurité que dans la pénombre et le silence. Il avait aussi besoin de beaucoup de câlins. Aujourd'hui, à deux ans, c'est toujours un petit garçon timide.

Quant à Anna, bébé enjoué et facile conçu par insémination anonyme, elle a fait sa nuit entière à onze jours. Une semaine à peine après sa sortie de l'hôpital, sa maman n'avait plus besoin de mes services. Et pourtant, elle était mère célibataire. Âgée de douze ans aujourd'hui, Anna continue d'accueillir le monde à bras ouverts.

Et puis il y a ces jumeaux, si différents l'un de l'autre qu'on ne pourrait les dire frères. À peine au sein, Sean se mit à téter allégrement, un sourire béat sur le visage, alors qu'il fallut un bon mois à Kevin pour arriver à prendre le sein correctement. Et il n'abandonna pas pour autant son air perpétuellement bougon. Je n'ai plus de contact avec cette famille car le père, directeur d'une compagnie pétrolière, a été nommé à l'étranger. Mais je suis prête à parier que Sean est toujours joyeux et Kevin fâché contre le monde entier.

Confrontés à la permanence de certains traits, de nombreux psychologues en sont venus comme moi à reconnaître l'existence du tempérament. Entre autres, un chercheur de Harvard du nom de Jerome Kagan a démontré que certains nourrissons étaient *indiscutablement* plus sensibles que d'autres, plus irritables, grognons ou imprévisibles (*cf.* l'encadré ci-dessous).

L'inné et l'acquis

Formé comme la plupart des scientifiques du vingtième siècle à croire que l'environnement social était plus déterminant que la physiologie, Jerome Kagan est quelque peu revenu sur ses certitudes au bout de vingt années d'études. Dans *La Prophétie de Gallien**, il note : « Non sans un certain regret, je dois admettre que des bébés, beaux et pétulants de santé, nés dans des familles fortunées où ils sont entourés d'affection, entrent dans la vie, dotés de caractères physiologiques tels qu'il leur sera malaisé d'être détendus, spontanés et rieurs, même s'ils le souhaitent. Certains devront même combattre un penchant naturel à l'austérité et à l'inquiétude. »

* Médecin du deuxième siècle de notre ère, Gallien fut le premier à dresser une classification des tempéraments.

Les différences de tempérament ne se manifestent pas seulement dans les rapports de Bébé avec son entourage, mais également dans sa façon de trouver l'apaisement – et ce point est peut-être celui que les jeunes parents doivent comprendre en premier. Le tout, c'est de bien voir son bébé, de le connaître et de l'accepter pour ce qu'il est.

Laissez-moi vous rassurer, petite maman : le tempérament est une *tendance*, nullement une sentence. Rien ne permet d'affirmer qu'une fois devenu grand, ce petit garçon qui vous éreinte aujourd'hui continuera de vomir à la moindre contrariété ou que votre petite fille si fragile fera tapisserie lors de son premier bal. Loin de moi l'idée de contester l'importance de la nature. Toutefois, si je reconnais l'importance pour le développement de l'enfant des caractéristiques anatomiques et des échanges chimiques dans le cerveau, je n'en demeure pas moins persuadée que l'éducation est essentielle. Cela dit, pour offrir à votre enfant tout le soutien dont il a besoin, vous devez comprendre avec quel bagage il est venu au monde.

D'après mon expérience, les nourrissons appartiennent à l'un des cinq grands types de tempérament suivants : angélique, modèle, irritable, vif et grincheux, selon ma classification personnelle. Vous en trouverez plus loin une description détaillée. Pour l'heure, observez votre bébé et répondez au questionnaire ci-dessous. Je l'ai établi sous forme de vingt situations s'appliquant à des bébés en bonne santé âgés de cinq jours à huit mois. Pour chaque question, un choix de cinq réactions est proposé. Il va de soi qu'au cours des deux premières semaines, des variations sont susceptibles d'apparaître. Ce ne sont en réalité que des sautes d'humeur provisoires. La circoncision (souvent effectuée au huitième jour) ou l'ictère (anomalie qui rend des bébés somnolents) peuvent empêcher un temps de distinguer la véritable nature d'un bébé.

Je vous propose de faire ce questionnaire *à deux*, vous et votre compagnon, mais *séparément*. Si vous vivez seule, demandez à une personne de votre entourage qui passe du temps auprès de votre bébé de répondre également aux questions. Il est important de disposer de deux sources d'information. Premièrement, parce que personne ne voit exactement les choses comme son voisin – vous serez surpris de constater combien vos observations divergent. Deuxièmement, parce que les bébés, comme le reste de l'humanité, agissent différemment selon les personnes avec qui ils se trouvent – c'est un fait constant, tout au long de la vie. Troisièmement, parce que nous avons tendance à nous projeter sur nos bébés et à nous identifier parfois avec eux au point de ne plus voir dans leur caractère que ce qui nous arrange. Sans vous en rendre compte, vous focalisez peut-être sur certains traits précis et ne voyez plus les autres. Ainsi, si vous étiez timide étant petite et avez été la risée de vos camarades de classe, vous vous faites peut-être toute une montagne en voyant votre bébé pleurer en présence d'inconnus. Vous l'imaginez déjà subissant à son tour les railleries et vous en éprouvez à l'avance de l'angoisse. Mais oui, mon petit lapin, nous projetons aussi loin que cela quand il est question de nos bébés. Qui n'a pas entendu un papa s'exclamer : « Regardez-moi ce champion de basket ! » le jour où son petit bout d'homme a tenu sa tête tout seul, la première fois, ou la mère affirmer : « Il a mon oreille », parce qu'elle a fait du piano depuis l'âge de cinq ans et que son petit garçon semble se calmer quand elle lui joue de la musique !

Pour en revenir au questionnaire, promettez-moi de ne pas vous battre si vos réponses ne coïncident pas. Vous n'êtes pas en train de faire un concours pour déterminer qui de vous deux est le plus intelligent ou connaît mieux Bébé. Ce n'est qu'un moyen de mieux comprendre ce petit homme qui vient d'entrer dans votre vie. Quand vous aurez coché vos réponses et obtenu le résultat selon les indications ci-dessous, vous verrez ce qui correspond le mieux à votre enfant. Le but, bien sûr, n'est pas de le cataloguer, ô horreur ! mais de vous aider à vous situer face à certains comportements révélateurs, tels que les pleurs, les réactions à l'environnement, le sommeil, les penchants – toutes choses sur lesquelles je me fonde pour définir les besoins d'un enfant.

Connaissez votre bébé

Cochez la *meilleure* réponse, c'est-à-dire celle qui décrit la réaction de votre enfant *dans la plupart des cas.*

1. Mon bébé pleure :
A. Rarement.
B. Seulement quand il a faim, quand il est fatigué ou surexcité.
C. Sans raison apparente.
D. Très fort. Devient enragé si je n'interviens pas dans l'instant.
E. Très souvent.

2. Au moment de s'endormir, mon bébé :
A. Repose tranquillement dans son berceau et glisse dans le sommeil.
B. S'endort généralement sans problème en l'espace de vingt minutes.
C. S'agite un peu et semble s'endormir, mais se réveille plusieurs fois.
D. Est très agité et a souvent besoin d'être langé ou maintenu.
E. Pleure beaucoup. À croire qu'il en veut à la terre entière d'avoir été mis au lit !

3. Au réveil, mon bébé :
A. Pleure rarement. Joue dans son berceau jusqu'à ce que j'entre.
B. Gazouille en regardant autour de lui.
C. Pleure s'il n'obtient pas une attention immédiate.
D. Braille.
E. Pleurniche.

4. Mon bébé sourit :
A. Au monde entier, choses et gens.
B. Quand on l'y incite.
C. Quand on l'y incite, mais il se met parfois à pleurer au bout de quelques minutes.
D. Beaucoup. Il est d'ailleurs très bruyant et à tendance à faire des bruits de bébé très forts.
E. Seulement si les circonstances s'y prêtent.

5. Hors de la maison, mon bébé :
A. Se laisse prendre facilement dans les bras.
B. Est content, sauf s'il est dans un lieu trop animé ou inconnu.
C. Se démène dans tous les sens.
D. Exige beaucoup d'attention de ma part.
E. N'aime pas être tenu trop longtemps dans les bras.

6. Si un inconnu lui fait des risettes, mon bébé :
A. Sourit aussitôt.
B. Sourit généralement, au bout d'un moment assez court.
C. Commence par pleurer. Se calme quand l'inconnu le met en confiance.
D. S'excite beaucoup.
E. Ne sourit presque jamais.

7. Surpris par un bruit, mon bébé :
A. Ne s'énerve jamais.
B. Note la chose, sans manifester d'inquiétude.
C. Est visiblement ennuyé, se met souvent à pleurer.
D. Fait du bruit à son tour.
E. Se met à pleurer.

8. Lors de son premier bain, mon bébé :
A. Est entré dans l'eau comme un canard.
B. Après un court moment de surprise, a apprécié la sensation.

C. A réagi vivement. S'est agité un peu, l'air effrayé.
D. S'est beaucoup débattu en éclaboussant de l'eau partout.
E. A détesté ça et a pleuré.

9. En règle générale, mon bébé a le corps :
A. Détendu et presque toujours alerte.
B. Détendu la plupart du temps.
C. Tendu. Il réagit vivement aux stimulations extérieures.
D. Agité. Ses bras et ses jambes remuent souvent dans tous les sens.
E. Raide. Ses bras et ses jambes sont souvent assez rigides.

10. Mon bébé émet des bruits forts et agressifs :
A. De temps à autre.
B. Seulement quand il joue ou à la suite d'une forte stimulation.
C. Presque jamais.
D. Souvent.
E. Quand il est fâché.

11. Quand je le change, l'habille ou lui donne son bain, mon bébé :
A. Participe sereinement.
B. Est tranquille tant que j'agis lentement et l'informe de ce que je fais.
C. Est souvent grognon, comme s'il ne supportait pas d'être tout nu.
D. Gigote beaucoup et tente de faire tomber tout ce qui se trouve sur la table à langer.
E. Se fâche. Il faut se battre pour l'habiller.

12. Placé soudain en pleine lumière – soleil ou lampe –, mon bébé :
A. S'adapte sans problème.
B. Montre parfois de la surprise ou de la peur.
C. Cligne fort des yeux ou essaie de détourner la tête.
D. S'excite.
E. A l'air mal à son aise.

13-a. Au biberon, mon bébé :
A. Tète avec concentration et finit son repas en vingt minutes.
B. Mange bien en général. Peut être imprévisible s'il a une poussée de croissance.
C. Gigote, prend un bon moment pour terminer son repas.

D. S'agrippe violemment au biberon, est glouton.
E. Est souvent imprévisible. Le repas dure longtemps.

13-b. Au sein, mon bébé :
A. Tète très bien depuis le premier jour.
B. A mis un ou deux jours pour prendre le sein correctement. Depuis, n'a jamais eu de problème.
C. Semble perpétuellement affamé, mais tète par intermittence comme s'il oubliait à quoi sert le sein.
D. Mange bien tant que je le tiens comme il le souhaite.
E. S'énerve et s'agite, comme si je n'avais pas assez de lait.

14. Mon bébé me manifeste ses désirs :
A. Clairement.
B. Assez clairement. La plupart du temps, je les déchiffre sans mal.
C. Peu clairement. Je reste souvent perplexe. Parfois personne, pas même moi, n'arrive à le calmer.
D. Haut et fort. Il a des goûts et des dégoûts très prononcés.
E. En général, en pleurant ou en criant pour attirer mon attention.

15. Quand un grand nombre de gens veulent le tenir, mon bébé :
A. Se laisse prendre facilement par tout le monde.
B. Se laisse prendre par certaines personnes seulement.
C. Pleure facilement, si trop de gens le prennent.
D. Est parfois mécontent – pleure ou tente d'échapper aux bras qui le tiennent.
E. Refuse de se laisser prendre par quiconque, sauf par Papa-Maman.

16. Rentré à la maison, mon bébé :
A. Retrouve tout de suite ses repères.
B. A besoin de quelques minutes d'adaptation.
C. A tendance à s'irriter.
D. Est souvent surexcité et difficile à calmer.
E. Est en colère et malheureux.

17. Laissé seul, mon bébé :
A. Peut rester de longs moments à regarder n'importe quoi, même les barreaux de son berceau.
B. Peut s'amuser pendant un quart d'heure environ.

C. S'amuse difficilement s'il est dans un lieu inconnu.
D. A besoin de nombreux stimuli pour s'amuser.
E. Est facilement amusé par n'importe quoi.

18. En gros, je dirais que mon bébé est :
A. Incroyablement facile à vivre.
B. Prévisible, comme s'il suivait à la lettre un mode d'emploi.
C. Hyperréactif. Un rien l'excite.
D. Agressif.
E. Souvent grognon.

19. Dans son berceau, mon bébé semble :
A. En parfaite sécurité.
B. Heureux de s'y trouver, la plupart du temps.
C. Anxieux.
D. Révolté, comme s'il était en prison.
E. Fâché d'y avoir été déposé.

20. Description convenant le mieux à mon bébé :
A. C'est le calme personnifié. On remarque à peine sa présence.
B. Il est facile à vivre, prévisible.
C. C'est un émotif qui réagit à tout.
D. C'est un actif. Quand il sera en âge de marcher à quatre pattes, il mettra le chambard partout où il passera.
E. Il a l'air désabusé, de connaître la chanson. C'est une « vieille âme » comme on dit.

Reportez vos réponses dans cinq colonnes A, B, C, D, E, et additionnez les totaux, lettre par lettre. La lettre la plus souvent sélectionnée indique le type auquel appartient votre bébé.
A = bébé angélique
B = bébé modèle
C = bébé irritable
D = bébé vif
E = bébé grincheux

Bien discerner le type auquel appartient votre bébé

Si les totaux font ressortir deux lettres, rappelez-vous que nous parlons ici d'une manière d'être en général, et non d'une humeur passagère ou d'un comportement dû à un problème bien précis, correspondant ou non à une étape du développement infantile (coliques, dents). Lisez toutes les esquisses brossées ci-après.

Pauline ou le bébé angélique. Comme on s'en doute, c'est l'enfant idéal, celui dont toute femme enceinte pour la première fois se voit déjà la mère : sage comme une image, le sourire en permanence et jamais une exigence. Ses signaux sont faciles à décrypter. Le fait de se retrouver dans un environnement inconnu ne la perturbe pas, elle se laisse volontiers prendre dans les bras. Bref, vous pouvez la trimbaler partout avec vous. Pauline mange, joue et s'endort sans problème. Au réveil, vous la trouvez babillant dans son berceau, les yeux fixés sur une peluche ou sur une raie du mur. Le bébé angélique sait souvent s'apaiser par lui-même. S'il est trop fatigué, peut-être parce que vous n'avez pas déchiffré à temps ses désirs, un câlin suffit à le calmer. Répétez-lui doucement : « Mon bébé à moi tout fatigué » ; faites le silence et la pénombre dans sa chambre, remontez sa boîte à musique et il s'endormira en un rien de temps.

Oliver ou le bébé modèle. Avec lui pas de surprise, c'est un enfant prévisible, facile à contenter. Réglé comme du papier à musique, il passe par tous les stades importants de son développement, pile au moment où il est censé le faire – à trois mois, il fait sa nuit entière ; à cinq, il roule sur lui-même et, à six, il s'assied sans qu'on l'aide. Si son appétit augmente subitement et qu'il prend du poids, c'est soit parce qu'il a une poussée de croissance parfaitement naturelle, soit parce qu'il franchit une étape bien précise. À l'âge d'une semaine, Oliver pouvait déjà rester à jouer tout seul pendant de courtes périodes – un quart d'heure environ – et gazouillait beaucoup en regardant le monde autour de lui. Il sourit quand on lui sourit et passe par des moments d'agacement normaux. Il se laisse calmer facilement. Le mettre au lit n'est pas non plus toute une histoire.

Michael ou le bébé irritable. En raison de sa sensibilité à fleur de peau, ce bébé-là perçoit le monde comme une agression permanente. Il réagit à tous les bruits – pétarades d'une moto, télé trop forte, aboiement de chien dans la maison d'à côté. Il cligne des yeux ou se détourne d'une lumière violente et pleure parfois sans raison, même dans les bras de sa mère – façon à lui de dire : « J'en ai assez, j'ai besoin de paix et de tranquillité. » Michael est souvent irritable au retour de promenade ou quand on le fait passer de bras en bras. Il peut jouer tout seul pendant un petit bout de temps, mais il a besoin d'être rassuré par une personne qu'il connaît, Maman, Papa ou Nounou.

Comme il aime beaucoup téter, on pourrait croire qu'il n'est jamais rassasié. En vérité, une tétine fait aussi bien son bonheur. Au sein, il tète de façon désordonnée, donnant parfois l'impression de ne plus savoir comment s'y prendre. Posé dans son berceau, Michael a souvent du mal à s'endormir, que ce soit pour une sieste ou pour la nuit. Un rien suffit à le déstabiliser et à chambouler l'horaire de toute sa journée – sieste trop longue, repas sauté, visite impromptue, voyage, changement dans l'alimentation.

Pour l'apaiser, recréez les conditions de l'utérus : emmaillotez ses jambes, tenez-le au creux de votre épaule et chuchotez « Ch... ch... ch... » en cadence à son oreille. Cela lui rappellera le brassage du liquide amniotique dans l'utérus. En même temps, tapotez-lui le dos doucement, au rythme d'un battement de cœur – ce truc calme d'ailleurs la plupart des bébés. Si j'ai un conseil à vous donner, c'est de vous dépêcher d'apprendre à décoder ses signes et ses pleurs. Cela vous simplifiera grandement la vie. Les bébés irritables aiment les emplois du temps structurés. Par pitié, pas d'imprévu ni de surprise intempestive !

Karen ou le bébé vif. Cet enfant-là est sorti du ventre de sa maman avec des opinions bien arrêtées et n'y va pas par quatre chemins pour les faire connaître. Karen est bruyante au point de paraître agressive. Au réveil, elle pleure souvent. En fait, elle déteste traîner dans son popo et appelle fort pour qu'on la change. D'ailleurs, même quand elle babille, elle fait beaucoup de bruit. Ses mouvements des bras et des jambes, souvent un peu saccadés, risquent de l'exciter et de la déranger pendant qu'elle s'endort. Mieux vaut donc la langer. Si elle commence à pleurer et n'est pas consolée dans l'instant, elle peut atteindre un point de non-retour et entrer dans des crises de fureur. Un bébé vif a toutes les chances de tenir très tôt son biberon tout seul. Il remarquera souvent les autres bébés avant d'être remarqué par eux et, dès qu'il saura saisir, il accaparera leurs joujoux.

Gavin ou le bébé grincheux. J'ai pour théorie que ces bébés-là ont déjà fait un petit tour ici-bas et ne sont pas ravis-ravis d'y revenir. Je peux me tromper bien sûr. Les bébés comme Gavin sont complètement *mardy*, dit-on chez nous dans le Yorkshire, ou *farbissiner* comme on dit en yiddish d'après mon coauteur. Traduire : furieux contre le monde entier et décidés à le faire savoir. Gavin pleurniche tous les matins, ne sourit pas beaucoup dans la journée et s'endort le soir après bien de l'agitation. Au début, il a détesté le bain. Pour le changer ou l'habiller, c'étaient chaque fois la croix et la bannière. Ça a été la valse des baby-sitters, toutes étaient persuadées que le gamin leur en voulait à elles personnellement alors qu'il était agité et irritable avec tout le monde, y compris sa mère. La pauvre avait bien essayé de l'allaiter, mais son débit était lent et Gavin s'énervait. Le mettre au biberon n'a guère amélioré la situation. Il faut une maman ou un papa d'une patience archangélique pour calmer un bébé grincheux, car ces petits-là se fâchent très fort et peuvent hurler à pleins poumons pendant des heures. Quand ils sont lancés, les « ch… ch… ch… » à l'oreille ne leur font guère d'effet. Mieux vaut leur répéter : « Tout va bien… Tout va bien… », en les berçant doucement d'avant en arrière.

Mon conseil : quel que soit son type, bercez toujours un bébé d'avant en arrière, et non sur le côté ou de haut en bas, car c'est dans ce sens que les eaux remuaient dans votre ventre pendant la marche, de sorte que ce mouvement connu le rassure.

Du rêve à la réalité

Vous avez reconnu votre enfant dans une seule ou plusieurs des descriptions précédentes et votre rêve s'est écroulé ! Pas de panique. Ces portraits ne sont là que pour éclairer votre lanterne. L'important n'est pas de coller une étiquette à Bébé, mais de savoir ce que vous pouvez attendre de lui, compte tenu de son tempérament, et de découvrir la bonne façon de vous y prendre pour vivre en harmonie avec lui.

Je vous entends déjà vous lamenter : « Mon bébé n'est pas du tout comme je m'y attendais. Il est difficile à calmer, il passe son temps à gigoter, il s'énerve pour un oui ou pour un non, il ne supporte pas qu'on le prenne dans les bras. » Bref, vous êtes désarçonnée. Dans votre for intérieur, vous vous sentez presque trompée sur la marchandise. Rassurez-vous, vous n'êtes pas la seule à éprouver de tels sentiments. En neuf mois d'espérances, rares sont les parents qui ne se sont pas fait une idée du tout-petit qui allait forcément leur échoir. Ils l'ont imaginé nouveau-né, bambin, parfois même adulte. C'est notamment le cas des parents qui ont eu du mal à concevoir ou qui ont attendu les trente-quarante ans pour fonder une famille. La mère de Lizzie, âgée de trente-six ans, m'a avoué quand son enfant avait cinq semaines : « Au début, si j'appréciais un quart du temps que je passais avec elle, c'était bien le maximum. Du coup, je culpabilisais. J'avais l'impression de ne pas l'aimer autant que j'aurais dû. » Et pourtant, elle avait un bébé modèle. Quant à Nancy, une avocate de presque cinquante ans qui avait recouru aux services d'une mère porteuse, elle a été épouvantée en faisant la connaissance de son petit Julian, âgé de quatre jours. Elle était persuadée de ne pas être à la hauteur. Elle se revoit encore, penchée sur son berceau et le suppliant : « P'tit chou, tu n'as pas décidé de nous faire la peau, quand même ! » Et son petit Julian était de type angélique !

Selon la vie que menait la famille avant l'arrivée de Bébé, l'adaptation peut prendre trois jours, trois semaines ou bien davantage. Mais les parents finiront bien par accepter les contingences qui vont de pair avec un enfant. Même les maniaques de l'ordre cesseront de s'exaspérer à la vue du fouillis – du moins espérons-le. Mais nous reparlerons de tout cela au chapitre suivant.

Mon conseil : jolie maman, épanchez-vous. Dénichez une oreille complaisante, quelqu'un qui soit passé par là, et laissez sortir vos frustrations ! Mais écoutez aussi les histoires qu'on vous raconte, cela vous requinquera. Quant à vous, cher papa, c'est l'inverse qu'il vous faut faire : vous interdire déballages et surenchère ! Si j'en crois la gent masculine qui fréquente mes groupes de soutien, rien ne vous amuse plus que les concours d'insomnie et d'abstinence.

Coup de foudre, pensiez-vous ?

« De l'autre bout de la salle, leurs regards se croisèrent et – patatras ! – l'amour s'abattit sur eux. » Vision enchanteresse de l'amour, véhiculée par Hollywood. Mais, franchement, est-ce ainsi que les choses se passèrent entre votre chéri et vous ? Alors, pourquoi attendez-vous le coup de foudre avec Bébé ? S'il est vrai que certaines mamans tombent dans la seconde raides dingues de leur enfant, pour beaucoup cela prend du temps de l'aimer. Vous êtes épuisée, sous le choc, effrayée. De son côté, Bébé est loin d'être parfait. Ne vous condamnez pas, et ne lui jetez pas la pierre non plus. Le véritable amour vient avec le temps, quand on connaît l'objet de sa flamme. C'est vrai pour les adultes, c'est vrai pour les bébés.

Le tempérament de Bébé n'a rien à voir dans l'histoire. Vous avez placé si haut la barre de vos attentes qu'aucun enfant ne pourrait la franchir, quand bien même serait-il de type archangélique. Quand je suis arrivée chez Kim et Jonathan, j'étais persuadée d'achever mon travail en deux temps trois mouvements : des parents apparemment responsables, à en juger d'après les postes importants qu'ils occupaient tous deux ; une petite Claire qui mangeait bien, jouait toute seule, dormait comme une marmotte et dont les pleurs étaient faciles à décrypter. Bref, un rêve de bébé. Eh bien, figurez-vous que Jonathan était aux quatre cents coups ! Sa petite fille, voyez-vous, était trop placide. Elle dormait trop, ce n'était pas normal. Elle n'avait pas « pris de son côté », c'était clair ! J'ai sur-le-champ traduit les inquiétudes du papa par sa déception de ne pouvoir remporter le marathon du manque de sommeil. Vous n'imaginez pas le mal que j'ai eu à le convaincre qu'il fallait être un fieffé masochiste pour ne pas bénir le ciel d'avoir un petit ange pour bébé !

D'ordinaire, le choc survient quand les parents découvrent que leur nouveau-né si doux et paisible est en réalité un vigoureux impulsif. Les premiers jours, ils ne s'en étaient pas rendu compte, le bébé dormait profondément pour récupérer du choc de la naissance. À présent, ils déchantent et se demandent, hébétés : « Où est-ce qu'on a bien pu se tromper ? Que faut-il faire maintenant ? » Je n'aurai qu'une réponse : reconnaissez que vous êtes déçus et acceptez-le.

Les parents n'ont pas toujours conscience d'être désappointés. Parfois, ils sont gênés de devoir admettre que leur rejeton n'est pas aussi mignon qu'ils l'espéraient et qu'ils n'éprouvent pas pour lui le coup de foudre tant attendu.

Mon conseil : dites-vous que votre bébé est un merveilleux défi que vous lance la vie. Nous avons tous une foule de leçons à apprendre au cours de l'existence et nous ne savons jamais à l'avance qui nous les enseignera. Dans le cas présent, c'est Bébé qui sera votre maître.

À titre de réconfort, voici quelques histoires parmi les milliers que j'ai entendues.

Mary et Tim. Mary, jeune femme affable, toujours de bonne humeur, a pour époux un homme également calme et équilibré. Les trois premiers jours, leur fille Mable leur a donné toutes les raisons de croire qu'elle était un bébé angélique : six heures de sommeil la première nuit à l'hôpital, presque autant la seconde. Mais voilà qu'arrivée à la maison la petite s'est mise à dormir de façon plus sporadique. Elle avait souvent du mal à trouver le sommeil et il n'était pas facile de l'apaiser. Au moindre bruit, elle sursautait et fondait en larmes. Quand on voulait la prendre, elle se tortillait en pleurnichant et, bien souvent, il lui arrivait de pleurer sans aucune raison apparente. Ébahis d'avoir engendré un bébé aussi nerveux, eux qui étaient la pondération même, Mary et Tim ne cessaient de comparer leur petite fille aux enfants de leurs amis, lesquels faisaient la sieste volontiers, s'amusaient tout seuls pendant de longues périodes et pouvaient être transbahutés en voiture sans problème.

Mon travail auprès de ce couple a consisté à leur faire découvrir la personnalité de leur petite fille. Bébé hypersensible, Mable aspirait à la régularité. Son système nerveux central n'étant pas encore entièrement développé, elle avait besoin de beaucoup de calme autour d'elle, de ne pas être stressée. S'ils voulaient qu'elle s'adapte, ses parents devaient se montrer doux et patients, accepter sa manière d'appréhender le monde. Le problème n'était pas la sensibilité exacerbée de Mable, mais plutôt sa façon d'exprimer sa personnalité. Pour ma part, je n'étais pas inquiète. Tim et Mary étant tous deux calmes et posés, Mable devait certainement leur ressembler, au fond. Et, de fait, elle avait besoin de lenteur comme sa mère et, comme son père, elle recherchait la sérénité.

Un simple décodage de la situation assorti de quelques encouragements ont suffi pour que Mary et Tim acceptent de voir Mable comme elle était, au lieu de rêver à un bébé fictif, copie conforme de ceux de leurs amis. Ils ont ralenti leur tempo, réduit le nombre de personnes autorisées à prendre leur fille dans les bras et se sont mis à l'observer de plus près.

Moyennant quoi, ils n'ont pas été longs à découvrir que Mable leur adressait des messages très clairs. Quand la fatigue se faisait sentir, elle détournait son visage. Manière à elle de dire : « Cessez de me regarder ! Arrêtez de me stimuler, vous me donnez le tournis ! » Mary a remarqué qu'en répondant rapidement aux signaux de sa petite fille, elle avait moins de problèmes pour la coucher, alors que si elle ratait le coche, Mable se mettait à pleurer, et c'était alors toute une histoire pour la calmer. Un jour que j'étais passée chez eux, Mary, toute à son ardeur de me mettre au courant des derniers progrès de sa fille, n'a pas tenu compte des signaux que la petite lui lançait. Mable s'est mise à pleurer. Par chance, sa maman lui a dit : « Pardon, mon trésor. Je ne faisais pas attention à toi. » Voilà une maman qui avait compris la notion de respect !

Jane et Arthur. Ce charmant couple, un de mes préférés, avait attendu sept ans avant d'avoir un enfant. À l'hôpital, le petit James leur avait donné l'impression d'être un bébé angélique, mais depuis qu'il était à la maison, il pleurait à tout bout de champ. Qu'on le change ou qu'on lui donne son bain, il versait toutes les larmes de son corps. Jane et Arthur, qui ont pourtant un grand sens de l'humour, n'avaient même plus envie de lui grimacer un sourire. Quant à James, il avait l'air désespéré du matin au soir. « Même quand je le mets au sein il pleure, disait Jane. Pour tout vous dire, nous attendons avec impatience le moment où il s'endort. »

Le seul fait d'exprimer tout haut leurs regrets plongeait le couple dans l'angoisse. Comme cela arrive si souvent, ils étaient persuadés d'être à l'origine du nuage noir qui planait sur leur enfant. Je leur ai dit de prendre du recul. « Considérez votre bébé comme un individu à part entière. Que voyez-vous ? Un petit garçon qui dit : “Hé, maman, accélère un peu quand tu changes ma couche !… Ah non, tu ne vas pas me redonner le sein, je viens juste de finir de téter !… Quoi, encore un bain ?” » En me voyant mimer leur bébé grincheux, Jane et Arthur ont éclaté de rire. Je leur ai fait part de ma théorie des « vieilles âmes ». Ils ont hoché la tête d'un air entendu. « Mon père est comme ça, a dit Arthur, et ça ne nous empêche pas de l'aimer. Nous nous disons seulement qu'il est un peu spécial. » Tout d'un coup, ce petit James a cessé de leur paraître un monstre descendu sur Terre dans le seul but de leur gâcher la vie pour devenir un petit garçon normal, doté d'un tempérament à lui et de besoins précis, au même titre que tous les gens qui peuplent la planète. Autrement dit : quelqu'un qui méritait leur respect.

À présent, au moment de donner le bain, Jane et Arthur ne s'angoissent plus une demi-heure à l'avance et n'agissent plus tambour battant. Ils donnent à James le temps de s'habituer à l'eau et lui prodiguent leurs encouragements : « Je sais bien que tu n'aimes pas beaucoup ça mais, un jour, ça t'amusera tellement que tu pleureras quand il faudra sortir de l'eau. » Et puis, ils ont cessé de l'emmailloter dans un lange. Ils ont appris à deviner ses besoins. Résultat, ils évitent bien des crises, et tout le monde se sent mieux. À six mois, James a toujours tendance à bouder, mais ses parents ne s'en formalisent plus. Sachant que telle est sa nature, ils s'efforcent de lui changer les idées quand il est de mauvaise humeur. Tous les petits James n'ont pas la chance d'avoir des parents qui les comprennent aussi bien.

Les histoires comme celles-ci illustrent deux des traits essentiels dans l'art de charmer les bébés : le respect et le bon sens. On ne saurait appliquer à tout le monde un traitement identique – et cela est tout aussi valable pour les bébés. Le fait que votre neveu aimait être tenu d'une certaine façon quand votre sœur le nourrissait ou préférait être langé pour dormir ne signifie pas que votre enfant appréciera cela, lui aussi. Et ce n'est pas parce que la fille de votre amie, de nature solaire, s'adapte facilement aux gens qu'elle ne connaît pas que votre petite fille réagira de même. Oubliez vos rêves. Attachez-vous à découvrir la personnalité et les besoins véritables de *votre* enfant *à vous*. Observez-le, écoutez-le attentivement. Je vous assure qu'il vous exprime très précisément ses désirs et comment les satisfaire. En vous mettant à sa place, en vous efforçant de le comprendre, vous ne simplifiez pas seulement la vie de Bébé, vous l'aidez à se construire et à compenser ses faiblesses en tablant sur ses propres forces.

Et maintenant, une bonne nouvelle : tous les enfants du monde, quel que soit leur type, se portent beaucoup mieux quand la vie autour d'eux est paisible et structurée. Au prochain chapitre, je vous montrerai comment partir du bon pied dès les premiers jours et ce, en instaurant une routine structurée, bénéfique pour toute la famille.

2

La méthode EASY, ça marche !

Mangez quand vous avez faim.
Buvez quand vous avez soif.
Dormez quand vous êtes fatigué.
Précepte bouddhiste

J'ai eu tout de suite le sentiment qu'elle serait plus heureuse en suivant un horaire structuré. Ça marchait très bien sur le bébé d'une amie.
Maman d'un bébé modèle

La clef du succès : un programme structuré

Tous les jours, des parents perdus, angoissés ou abattus, mais surtout épuisés par le manque de sommeil, me supplient de mettre un terme à l'enfer que subit leur famille tout entière. Quel que soit le problème, je les mets d'office au même régime : une *routine structurée*.

Prenons Terry, maman à trente-trois ans d'un petit Garth. Elle m'appelle, persuadée que son fils de cinq semaines chipote : « Il lui faut presque une heure pour manger, tantôt il prend le sein, tantôt il le recrache.

– Vous suivez un programme régulier ? » lui demandé-je.

À son hésitation, je comprends que la réponse est non. J'ai déjà ma petite idée sur le problème sans avoir besoin de voir ou d'entendre son bébé. Je lui promets de passer chez elle dans la journée.

« Un programme, ça non ! s'exclame Terry, en m'entendant annoncer le traitement. Je passe ma vie entière à jongler avec mon emploi du temps. Je n'ai pas pris un congé dans l'agence de pub que je dirige pour faire subir à ce malheureux la tyrannie des horaires ! »

Inutile de préciser que je n'avais pas l'intention d'imposer à cet enfant une discipline régie par des horaires militaires – simplement d'instaurer une base solide mais souple, susceptible d'évoluer harmonieusement à mesure des besoins. J'explique : « Je ne parle pas d'un *emploi du temps figé* comme vous semblez le croire, mais d'une structure, d'une routine journalière impliquant un cadre et de la régularité. Je ne vous dis pas de vivre les yeux rivés sur la pendule, quelle horreur ! mais d'introduire de l'ordre dans la vie de votre enfant. »

Terry, je le vois bien, n'a pas l'air convaincue. Elle s'ouvre un peu quand je l'assure que ma méthode ne va pas seulement résoudre le prétendu problème de Garth, mais lui donner à elle les moyens d'apprendre le langage de son bébé. « Si vous le nourrissez toutes les heures ou presque, c'est que vous avez mal interprété ses désirs. Aucun bébé normal n'a besoin de s'alimenter aussi souvent. » À mon avis, Garth n'est pas aussi « chipoteur » que Terry le pense. Un bébé qui reste à mordiller le sein sans téter signifie à sa maman : « Fini ! Je suis repu ! » Mais Terry, elle, s'évertue à le faire téter encore. À la place de son bébé, accepterait-elle benoîtement qu'on la gave comme une oie ?

Il est clair aussi que Terry n'est pas au meilleur de sa forme. À quatre heures de l'après-midi, elle est encore en pyjama. Visiblement, elle n'a pas eu un instant à consacrer à sa personne, pas même un quart d'heure pour prendre une douche. (Oui, je sais, petite maman, si vous venez juste d'avoir votre bébé, il y a de fortes chances pour que vous traîniez en chemise de nuit une bonne partie de la journée, vous aussi. Cela dit, j'espère que vous n'en serez plus là quand Bébé aura cinq semaines.)

Maintenant, faisons une petite pause dans l'histoire de Terry. Peut-être l'idée de mettre au point une routine vous paraît-elle trop simple. Mais, que vous le croyiez ou non, une routine bien structurée est souvent le remède idéal pour résoudre les problèmes d'alimentation, de sommeil ou de coliques chroniques. Et si cela ne les règle pas, vous aurez au moins fait un pas dans la bonne direction.

Terry n'avait pas conscience d'ignorer les désirs de son garçon. Au lieu de lui procurer un emploi du temps adapté à ses besoins, elle le laissait décider du déroulement de la journée. Oui, je sais que la mode actuelle veut que les parents fonctionnent au gré de leur bébé. Probablement est-ce en réaction aux emplois du temps intransigeants imposés dans le passé. Mais cet engouement est tout à fait regrettable, car il tend à laisser croire aux parents que *toute* structure ou routine serait un frein à l'expression et au développement de leur bébé, ce qui est archifaux. Comment réagir à cela si ce n'est en serinant aux parents : « Cette admirable prunelle de vos yeux n'est jamais qu'un bébé ! Comment voulez-vous qu'il sache ce qui est bon pour lui ! »

Petite maman, ne confondez pas tout : il y a un monde entre respecter son bébé et lui permettre de tout diriger.

De plus – et parce que je me fais l'avocat d'un traitement global, c'est-à-dire bénéfique pour la famille tout entière –, je répète systématiquement aux parents : « Bébé doit s'intégrer dans *votre* vie et pas le contraire. Si vous laissez votre nouveau-né prendre le pas sur vous, manger et dormir quand ça lui chante, je ne vous donne pas six semaines pour que votre vie de couple ne soit plus qu'un chaos. » C'est pourquoi je suggère toujours de partir du bon pied *dès le début* – de créer un environnement sûr et cohérent pour Bébé et d'instaurer un rythme de vie qu'il soit capable de suivre. J'ai baptisé ma méthode EASY, qui signifie facile en anglais, parce que c'est précisément ce qu'elle est – facile comme bonjour !

Ne heurter personne dans la famille

Ce nom d'EASY est formé à partir de la première lettre des quatre temps forts composant le programme que j'applique à tous mes bébés – dans l'idéal, *dès le premier jour*. Il s'agit d'un cycle récurrent d'environ trois heures, au cours duquel se déroulent les épisodes suivants : alimentation, activités diverses, sommeil et temps personnel pour la maman.

L'horaire EASY

Certes, les bébés sont tous différents mais, de la naissance à trois mois, le programme suivant est assez bien adapté. N'hésitez pas à le modifier, à mesure que Bébé mange davantage et reste plus longtemps éveillé.

Tétée. De vingt-cinq à quarante minutes, au sein ou au biberon. Un bébé de trois kilos et plus peut attendre entre deux heures et demie et trois heures entre ses repas.

Activités. Quarante-cinq minutes (comprenant le change, l'habillage et un bain, une fois par jour).

Sommeil. Un quart d'heure pour s'endormir. Siestes de une demi-heure à une heure. Les nuits iront en s'allongeant après les deux ou trois premières semaines.

Temps personnel. Une heure ou plus pendant que Bébé dort. La durée augmentera à mesure que Bébé grandit, mange plus vite, joue seul plus longtemps et fait des siestes plus longues.

La tétée. Manger est le besoin n° 1 de Bébé, qu'il soit nourri au sein, au biberon ou en combinant les deux. Les nourrissons sont de petites machines à engloutir. Proportionnellement à leur poids, ils ingurgitent deux ou trois fois plus de calories qu'un adulte obèse (*cf.* chapitre 4).

Les activités diverses. Avant l'âge de trois mois, Bébé passe en gros soixante-dix pour cent de son temps à manger et dormir. Les trente pour cent restants, il est sur la table à langer, dans son bain, dans son berceau ou sur une couverture, dans sa poussette ou en voiture dans son siège de bébé. De son point de vue à lui, il s'agit là d'activités bouillonnantes (*cf.* chapitre 5).

Le sommeil. Qu'ils dorment à poings fermés ou par petits bouts, tous les bébés sans exception doivent apprendre à s'endormir *dans leur berceau.* C'est ainsi qu'ils deviendront indépendants (*cf.* chapitre 6).

Votre temps personnel. Un petit répit vous paraît impossible, un rêve irréalisable ? Pas le moins du monde, ma chère ! En suivant mon programme, vous parviendrez à vous ménager des espaces de temps plusieurs fois dans la journée pendant que Bébé dormira. Vous aurez ainsi le temps de vous reposer, de vous ressourcer et de faire ce que vous avez à faire, dès que vous aurez récupéré de la fatigue et du choc émotionnel de l'accouchement. Mais rappelez-vous ! Six semaines sont indispensables pour retrouver la forme. Ne vous jetez donc pas dans la vie, tête la première, comme vous aviez coutume de le faire auparavant ! Et ne vous laissez pas davantage imposer par Bébé des tétées à la demande ! Cela gênerait votre repos et vous en payeriez le prix, plus tard (*cf.* chapitre 7).

Comparée à bien d'autres, la méthode EASY est une « voie du milieu » raisonnable et pratique. Elle apporte un soulagement inespéré à la plupart des parents qui balancent entre deux extrêmes : celui qui consiste à se battre avec l'enfant sous prétexte de « lui apprendre la vie », et celui – en vogue actuellement – qui prône de « suivre le rythme de Bébé ». Les tenants du « qui aime bien châtie bien » penchent pour le régime de haute sécurité : emploi du temps draconien ; laisser le petit s'époumoner dans son coin quand il pleure. Rien de tel qu'une petite frustration de temps en temps pour que Bébé trouve sa place dans *votre* vie et s'adapte à *vos* besoins !

À l'opposé, les partisans du laisser-faire satisfont tous les besoins de Bébé – seule méthode capable d'assurer à l'enfant l'équilibre, croient-ils. Mais, à abdiquer de la sorte devant leur nouveau-né, Papa-Maman se retrouvent dépossédés de toute vie personnelle. Je ne leur donne pas longtemps pour vivre sous la coupe d'un « terroriste » toujours plus exigeant.

À la vérité, jolie maman, ni la carotte ni le bâton ne fonctionne. En brimant Bébé, vous ne le respectez pas ; en lui laissant la bride sur le cou, c'est vous-même que vous ne respectez plus. En revanche, avec la méthode EASY qui prend en considération la famille tout entière, vous êtes certaine que les besoins de chacun sont satisfaits, et non pas ceux de Bébé uniquement. Vous tenez compte de votre enfant, vous l'écoutez et l'observez attentivement et vous respectez ses besoins *tout en l'habituant* à la vie de famille. Le tableau suivant propose un survol des trois méthodes.

Survol des méthodes		
Laisser-faire	**EASY**	**Dressage**
Horaire imprévisible. Bébé mène la danse	Horaire prévisible. Le programme, instauré par les parents, est adapté au rythme de Bébé, qui sait à quoi s'en tenir	Horaire strict, générateur d'angoisse. Les parents instaurent un rythme que Bébé peut avoir du mal à suivre
Tétée à la demande, dès que Bébé pleure, jusqu'à douze fois par jour	Tétées toutes les deux heures trente - trois heures, selon une routine structurée. Récurrence des quatre temps forts : tétée, activités, sommeil et temps personnel	Tétées à heures fixes, en gros toutes les trois ou quatre heures
N'ayant pas appris à interpréter les signes de Bébé, les parents prennent souvent ses pleurs pour de la faim	Guidés par la logique, les parents anticipent les besoins de Bébé et sont à même de distinguer le sens de ses différents pleurs	N'ayant pas appris à interpréter les signes de Bébé, les parents ignorent les pleurs, s'ils ne correspondent pas à l'horaire établi
Les parents abandonnent toute vie personnelle	Les parents peuvent planifier leur vie	Les parents vivent, les yeux rivés sur la pendule
Le chaos règne. Les parents ne savent plus à quel saint se vouer	Les parents ont confiance en eux, ils parlent le langage de leur enfant	Les parents balancent entre culpabilité et fureur si Bébé ne se plie pas à l'horaire

Pourquoi la méthode EASY fonctionne

Indépendamment de son âge, l'homme est un être d'habitudes qui fonctionne mieux dans un cadre régulier. Structure et routine sont la norme dans notre vie quotidienne. Toute opération s'effectue selon un ordre logique. Comme me le disait Nan : « Tu ne peux pas ajouter un œuf, une fois que le pudding est cuit. » Chez nous, sur nos lieux de travail, dans nos écoles et même dans nos lieux de culte, des systèmes ont été mis en place, qui renforcent notre sentiment de sécurité.

Considérez un instant vos routines quotidiennes. Sans en avoir conscience, vous exécutez probablement des rituels identiques tous les matins, au dîner et au coucher. Comment réagissez-vous quand un tuyau bouché vous oblige à manquer votre douche du matin, quand un barrage routier vous force à prendre un itinéraire différent pour aller au boulot ou quand l'heure de votre repas est légèrement décalée ? Certes, ces petits imprévus n'empêchent pas le monde de tourner, mais ils peuvent bouleverser toute votre journée. Pourquoi en irait-il autrement pour les bébés ? Eux aussi ont besoin de routine, et tout autant que nous. Voilà pourquoi la méthode EASY fonctionne.

Les bébés n'aiment pas les surprises. Leurs systèmes délicats fonctionnent mieux quand ils mangent, dorment et jouent plus ou moins au même moment chaque jour. L'heure peut varier un peu, mais pas trop. Les enfants aiment bien savoir ce qui va suivre, notamment les nourrissons et les bébés. En guise de preuve, voici les conclusions fracassantes auxquelles est parvenu le Dr Marshall Haith, de l'université de Denver, après de longues recherches sur la perception visuelle des bébés : bien que légèrement myopes pendant la première année de leur vie, les tout-petits ont les yeux remarquablement coordonnés dès la naissance. Lorsqu'on leur présente sur une télé des séquences d'images familières, ils tentent aussitôt de repérer la suivante, *avant* même qu'elle apparaisse à l'écran. Se fondant sur le mouvement des yeux des bébés, le Dr Haith a démontré qu'« un bébé est enclin à former des espoirs quand il est mis en présence d'images prévisibles. Et il se fâche quand son attente est trompée ». Peut-on tirer de cette constatation des conclusions générales ? Absolument, affirme le scientifique : les bébés ont besoin de routine. Ils aiment la routine.

La méthode EASY habitue votre bébé à un ordre des choses naturel, à savoir : se nourrir, agir et se reposer. Des parents mettent leur nourrisson dans son berceau tout de suite après avoir mangé, souvent parce qu'il s'est endormi. Je déconseille cette façon de faire, et ce, pour deux raisons. Tout d'abord, parce que le bébé se met à dépendre du biberon ou du sein et bientôt ne pourra plus s'en passer pour s'endormir ; ensuite, parce que je ne pense pas que vous-même ayez envie de piquer un petit roupillon, la dernière bouchée avalée, à moins d'être en vacances ou d'avoir englouti la moitié d'une dinde. Je suis bien persuadée qu'en règle générale vous entreprenez quelque chose après votre repas. D'ailleurs, nos journées d'adulte ne s'organisent-elles pas autour des repas ? Un premier le matin, avant d'aller travailler, s'instruire ou jouer ; un second en milieu de journée, suivi lui aussi d'un temps consacré au travail, à l'apprentissage ou au loisir ; enfin le dîner, suivi du bain et du coucher. Pourquoi ne pas procurer à votre bébé un emploi du temps identique et naturel ?

Structure et organisation procurent à toute la famille un sentiment de sécurité. Une structure routinière permet aux parents d'instaurer un rythme de vie que Bébé est capable de suivre. Elle contribue à créer un environnement apte à lui faire présager l'avenir. La méthode EASY ne se veut pas rigide. On écoute le bébé et on répond au besoin qu'il exprime, mais en observant un ordre logique dans le déroulement de sa journée. C'est nous qui décidons des choses, pas Bébé.

Par exemple, en fin de journée, pour la tétée de cinq ou six heures du soir, Bébé est nourri au sein ou au biberon dans sa chambre ou tout autre coin paisible de la maison où il a l'habitude de prendre ses repas, loin des odeurs de cuisine, de la musique forte et du brouhaha des autres enfants. Puis nous passons à la phase activités, laquelle, le soir, correspond au bain. Et les choses se répètent de la même manière chaque fois. Quand il est enfin en pyjama et qu'il est temps pour lui de se coucher, nous baissons la lumière dans sa chambre et nous remontons sa petite boîte à musique.

La beauté de ce programme tout simple repose sur une raison essentielle : à chaque étape, Bébé est au courant de ce qui va suivre, et toute la maisonnée le sait également. Papa-Maman peuvent faire des projets, les frères et sœurs ne se sentent pas rejetés et tout le monde reçoit l'amour et l'attention dont il a besoin.

La méthode EASY aide les parents à comprendre le langage du bébé. Tant de nourrissons sont passés entre mes mains que je sais parler leur langue. Quand un bébé me dit : « J'ai faim », je ne traduis pas son pleur par « Change-moi, ma couche est sale », ni par « Je suis fatigué, tu veux bien m'aider à me calmer et à trouver le sommeil ? ». Mon but est d'aider les parents à écouter et à observer leur tout-petit, afin de comprendre eux aussi sa langue. Cet apprentissage nécessite de la pratique. Ne vous attendez pas à voir toutes vos tentatives couronnées de succès dans l'instant. Mais en attendant de parler couramment la langue de Bébé, la méthode EASY vous permettra de faire des suppositions intelligentes. (Au chapitre suivant, j'expliquerai plus avant comment interpréter ses gestes, ses pleurs et ses autres bruits.)

Prenons un exemple. Votre petite fille est repue. Étendue sur une couverture dans le salon, elle regarde depuis vingt minutes les lignes noires et blanches sur le mur (manière à elle de jouer, car elle est dans la phase activités). Mais voilà qu'elle se met soudain à pleurer. Pourquoi ? Selon toute vraisemblance, elle est fatiguée et cherche à vous exprimer qu'elle est prête à passer à la phase suivante : dodo dans son berceau. Au lieu de lui enfourner de force quelque chose dans la bouche, de l'emmener faire un tour en voiture ou de l'asseoir dans une de ces horribles chaises à bascule ou vibrantes qui ne font qu'augmenter son malaise (nous verrons pourquoi au chapitre 6), vous l'avez mise au lit ? Bravo ! Vous avez commencé par rétablir sa bonne humeur. Maintenant, elle va pouvoir s'endormir toute seule, presto prestissimo !

La méthode EASY procure à votre bébé des bases solides mais flexibles. Elle propose des solutions et permet d'établir des horaires modulables, adaptés non seulement aux besoins des bébés mais aussi à ceux des parents, ce qui n'est pas dénué d'importance. Pour régler le problème de June, par exemple, il a fallu moduler. Grâce à la méthode EASY, j'ai pu le faire quatre fois. Elle n'avait allaité sa petite Greta qu'un mois, puis était passée au biberon. Un tel changement dans l'alimentation exige souvent une modification de la routine. Greta étant un bébé grincheux, June devait apprendre à satisfaire ses préférences, lesquelles étaient très marquées. Or cette maman avait en permanence les yeux rivés sur la pendule, ce qui n'était pas fait pour arranger les choses. Comme son bébé ne répondait pas du premier coup aux changements, contrairement à ce qu'elle avait prévu, elle culpabilisait. Compte tenu de tous ces facteurs, nous avons dû prendre des tangentes, nous adapter.

De nouveaux ajustements peuvent s'avérer nécessaires – quand Bébé grandit, par exemple – mais l'ordre établi ne s'en trouve pas modifié. Alimentation, activité et sommeil continuent de se succéder dans cet ordre. J'ai décrit en début de chapitre l'horaire type du nourrisson selon la méthode EASY. Il convient d'ordinaire pour la période allant de la naissance à trois mois – celle où la plupart des bébés commencent à rester éveillés plus longtemps, font moins de siestes pendant la journée et tètent plus efficacement, ce qui a pour résultat de réduire la durée du repas. Arrivé à cet âge, Bébé n'est plus un inconnu pour vous. Il ne vous est donc pas difficile d'effectuer les ajustements qui s'imposent.

La méthode EASY facilite le partage des tâches, que vous ayez ou non quelqu'un à vos côtés. Quand la maman – qui est le plus souvent la responsable nº 1 – n'a pas de temps pour elle-même, elle a tendance à geindre ou à en vouloir à son compagnon de ne pas la soulager d'une partie du fardeau. Dans bien des familles, j'assiste à des scènes de ce genre : une jeune maman, qui tente de partager ses angoisses avec son conjoint, s'entend répondre : « De quoi te plains-tu ? Tu n'as rien d'autre à faire qu'à t'occuper du bébé. » Frustrant, non ? Du coup, elle rétorque : « Tu rigoles ? J'ai dû la porter toute la journée. Elle a pleuré deux heures durant, sans discontinuer. »

Ce qu'elle voudrait, cette petite maman-là, c'est pouvoir se lamenter tout son saoul. Après, on n'en parlerait plus. Mais voyez-vous, son partenaire a des solutions toutes prêtes pour remédier à la situation. Tantôt il dit : « Demain, je t'achète un porte-bébé », tantôt il s'insurge : « Tu n'avais qu'à l'emmener en balade. » Ne se sentant pas appréciée à sa juste valeur, la maman finit par se fâcher. Le papa s'énerve, il a l'impression d'être harcelé. En fait, il n'a aucune idée de la quantité de travail que sa femme abat dans la journée. D'ailleurs, a-t-il seulement envie de le savoir ? Il ne pense qu'à une chose : se boucher les oreilles. Résultat, il se plonge dans son journal ou met la télé pour regarder son équipe de foot préférée. « Mais qu'est-ce que tu veux de moi, à la fin ? » Arrivée à ce stade, la maman est prise de rage, et les voilà tous les deux en plein drame au lieu de répondre aux besoins de leur bébé.

Vivement la méthode EASY ! Quand une structure est mise en place, Papa sait comment se déroulent les journées de Maman et il peut s'intégrer dans la routine, ce qui n'est pas négligeable. J'ai constaté que les hommes agissaient mieux quand on leur attribuait des tâches concrètes. Si Papa doit rentrer à six heures, voyez où vous en êtes dans l'horaire de Bébé et confiez-lui la tâche correspondante. Des milliers de papas adorent donner le bain ou le biberon.

Il arrive aussi, plus rarement, que le papa reste au foyer avec le bébé pendant que la maman travaille à l'extérieur. Dans ce cas comme dans l'autre, je ne peux qu'encourager la petite famille à se retrouver au retour de l'absent pendant une demi-heure. Ensuite, le nomade devrait pousser le sédentaire à sortir faire une promenade, histoire de se changer les idées.

Mon conseil : Papa-Maman quand vous rentrez chez vous après votre travail, changez-vous – même si votre métier n'est pas salissant –, car les vêtements gardent des odeurs susceptibles de déranger Bébé. (De plus, vous ne craindrez pas de les abîmer.)

Dans le cas de Ryan et de Sarah, la méthode EASY leur a permis de réduire leurs disputes sur ce qui était bon ou meilleur pour leur Teddy chéri. À l'époque où je suis venue aider Sarah à mettre en place une routine adaptée à son fils, Ryan voyageait beaucoup. À son retour, il voulait tout le temps prendre son bébé dans ses bras et jouer avec lui, envie bien naturelle. Sauf que Teddy n'a pas mis longtemps à s'habituer à ce que son papa s'occupe non-stop de lui, notamment avant d'être mis au lit, que ce soit pour une sieste ou pour la nuit. Sans le vouloir, Ryan avait inculqué de mauvaises habitudes à son bébé de trois semaines, et maintenant Sarah n'arrivait plus à le coucher. Je lui ai expliqué qu'elle devait reprogrammer son fils pour qu'il apprenne à dormir sans l'aide d'un « accessoire humain en station verticale » (*cf.* chapitre 6). Et elle ne devait pas perdre une seconde pour mettre en place le nouveau mode d'endormissement, car Ryan allait bientôt repartir en voyage, lui laissant la tâche de promener Bébé dans toute la maison. Comme Teddy était encore très petit, la reprogrammation n'a pris que deux jours. Heureusement, Ryan a compris le sens de la méthode EASY. À son retour, il a pu continuer d'œuvrer main dans la main avec son épouse.

Mais à quoi en sont réduits les mamans ou les papas célibataires ? Il est évident qu'au début c'est difficile de ne pouvoir compter que sur soi-même. Quoique… cela présente aussi des avantages, comme le fait observer Karen, trente-huit ans : « Je n'ai à me battre contre personne pour imposer mes idées. » À part le fait d'être parfois épuisée sur le plan émotionnel, Karen considère qu'elle se débrouille beaucoup mieux que bien des couples de sa connaissance. Comme son bébé suit une routine simple et facile, elle peut demander de l'aide sans se sentir gênée. « J'ai tout mis par écrit, mes amies n'ont donc aucun problème pour s'occuper de Matthew. Elles savent exactement ce dont il a besoin, à quelle heure il fait la sieste, etc. Elles ne se perdent pas en conjectures. »

Mon conseil : si vous êtes mère ou père célibataire, rameutez vos amis, c'est la bouée de sauvetage par excellence. À ceux qui ne peuvent pas ou ne veulent pas s'occuper du bébé, demandez un coup de main pour les tâches ménagères. N'attendez pas, enfermée dans votre tour d'ivoire, qu'une bonne âme se présente. C'est à vous de faire le premier pas.

Les gens ne sont pas censés lire dans vos pensées. Ne leur en veuillez pas s'ils ne le font pas !

Choisir dès le départ la voie que vous suivrez

Mon idée de routine structurée ne fait probablement pas le poids, face à tous les conseils que vous avez reçus de vos amis ou piochés au cours de vos lectures. Je sais qu'elle n'est pas populaire. D'aucuns trouvent cruel d'enrégimenter des nouveau-nés. Pourtant, ils sont les premiers à trouver normal d'instaurer une routine quand l'enfant a trois mois, prétextant qu'il a pris du poids et que son sommeil est plus régulier.

Balivernes que tout cela ! Pouvez-vous me citer *un seul* avantage à avoir attendu tout ce temps, sinon celui d'avoir fait la part belle au désordre et au chaos ? Et puis, d'où tenez-vous que les réflexes apparaîtraient à l'âge de trois mois, comme ça, tombés du ciel ? À cet âge, m'objecterez-vous, la plupart des nourrissons ont franchi certaines étapes importantes. Je ne le nie pas, mais respecter une routine n'est pas quelque chose d'inné, lié à l'âge, c'est un caractère acquis, qui s'apprend peu à peu. À trois mois, les bébés modèles ou angéliques ont eu largement le temps de s'adapter à la routine, alors que bien souvent les autres n'ont toujours pas réglé leurs problèmes d'alimentation ou de sommeil. *Problèmes qu'on aurait pu éviter, ou tout du moins réduire, en ayant instauré une structure équilibrée dès le plus jeune âge.*

Avec la méthode EASY, c'est *vous* qui guidez Bébé, tout en apprenant à connaître ses besoins. Grâce à la structure mise en place, vous avez su repérer ses différents comportements bien avant qu'il ait trois mois, vous comprenez son langage. Vous êtes donc en mesure de lui inculquer de bonnes habitudes. « Commence tout de suite comme tu as l'intention de poursuivre ! » me répétait ma grand-mère. Autrement dit : représentez-vous votre vie de famille telle que vous voudriez qu'elle se déroule plus tard, et mettez en place tout ce qui vous permettra d'atteindre ce but dès la minute où votre tout-petit franchit le seuil de votre maison. Laissez-moi vous le dire sans détour : si vous êtes convaincue des bienfaits de mon approche globale – approche qui tient compte de la famille tout entière et intègre immédiatement Bébé dans la vie de chacun –, ne tergiversez pas ! Fiez-vous à ma méthode. Cela dit, je ne vous interdis pas d'en préférer une autre, c'est votre droit le plus légitime.

Bien souvent, les parents ne se rendent pas compte qu'en ne réfléchissant pas plus loin que les premières semaines pour décider de ce qu'ils veulent vraiment pour Bébé, ils font de fait un choix – celui d'une « éducation à risques », c'est-à-dire génératrice d'accidents. Le problème est bien là. Peut-être n'ont-ils pas conscience que leurs façons d'agir et leurs attitudes affectent profondément leur enfant. À ne pas avoir démarré tout de suite du bon pied, ils se retrouvent plus tard embarqués dans de drôles de galères. (Les moyens de corriger les problèmes causés par ces parents « fauteurs de troubles » seront traités au chapitre 9.)

À dire vrai, ce ne sont pas les bébés mais les adultes qui bien souvent créent les difficultés. Les tout-petits entrent dans la vie, dotés d'un tempérament propre et unique. Ce qui ne veut pas dire qu'ils soient imperméables à l'influence de leurs parents. J'ai vu des bébés modèles ou angéliques se transformer en petits monstres, tant ils étaient perturbés par l'agitation autour d'eux. En tant que parents, vous devriez toujours avoir les rênes en main. Vous en connaissez quand même un peu plus sur la vie que votre enfant, non ? N'oubliez jamais que les habitudes prises par Bébé lui viennent de vous. Cela est vrai pour tous les bébés, indépendamment de leur tempérament.

Considérez aussi vos propres réactions quand un événement imprévu vient bousculer vos habitudes ou décaler l'horaire de toute une journée. Vous êtes irritée, frustrée. Peut-être même perdez-vous votre calme. Votre appétit et votre sommeil vont parfois jusqu'à s'en ressentir. Eh bien, votre nouveau-né n'est pas différent de vous, sauf qu'il n'est pas capable de décider lui-même quelle routine il doit suivre. C'est vous qui devez l'établir pour lui. En instituant un programme raisonnable, adapté à ses besoins, vous développerez son assurance et réduirez votre propre fatigue.

Une éducation consciente

Les bouddhistes emploient le terme « état de pleine conscience » pour parler d'une présence et d'une attention totales à ce qui nous entoure. Pourquoi ne pas vous armer du même principe dans votre tâche de parents et prendre conscience que, par toutes vos actions, vous inculquez une habitude à votre tout-petit ? Essayez !

Vous qui portez Bébé dans les bras pour l'endormir, trimbalez-vous donc pendant une demi-heure avec un sac de dix kilos de pommes de terre dans les bras, vous m'en direz des nouvelles ! Est-ce cela que vous voulez faire tous les soirs, d'ici à quelques mois ?

Et vous qui n'arrêtez pas d'exciter Bébé sous prétexte de l'amuser, dressé au-dessus de sa tête, ne comptez pas qu'il vous fiche la paix quand il sera grand ! Il aura perpétuellement besoin qu'on s'occupe de lui. Si vous voulez disposer d'un peu de temps pour vous-même dans l'avenir, prenez dès aujourd'hui les mesures nécessaires en vue de développer l'indépendance de votre enfant.

Partisans du carcan et amoureux du capharnaüm

Il y a les parents, comme Terry, qui acceptent d'intégrer un peu de souplesse dans leur vie hyperorganisée, mais il y en a d'autres qui rejettent a priori toute idée de programme. Ceux-là s'étouffent d'indignation quand ils m'entendent leur dire :

« Nous allons organiser la journée de votre bébé sans perdre une minute.

– Il n'en est pas question ! rétorque le père ou la mère, hurlant presque. Tous les manuels disent qu'il faut laisser l'enfant suivre son instinct ; que c'est le seul moyen d'être sûr que tous ses besoins auront été satisfaits. Et puis, cela va entraver son sentiment de sécurité ! »

Je ne sais comment ces parents-là se sont mis en tête que suivre une routine signifiait : ne pas tenir compte des rythmes naturels du bébé ou le laisser crier pendant des heures. En vérité, c'est l'inverse. Armés de la méthode EASY, les parents sont mieux à même d'interpréter les besoins de leur tout-petit et donc de les satisfaire.

Certains couples refusent l'idée même de structure, de cadre, sous prétexte qu'elle bannirait toute spontanéité *de leurs vies à eux*. C'était le cas de Seth et Chloé, représentants typiques de ces jeunes de vingt-trente ans, partisans de ce qu'ils pensent être une « éducation au plus près de la nature ». Tout dans leur façon de vivre m'indiquait leur terreur de se retrouver « enfermés dans un système ». Chloé, assistante dentaire, avait accouché chez elle, aidée d'une sage-femme. Pour s'occuper lui aussi de son enfant, Seth, petit génie de l'informatique, avait pris un emploi lui permettant de travailler à la maison la plus grande partie de son temps. Quand j'ai voulu savoir à quelle heure Isabella prenait sa tétée, tous les deux m'ont regardée d'un air ahuri. Au bout d'un moment, Seth a fini par lâcher :

« Eh bien, ça dépend de notre programme à nous ; de ce qu'on fait dans la journée. »

Généralement, les couples qui résistent à la méthode EASY campent sur des positions situées aux deux extrêmes du méridien capharnaüm-carcan. Les désorganisés de nature, comme Seth et Chloé, chérissent le côté « au pied levé » de leur vie bohème ou se croient incapables d'en changer – ce qui est totalement faux, comme vous le verrez plus bas. Quand je dis : « structure répétitive », ils entendent : « programme rigoureux », « horaires immuables » et s'imaginent déjà vivant les yeux braqués sur la pendule et obligés d'éradiquer toute fantaisie de leur vie.

Qu'ils soient l'image même du fouillis ou juste un peu « laisser-faire », inutile de biaiser avec ces parents-là. Je leur dis franchement : « Si vous voulez que votre enfant ait de bonnes habitudes, vous devez commencer par en avoir vous-mêmes ! Bien sûr que je peux vous apprendre à interpréter ses cris et à satisfaire ses besoins, mais vous ne lui procurerez jamais paix et sécurité tant que vous ne prendrez pas les mesures qui s'imposent pour modifier votre vie personnelle. »

À l'opposé se trouvent les planificateurs-nés, les parents qui ne dévient pas d'un iota de ce qui est écrit dans le livre, comme Dan et Rosalie qui occupent tous deux à Hollywood des postes de haute responsabilité. Leur intérieur est tiré au cordeau, leur agenda établi à la minute près. Pendant les neuf mois de grossesse, ils ont eu tout loisir d'imaginer leur bébé s'intégrant immédiatement dans leur vie. Mais Winifred n'était pas là depuis quatre semaines qu'ils ont déchanté. « En gros, elle respecte son programme, m'a expliqué Rosalie, mais il lui arrive de se réveiller plus tôt que prévu ou de prendre plus de temps pour manger. Et alors, toute la journée est fichue. Vous pourriez me dire comment la remettre sur la voie ? »

Mon travail avec ce couple a consisté à lui faire comprendre que, si je prônais les bienfaits d'une routine structurée, je n'en étais pas moins une adepte de la flexibilité. « Vous devez ouvrir vos oreilles aux désirs de Winnie, leur ai-je dit. Elle découvre à peine le monde, vous ne pouvez pas lui demander de suivre des horaires qui vous arrangent, *vous*. »

Le temps aidant, la plupart des parents parviennent à se ressaisir. Des semaines, voire des mois après notre premier contact, les mères et pères qui avaient bondi en m'entendant exposer ma méthode me rappellent, poussés par la nécessité : leur vie est un enfer, leur maison un chantier et Bébé un enquiquineur patenté, toujours en train de râler. Vous dirai-je que je suis étonnée ?

Que la maman soit une fanatique de l'ordre et pousse Bébé de toutes ses forces pour le « faire rentrer » dans son cadre de vie, ou bien qu'elle soit laxiste et abandonne les rênes de la vie familiale à son nourrisson tout en se lamentant de ne plus avoir le temps de prendre seulement sa douche ou de parler avec son mari, je tiens le même discours : « Commencez par vous changer, *vous-même*. Avec la méthode EASY, c'est possible. » À l'une je conseille : « Mettez de l'eau dans votre vin, cessez de vouloir tout contrôler » ; à l'autre : « Ménagez quelques plages de calme dans le tourbillon de votre vie. »

Où vous situez-vous sur le méridien carcan-capharnaüm ?

Bien sûr, le monde est fait des tenants de l'organisation militaire et des partisans de l'ivresse de l'instant. Mais il y a aussi tous ceux qui balancent entre ces deux extrêmes. Qu'en est-il de vous ?

Le questionnaire suivant devrait vous aider à le découvrir. Je l'ai élaboré à partir de mes observations et, en vingt ans, croyez-moi j'ai croisé bon nombre de parents. À la façon dont ils tiennent leur intérieur et gèrent leur quotidien, je peux deviner sans guère me tromper s'ils sauront ou non s'adapter à une routine structurée, une fois que Bébé sera là.

Votre quotient carcan-capharnaüm	
Pour chaque question, entourez le nombre vous décrivant le mieux 5 = Toujours 4 = Oui, en général 3 = Parfois 2 = Non, en général 1 = Jamais	
Je vis selon un programme	5 4 3 2 1
Je téléphone toujours avant de passer chez quelqu'un	5 4 3 2 1
De retour chez moi, je range immédiatement les courses ou les vêtements rapportés de chez le teinturier	5 4 3 2 1
Je donne la priorité à mes tâches quotidiennes et hebdomadaires	5 4 3 2 1
Mon bureau est très organisé	5 4 3 2 1
Je fais les courses une fois par semaine	5 4 3 2 1
Je déteste les gens en retard	5 4 3 2 1
Je veille à ménager un espace de temps pour moi-même	5 4 3 2 1
Avant d'entreprendre quoi que ce soit, je sors ce dont j'aurai besoin	5 4 3 2 1
Je nettoie et range mes armoires régulièrement	5 4 3 2 1
Ma tâche finie, je range ce dont je me suis servi	5 4 3 2 1
Je programme les choses à l'avance	5 4 3 2 1

Pour connaître votre quotient, additionnez vos points et divisez par 12. Le total donne un chiffre entre 1 et 5, le 1 correspondant au capharnaüm, le 5 au carcan. Si vous vous situez à l'un de ces extrêmes – que vous soyez du genre psychorigide ou que vous laissiez les choses aller à vau-l'eau – vous rechignez probablement à accepter ma méthode. Cependant, cela ne veut pas dire que vous soyez inapte à suivre une routine – tout simplement vous devrez faire preuve de plus de réflexion et de patience que les couples dont le quotient se situe dans le milieu. Les scores sont expliqués ci-dessous, accompagnés des difficultés que vous serez amenés à rencontrer.

De 5 à 4 : vous êtes probablement quelqu'un de très organisé. Chez vous, chaque chose a sa place et s'y trouve. Établir une structure ne vous effraie pas, loin de là. Votre problème serait plutôt d'introduire de la souplesse dans votre mode de vie pour prendre en compte le tempérament et les besoins de votre bébé. Autrement dit : accepter de changer certaines de vos habitudes.

De 4 à 3 : sans être une fanatique du « je ne veux voir qu'une seule tête », vous êtes assez organisée. Il peut se faire que votre maison ou votre espace de travail soit un peu encombré, mais vous finissez par suspendre la veste sur son cintre et trier les papiers. Vous ne grimpez pas aux rideaux à la perspective de faire suivre une routine à Bébé et, comme vous êtes assez souple, vous saurez probablement vous adapter quand ses opinions et les vôtres divergeront.

De 3 à 2 : vous avez tendance à la dispersion, mais tout espoir n'est pas perdu. Pour respecter la structure mise en place, vous devrez noter dans un cahier l'heure exacte à laquelle Bébé mange, joue et dort et tenir une liste des choses à faire, histoire de ne pas vous laisser déborder. (Vous trouverez plus bas un formulaire susceptible de vous aider.) L'avantage, dans votre cas, c'est que vous avez l'habitude d'une légère pagaille, de sorte que vous ne vous arracherez pas les cheveux quand vous en serez à partager la vie de Bébé.

De 2 à 1 : vous êtes une improvisatrice-née, osons le dire : une bordélique. Gérer structure et routine sera pour vous un défi. Je ne vois pas comment vous pourrez le relever sans tout inscrire. Ce qui signifie un changement radical de votre style de vie. Mais vous savez, petite maman jolie, avoir un bébé, c'est tout aussi radical comme changement !

Corriger les erreurs

À l'inverse des léopards, les taches que nous portons ne sont pas indélébiles, sauf quelques rares exceptions (*cf.* l'encadré cidessous). D'après mon expérience, les parents qui se situent dans le milieu attrapent le rythme aisément, peut-être parce qu'ils sont par nature plus souples que les autres et capables à la fois d'apprécier les avantages de l'organisation et de tolérer un certain chaos.

La méthode EASY paraît trop dure...

C'est généralement pour les raisons suivantes :

- **Les parents ne savent pas prendre de recul.** Ils considèrent la méthode EASY comme une sentence irrévocable, sans penser que la petite enfance n'est qu'un bref moment dans le cours de la vie. Résultat, ils se lamentent et gémissent au lieu de s'attacher à comprendre et apprécier leur bébé.
- **Les parents ne s'engagent pas vraiment.** Cette succession de miam-miam, joujou, dodo et récré pour la maman leur paraît d'un ennui achevé. C'est vrai, mais si ça marche... Il n'est pas interdit non plus de moduler au fil du temps, selon les besoins du bébé et des parents. Alors, courage et persévérance !
- **Les parents sont incapables de choisir une voie du milieu, simple et pratique.** Ou bien ils veulent que Bébé soit à leurs ordres, le petit doigt sur la couture de la barboteuse, ou bien ils abdiquent et lui abandonnent les rênes du ménage. Dans les deux cas, c'est le chaos.

Les maniaques du détail et les mordus de la perfection trouveront eux aussi bonheur et soulagement à se conformer au programme, s'ils parviennent à se libérer de leur jusqu'au-boutisme. L'aspect « gestion de crise » de la méthode EASY a tout pour leur plaire.

Quant aux parents foufous, je tiens à souligner pour mon plus grand plaisir qu'ils ne sont pas tous sourds et aveugles aux avantages que procure une méthode logique.

Hannah. Quand je l'ai rencontrée, cette maman – une maniaque de niveau 5 – ne nourrissait pas son bébé à l'heure, mais à la minute près. Littéralement. Une fanatique de la précision ! À l'hôpital, on lui avait dit d'allaiter sa petite Miriam dix minutes à chaque sein. Elle s'y tenait. (Personnellement, je ne crois pas une seconde à l'efficacité de cette méthode, comme je l'expliquerai au chapitre 4.) Avant chaque tétée, elle remontait son minuteur et, au premier tintement fatidique, elle retirait son sein de la bouche de Miriam pour la changer de côté. Dix minutes plus tard, re-grelot. La petite, mise de force à la diète, était emportée dans sa chambre. Sieste obligatoire. Dans le salon, oh horreur, Hannah rebranchait son minuteur. « Je passe la voir toutes les dix minutes, devait-elle m'expliquer. Si elle pleure toujours, je la rassure et je la laisse encore, pour une nouvelle période de dix minutes. Je recommence ainsi jusqu'à ce qu'elle s'endorme. » Vous avez entendu, petite maman ? Le minuteur était roi, et tant pis pour Miriam si elle pleurait pendant neuf de ces dix minutes !

« Jetez-moi cette saleté de minuteur à la poubelle ! me suis-je écriée, en tempérant mon injonction par un ton de voix aimable. L'important, c'est de décrypter les signes que Miriam nous adresse. Étudions sa façon de manger, écoutons ses pleurs et essayons de comprendre ce qu'elle cherche à nous dire aussi par toute sa gestuelle. » J'ai expliqué à Hannah le principe d'une routine et je l'ai aidée à la mettre en place. S'il a fallu plusieurs semaines à la maman pour s'habituer, la petite fille en revanche s'est montrée immédiatement soulagée. Très vite, elle s'est alimentée à sa faim et a appris à rester toute seule. Et Hannah ne l'a plus mise dans son berceau que lorsqu'elle manifestait des signes de fatigue.

Terry. Au début, cette maman – de niveau 3,5 sur la ligne capharnaüm-carcan – a été consternée à l'idée de vivre selon une routine. Comme elle occupait depuis des années un poste de haute responsabilité, je pense qu'elle devait être plus proche du 4 que du 3, et que ses réponses reflétaient davantage ce qu'elle aurait *aimé* être plutôt que ce qu'elle était en réalité. Quoi qu'il en soit, dès qu'elle a accepté de baisser la garde, nous avons pu nous concentrer sur les problèmes d'alimentation de son petit garçon. Je lui ai fait comprendre que si Garth « traînait au sein », c'était pour le plaisir de faire durer la tétée. Peu à peu, l'oreille de Terry s'est affinée et elle a réussi à mieux distinguer entre les pleurs de faim et ceux de fatigue. Et vous pouvez me croire, ils n'avaient pas du tout le même son. Je lui ai également conseillé de noter au quotidien les événements rythmant la vie de son bébé – tétées, activités, sommeil – mais aussi son temps personnel (voir plus loin). Le fait de pouvoir constater noir sur blanc les progrès accomplis par son bébé depuis qu'il suivait la routine et de connaître à l'avance la suite du programme lui a permis de se ménager des plages de temps de plus en plus étendues. Devenue plus performante dans tous les domaines de sa vie, elle s'est sentie meilleure maman.

Deux semaines plus tard, elle me téléphonait pour m'annoncer fièrement : « Je suis debout, habillée et prête à sortir faire les courses, et il n'est que dix heures et demie ! Le plus drôle, c'est qu'avant, quand j'étais terrifiée à l'idée d'introduire de la spontanéité dans ma vie, je menais sans m'en rendre compte une vie totalement dirigée par l'imprévu. Alors que maintenant je peux réellement être spontanée, dans le vrai sens du mot ! »

Trisha et Jason. Ces parents sympathiques d'une trentaine d'années, qui tous deux travaillaient à domicile en tant que consultants, devaient se situer au niveau 1 sur l'échelle, à en juger par le fouillis qui régnait dans leurs bureaux respectifs, visibles du salon. Le désordre était tel qu'on rêvait de fermer les portes pour ne plus voir les croissants grignotés, les tasses de café à moitié bues et les papiers éparpillés partout. Du linge sale traînait sur des chaises dans toutes les pièces et le sol était jonché de chaussettes, chandails et autres objets de la vie quotidienne. Dans la cuisine, les placards étaient ouverts et les assiettes s'empilaient dans l'évier. Vous croyez que ça les gênait ? Pas le moins du monde, ni l'un ni l'autre.

Loin de nier l'évidence, contrairement à certains, Jason et Trisha, alors enceinte de huit mois, savaient pertinemment qu'une fois leur petite fille arrivée, finie la rigolade. Prêts au pire, ils attendaient de moi que je leur indique ce qu'ils devaient changer dans leur vie, concrètement et en détail, et la manière d'y parvenir. Je leur ai expliqué que le petit paquet de bonheur qu'ils allaient rapporter de l'hôpital aurait besoin d'un lieu sacro-saint exclusivement réservé à son usage, un lieu où il puisse manger, jouer et dormir à l'abri des stimulations intempestives. Quant à eux, ses parents, ils devraient respecter son besoin de paix et de régularité.

Née un samedi, Elizabeth est sortie de l'hôpital le lendemain. J'avais remis aux parents une liste du trousseau. Je dirai à leur crédit qu'ils avaient presque tout acheté. En revanche, en ce qui concerne la chambre du bébé, ils n'avaient pas été aussi obéissants. Le paquet de couches n'était pas ouvert et les vêtements étaient à des mètres de la table à langer. Mis à part ces petits dérapages, Jason et Trisha se sont révélés à ma grande surprise d'excellents praticiens de la routine EASY. Le fait que leur fille soit un bébé modèle a certainement facilité les choses. Ses parents n'ont eu aucune difficulté à la mettre sur la voie et à l'y maintenir en moins de deux semaines. À un mois et demi, elle faisait déjà des nuits de cinq ou six heures.

Ne vous y trompez pas : Trisha et Jason sont toujours fondamentalement les Trisha et Jason du premier jour. Mais ils ont pris un bon départ, et c'est déjà ça. Leur maison continue de ressembler à un champ de bataille, mais leur petite Elizabeth pousse bien. Ils ont su lui créer un environnement sûr et confortable, et mettre en place un rythme qui lui convient.

De même, notre Terry est toujours la Terry déchirée entre son amour pour Garth et ses plans de carrière. Elle a décidé de se consacrer entièrement à son fils, je doute qu'elle s'y tienne. Mais après tout, qu'importe ! La routine mise en place lui permettra d'effectuer la transition en douceur, pour elle comme pour son petit garçon.

Hannah aussi est toujours Hannah, même si les minuteurs ont disparu. Pour l'heure, sa maison est immaculée et tirée au cordeau, à croire qu'aucun bébé n'y vit. Il est vrai que Miriam ne marche pas encore, mais sa maman et elle parlent toutes les deux la même langue.

La méthode EASY et les divers types de bébés

Il va de soi que le bonheur du bébé dépend aussi de son tempérament. Ma fille aînée, Sara, bébé vif toujours sur la brèche, exigeait une surveillance de chaque instant. Terriblement capricieuse, elle se réveillait toutes les heures et n'avait pas ouvert l'œil depuis une minute qu'elle réclamait quelque chose. Elle m'épuisait. Sans une vie bien structurée, nous n'aurions jamais pu nous supporter l'une l'autre. Pour le coucher, nous avions un rituel que je ne me risquais pas à enfreindre, sinon c'était la crise. J'entends par là l'enfer ! Puis est née Sophie. Habituée au vacarme de Sara, j'étais stupéfiée par le calme olympien de ce bébé angélique. Du coup, je me précipitais sur son berceau pour voir si elle respirait encore. Mais elle était là, bel et bien éveillée, ravie de son sort, souriant à ses joujoux. Avec elle, c'est à peine si l'idée d'instituer une routine m'a traversé l'esprit.

Que peut-on attendre de son enfant ? Il n'y a aucun moyen de le savoir à l'avance. Néanmoins, je suis sûre d'une chose : je n'ai jamais rencontré de bébé à qui la méthode EASY n'ait pas profité, ou de ménage qui n'ait tiré profit d'avoir un tant soit peu structuré sa vie. Si vous avez un bébé angélique ou un bébé modèle, son horloge intérieure lui donnera probablement un bon départ d'emblée, sans que vous ayez beaucoup à intervenir. Mais les autres bébés peuvent nécessiter un soutien efficace. Voici ce à quoi vous pouvez vous attendre selon que votre enfant appartient à l'une ou l'autre des catégories suivantes.

Bébé angélique. Doux et amène comme son nom l'indique, il s'adapte facilement à un emploi du temps structuré. Pauline a suivi la méthode EASY, à peine sortie de l'hôpital. Dès sa première nuit à la maison, elle a dormi de onze heures du soir à cinq heures du matin, et elle a continué ainsi jusqu'à l'âge de trois semaines, date à laquelle elle s'est mise à dormir jusqu'à sept heures du matin. Sa maman faisait l'envie de toutes ses amies. Je peux dire d'après mes observations que faire sa nuit dès l'âge de trois semaines est assez typique des bébés angéliques qui suivent une routine structurée.

Bébé modèle. De nature prévisible, il ne vous donnera guère de fil à retordre, lui non plus. Il suivra sans guère en dévier la routine que vous aurez mise en place. Oliver se réveille régulièrement à l'heure de sa tétée. Jusqu'à six semaines, il a dormi comme un bienheureux de dix heures du soir à quatre heures du matin, plus tard jusqu'à six heures du matin. Les bébés modèles font généralement leur nuit avant l'âge de sept ou huit semaines.

Bébé irritable. Avec ce bébé-là, le plus fragile de tous, plus vous serez cohérente dans vos façons de faire, plus vite une vraie compréhension s'établira entre votre enfant et vous. Mais gare à vous si vous n'arrivez pas à déchiffrer ses signes ! Or décoder les pleurs d'un bébé irritable n'est pas facile, s'il ne suit pas une solide routine. Votre incompréhension ne fait que l'irriter davantage. Prenons Michael. Un rien suffit à le déstabiliser – visite impromptue, chien qui aboie. Sa maman doit se montrer particulièrement vigilante et réagir dans l'instant à ses signaux de faim ou de fatigue si elle ne veut pas le voir se décomposer sous ses yeux car, alors, ce sera toute une affaire pour le calmer (*cf.* chapitre 6). Instaurer une routine ne devrait pas être difficile car le bébé irritable aime que les choses soient prévues à l'avance. En général, il fait sa nuit entière autour de huit ou dix semaines.

Bébé vif. Comme il a des idées bien à lui, il peut vous donner l'impression d'être imperméable au programme ou bien manifester une résistance subite alors que vous pensiez qu'il l'avait adopté. Dans ce cas, donnez-vous toute une journée pour étudier les signaux de votre enfant. Voyez ce qu'il vous demande et remettez-le sur la voie. Les bébés vifs montrent toujours ce qui marche ou ne marche pas pour eux. Karen, par exemple. Du jour au lendemain, elle s'est endormie pendant la tétée et, après, impossible de la réveiller. Pourtant, cela faisait quatre semaines qu'elle suivait la routine EASY. Sur mon conseil, sa maman l'a observée pendant toute une journée. Elle a remarqué que Karen faisait à présent des siestes nettement plus courtes, de sorte qu'au réveil elle n'avait pas son compte de sommeil. En fait, la mère intervenait trop vite, au premier pleur. Quand elle a attendu un peu avant de nourrir sa fille, elle a découvert que la petite se rendormait pour un court moment et qu'après, au réveil, elle tétait plus activement. Ainsi, elle a pu la remettre sur le chemin. Il faut bien compter une douzaine de semaines pour qu'un bébé vif fasse sa nuit entière. On dirait qu'il refuse de s'endormir par crainte de rater quelque chose d'important. Il a aussi souvent du mal à se détendre.

Bébé grincheux. Compte tenu qu'il n'aime pas grand-chose, ce bébé-là peut s'opposer à toute forme de routine. Mais si vous arrivez à le mettre sur la voie et à l'y maintenir, il en sera bien plus heureux. Pour ce faire, un seul truc : être cohérent, quoi qu'il arrive. En suivant le programme EASY, vous aurez probablement moins de problèmes pour le baigner, l'habiller et même le nourrir, car ce petit bijou saura ce qui l'attend, et c'est une chose qu'il apprécie. Un bébé grincheux tel Garvin est souvent diagnostiqué comme étant sujet aux coliques alors qu'il a besoin avant tout de structure et de persévérance. Il n'aime pas qu'on l'amuse ni qu'on le change. Il est grognon même quand on le nourrit et il ne s'en cache pas. Si son rythme naturel semblait parfaitement convenir à Garvin, il ne faisait pas l'affaire de sa maman qui n'appréciait pas de devoir se lever au milieu de la nuit sans raison apparente. Depuis qu'elle a institué la méthode EASY, les journées se déroulent selon un horaire plus prévisible et l'humeur de Garvin s'est quelque peu améliorée. La nuit, il dort plus longtemps. Les bébés grincheux font généralement leur nuit à six semaines. C'est d'ailleurs le moment où ils semblent le plus heureux – dans leur berceau, loin du remue-ménage de la maisonnée.

Pardonnez-moi de me répéter : les descriptions ci-dessus ne sont pas gravées dans la pierre. Comme je vous le disais plus haut, votre bébé peut présenter les caractéristiques de plusieurs types. Sachez aussi que les bébés ne s'adaptent pas tous aussi facilement à la méthode EASY. Certains, comme ma Sara, ont besoin d'une routine plus ferme que les autres.

Découvrir les besoins de son bébé

À présent, vous vous comprenez vous-même et vous avez aussi une bonne idée de ce que vous pouvez attendre de votre enfant. C'est déjà un début. Cela dit, l'abbaye de Westminster ne s'est pas bâtie en un jour, et mettre en place une routine ne va pas sans des hauts et des bas. Il vous faudra du temps et de la patience. Et surtout de la persévérance. Voici quelques trucs à garder en mémoire.

Notez tout. Pour cela, utilisez la charte ci-dessous. Particulièrement efficace pour les parents fouillis, elle permet de voir à quel stade du processus on en est et de savoir ce que font et Bébé et Maman. Il est particulièrement important de noter ce qui arrive à Bébé pendant les six premières semaines, mais notez aussi les progrès de votre propre rétablissement. Comme vous le verrez au chapitre 7, il est crucial que la maman se repose. Ces six premières semaines lui permettent en effet d'apprendre à s'occuper de son enfant.

Au bout de quelques jours, vous connaîtrez précisément ce que fait votre bébé. Grâce à la charte, vous remarquerez peut-être qu'il s'alimente davantage – vous saurez alors qu'il a une poussée de croissance. Ou bien vous noterez qu'il lui faut dorénavant passer entre cinquante et soixante minutes au sein alors qu'avant il avalait son repas en une demi-heure. Se nourrit-il vraiment ? vous demanderez-vous, ou se sert-il du sein comme d'un procédé pour s'endormir ? Seule une observation attentive vous apportera la réponse. Prendre son temps, tout est là. C'est ainsi que les mamans et les papas apprendront la langue de leur tout-petit et découvriront ses goûts, comme je le montre au chapitre suivant.

Charte EASY au quotidien											
Date											
Alimentation						Activités			Sommeil		Vous
Heure	Quantité (grammes)	Durée (mn)		Selles	Urine	Description	Bain (heure)	Durée	Description	Durée	
		Sein D	Sein G								
											Repos
											Courses
											Détails
											Commentaires

Cette charte, conçue à l'intention des mamans, n'est qu'un exemple. Vous pouvez bien sûr la modifier pour l'adapter à votre cas. Vous avez peut-être envie d'ajouter des colonnes – par exemple pour indiquer qui fait quoi, si vous partagez les tâches avec votre conjoint, ou pour noter les médicaments à administrer si Bébé né prématuré ou fragile doit suivre un traitement. Vous trouverez aux chapitres 4, 5 et 6 des informations plus détaillées sur l'alimentation de Bébé, ses selles, son urine, ses activités, qui vous permettront de mesurer plus précisément ses progrès. Mais rappelez-vous bien que cette charte n'est là que pour vous aider à garder trace des événements. L'important, c'est que vous fassiez preuve de cohérence.

Connaître son bébé pour ce qu'il est : une personne. Le voilà, le défi à relever – comprendre que Bébé est un individu unique et spécial. Commencez donc par l'appeler Rachel si tel est son nom au lieu de dire « le bébé ». Maintenant que vous connaissez l'ordre selon lequel se déroulent les événements de sa journée – tétées, activités et siestes –, découvrez donc ce que Rachel y apporte de personnel. Pour bien observer ses réactions, vous devrez vous livrer un certain temps à l'expérimentation, ce qui signifie aussi : vous retenir d'intervenir.

Mon conseil : n'oubliez jamais que votre bébé ne vous appartient pas. C'est une personne distincte, un cadeau qui vous a été confié, pour que vous en preniez soin.

Et surtout, prenez les choses simplement, comme le nom de la méthode l'indique en anglais. Car cet acronyme est là aussi pour vous rappeler que les nourrissons répondent à la douceur, à la simplicité et à la lenteur. Le rythme ralenti leur est naturel, nous devons le respecter. Au lieu de mettre votre bébé au pas, le vôtre bien entendu, ralentissez afin de vous accorder à son rythme. Ainsi, vous ne foncerez pas, tête baissée, vous ouvrirez grand vos yeux et vos oreilles afin de percevoir ce qu'il vous dit. En faisant du bien à ce petit être tout neuf, en vous exerçant à prendre son rythme, lequel est moins stressant que le vôtre, vous vous ferez du bien à vous aussi. C'est pourquoi je vous incite à respirer à fond trois fois avant de prendre votre enfant dans vos bras. Je vous expliquerai au chapitre suivant comment faire pour ralentir votre rythme et prêter à Bébé une meilleure attention.

3

Ralentir : prendre le temps d'apprécier la langue de Bébé

Nous estimons qu'une mère qui sait déchiffrer les signaux de son bébé, qui comprend ce qu'il tente de lui communiquer, a plus de chances de lui procurer un environnement apte à développer et enrichir ses facultés cognitives par la suite.

Dr Barry LESTER,
« Le jeu du cri », *Brown Alumni Magazine*

Des étrangers débarqués sur notre planète

Mon travail est d'aider les parents à se mettre à la place de leur bébé. Je leur explique qu'un nouveau-né est comme un touriste venu de l'étranger : « Imaginez, leur dis-je, que vous êtes en voyage dans un pays étrange mais fascinant. Le paysage et les lieux sont sublimes, les gens chaleureux et accueillants – cela se voit à leurs regards et à leurs sourires. Mais pour vous faire comprendre, c'est une autre paire de manches. À l'auberge, quand vous demandez les toilettes, on vous conduit à une table et on vous fourre sous le nez une montagne de spaghetti. Ou bien c'est l'inverse : vous voulez déguster un bon repas et on vous indique les petits coins. Frustrant, non ? »

Eh bien, c'est le sentiment des nouveau-nés dès l'instant où ils viennent au monde. Ils ont beau avoir les chambrettes les plus jolies, des parents dévoués, débordant des meilleures intentions du monde, il n'en demeure pas moins qu'ils sont bombardés de sensations inconnues et qu'ils ne peuvent s'expliquer. Quant à nous les communiquer, ils n'ont pour ce faire que deux moyens à leur disposition : les larmes et les gestes.

Le « temps » des bébés n'est pas le nôtre. Mis à part les bébés modèles, les nouveau-nés ne se développent pas selon un calendrier précis. Aux parents de marquer un arrêt, de prendre le temps de regarder leur enfant s'épanouir. En agissant ainsi, ils le soutiendront mieux que s'ils volent à son secours chaque fois que quelque chose va de travers, selon eux.

Le pied en permanence sur la pédale de frein

Quand leur enfant pleure ou se débat, les parents réclament de moi une intervention immédiate. Je réplique : « Minute ! Commençons par voir ce qu'il nous dit. » Sur ce, je recule de quelques pas pour mieux observer les mouvements de Bébé – ses bras et ses jambes qui s'agitent, sa petite langue recourbée en arrière qui sort et rentre dans sa bouche minuscule. Chaque geste a sa signification, tout comme les cris et les bruits. Le ton, l'intensité, la fréquence, tout cela appartient au langage de Bébé. Alors, vous pensez si je tends l'oreille.

Et puis, il y a l'environnement. Je m'imagine, petit enfant dans cette pièce. N'est-elle pas trop chaude, trop bruyante ? Je regarde la maman et le papa. Ils ont l'air énervés, fatigués, en colère peut-être. J'écoute ce qu'ils disent. Parfois, je les interromps :

« La dernière tétée remonte à quand ?... Vous le promenez souvent avant qu'il s'endorme ?... Est-il fréquent qu'il recroqueville ses pieds et ses bras contre sa poitrine, comme maintenant ?... »

Et puis j'attends. Chez les grandes personnes, il n'est pas d'usage d'entrer dans une conversation sans savoir de quoi il retourne. On voit d'abord si c'est le moment ou non d'interrompre quelqu'un. Mais rares sont les adultes qui agissent de la sorte avec les petits. Ils se précipitent, bille en tête. Et que je te roucoule, berce, change, chatouille, cajole, secoue sans la moindre considération ! Et Bébé a encore de la chance si tous ces gens ne déversent pas en outre un torrent de paroles d'une voix de stentor ! Un tel comportement n'est pas une réponse à sa demande mais plutôt à leur propre malaise. Par leur inadvertance, ces gens-là ne font qu'augmenter la détresse du nourrisson.

Au fil des ans, j'ai appris qu'il était bien préférable d'évaluer la situation que de se ruer pour y remédier. Se retenir est presque devenu chez moi une seconde nature. J'admets volontiers que c'est plus difficile pour des parents tout neufs, qui n'ont pas l'habitude d'entendre pleurer les bébés et sont déjà angoissés à l'idée de ne pas savoir s'y prendre avec le leur. Pour eux et pour quiconque s'occupe de bébés, j'ai donc inventé un second acronyme : STOP. Formé de quatre lettres comme son corollaire EASY, il est facile à mémoriser puisque son principe de base, c'est « lever le pied ».

Pense-bête avant de passer à l'action

Quand Bébé pleure ou s'énerve :

Stop ! Marquer un arrêt. Respirer trois fois à fond en se répétant : pleurer, c'est la façon de parler de Bébé.

Tendre l'oreille. Écouter. Se demander ce que signifie ce cri.

Observer. Regarder ce que fait Bébé, s'il se passe quelque chose à côté de lui.

Procéder à l'évaluation de la situation. Avant d'intervenir.

Stop. Laissez passer un battement de cœur. Le ciel ne vous tombera pas sur la tête si vous ne prenez pas votre enfant dans vos bras dans la seconde. Respirez trois fois pour vous recentrer et affiner vos sens. Cela vous aidera à faire place nette dans votre esprit et à boucher vos oreilles à tous ces conseils qui vous empêchent d'être objective.

Tendre l'oreille. « Refréner ses ardeurs » ne signifie pas que vous deviez laisser crier votre bébé des heures. Pleurer est sa façon de s'exprimer. Écoutez donc ce qu'il dit !

Observer. Regarder vous apprendra également bien des choses. Que dit votre enfant avec tout son corps ? Tente-t-il de vous faire savoir quelque chose qui se serait passé à côté de lui ?

Procéder à l'évaluation de la situation. Les cris de Bébé, ses mouvements en cet instant précis, mais aussi son comportement en général doivent vous permettre de déchiffrer ce qu'il cherche à vous dire.

De la nécessité de prendre du recul

Quand votre bébé pleure, votre pulsion naturelle est de lui porter secours : vous le croyez dans la détresse ou bien vous pensez peut-être que c'est mauvais de pleurer. Laissez-moi vous expliquer pourquoi il ne faut surtout pas se précipiter. Il y a trois raisons à cela.

Permettre à Bébé de développer sa voix. Tous les parents veulent que leurs enfants sachent s'exprimer, c'est-à-dire soient capables de réclamer ce dont ils ont besoin et d'exprimer leurs sentiments. Or bien des mamans et des papas attendent que leur enfant commence à parler pour lui enseigner ce talent indispensable. C'est bien malheureux, car l'expression verbale plonge ses racines très loin dans la petite enfance – à l'époque où les tout-petits commencent tout juste à « converser » avec nous par leurs pleurs et leurs gazouillis.

Sachant cela, demandez-vous ce qui se passe quand, au premier cri, une maman se précipite sur son petit pour le mettre au sein ou lui donner sa tétine. Non seulement elle le muselle, empêchant qu'il développe sa voix mais, sans le vouloir, elle l'entraîne à *ne pas* appeler à l'aide. Or tout cri venant de bébé peut se traduire par : « J'ai besoin de quelque chose ! » Imaginez que vous fourriez un bâillon dans la bouche de votre compagnon chaque fois qu'il vous dit : « Je suis fatigué », eh bien, c'est exactement ce que vous faites à votre bébé.

Le pire, c'est qu'en se précipitant, les parents inculquent inconsciemment à leur enfant l'idée de *ne pas* avoir sa propre voix. Quand ils ne prennent pas le temps de s'arrêter pour écouter vraiment les pleurs et apprendre à les distinguer entre eux, ces pleurs – dont on sait qu'ils sont différenciés à la naissance, comme l'ont prouvé de nombreuses études – finissent peu à peu par perdre leurs caractères distinctifs. En d'autres termes, à force de les ignorer ou d'y apporter chaque fois une réponse identique – sein ou tétine dans la bouche –, les parents enseignent au bébé qu'il ne sert à rien de pousser des cris différents. Résultat : l'enfant finit par jeter l'éponge et tous ses cris ont le même son.

Développer chez Bébé ses aptitudes à s'apaiser tout seul. Nous savons tous combien il est important de savoir se calmer soi-même, à l'âge adulte. Lorsque nous nous sentons à plat, nous prenons un bain chaud, allons chez le masseur, lisons un livre ou faisons le tour du pâté de maisons d'un pas vif. Chacun se relaxe à sa façon. Savoir ce qui nous apaise ou nous fait glisser dans le sommeil est une ressource très importante, qui nous aide à ne pas nous laisser abattre. Elle est présente chez les enfants de tout âge : un gamin de trois ans sucera son pouce ou prendra sa peluche quand il en a assez du monde ; un ado s'enfermera dans sa chambre pour écouter de la musique.

Mais les bébés, comment font-ils pour se détendre ? Ils ne peuvent pas sortir faire un tour ou se mettre devant la télé, c'est évident. Eh bien, ils ont en eux des outils adaptés – les cris et le réflexe de succion. Notre tâche de parents consiste à leur apprendre à les utiliser. Avant trois mois, si les bébés ne sont pas encore capables de trouver leurs doigts, en revanche ils savent pleurer. Les larmes sont pour eux un moyen parmi d'autres de barrer la route aux stimulants extérieurs quand ils sont fatigués. D'ailleurs, ne disons-nous pas, nous les adultes : « J'en ai tellement marre que je pourrais hurler » ? Nous aimerions, en fait, nous fermer au monde, nous boucher les yeux et les oreilles, ouvrir la bouche et exhaler une longue lamentation. Je ne dis pas qu'il faille laisser les tout-petits pleurer jusqu'à s'endormir d'épuisement – ce serait manquer de cœur –, simplement que nous devons considérer leurs cris de fatigue comme des signes et y répondre en conséquence, c'est-à-dire en faisant le noir dans leur chambre et en les protégeant de la lumière et du bruit.

On entend parfois le tout-petit pousser dans son sommeil ce que j'appelle des « cris fantômes », qui ne durent que quelques secondes, et puis il se rendort. En gros, il a su retrouver la paix par ses propres moyens. Si vous vous précipitez chaque fois que cela lui arrive, il perdra rapidement cette aptitude.

Apprendre la langue de Bébé. La méthode STOP se veut un instrument, l'outil qui vous permettra de connaître votre bébé et de comprendre ses besoins. En vous retenant d'agir dans l'instant, en attendant d'avoir parfaitement décodé ce que votre enfant vous dit par son cri et ses gestes, vous satisfaites bien mieux ses besoins qu'en lui enfonçant d'office un téton dans la bouche ou en continuant à le bercer sans chercher à comprendre sa demande.

Je souligne une fois de plus que ce processus d'évaluation mentale ne signifie nullement que vous deviez le laisser hurler. Quelques secondes suffisent, que vous mettez à profit pour apprendre la langue de votre enfant sans *jamais* permettre que la frustration s'installe. Armée de cet outil, vous développez bientôt une telle adresse à comprendre Bébé que vous repérez sa détresse avant qu'elle ne soit devenue irréversible. Bref, le fait de marquer un STOP pour écouter, regarder et enfin évaluer atténue votre sentiment d'impuissance et fait de vous une meilleure maman ou un meilleur papa.

Se mettre à l'unisson de Bébé

Professeur de psychiatrie et du comportement humain au Centre de développement infantile de Brown University, Barry Lester étudie les tout-petits depuis plus de vingt ans. Il a pu établir une classification de leurs cris. Dans l'une de ses études, des mères, priées d'identifier les cris de leur bébé d'un mois, marquaient un point chaque fois que leur réponse correspondait à la classification établie par les chercheurs. L'expérience a révélé que, à dix-huit mois, les bébés dont les mamans avaient marqué le plus de points avaient un mental plus développé que ceux dont les mères n'avaient pas fait un aussi bon score, et qu'ils avaient un vocabulaire deux fois et demie plus étendu que leurs petits congénères.

Introduction à l'écoute

Arriver à distinguer les différents pleurs de votre bébé vous demandera un peu de pratique. Pour décrypter ce qu'il cherche à vous dire, rappelez-vous que tendre l'oreille implique de ne pas se borner à l'instant présent. Tablant sur l'hypothèse que vous avez d'ores et déjà instauré la routine EASY, je vous livre à présent quelques conseils qui vous aideront à écouter avec une plus grande attention.

Tenir compte de l'heure. À quel moment de la journée, votre bébé a-t-il commencé à s'énerver ou à pleurer ? Était-ce juste après son repas, pendant qu'il s'amusait, au milieu de sa sieste ? Se peut-il qu'il ait mouillé ou sali sa couche, qu'il ait reçu trop de stimulations ? Revoyez mentalement ce qui s'est passé auparavant dans la journée, et même la veille. Votre bébé a-t-il fait quelque chose de nouveau, comme rouler sur lui-même ou ramper pour la première fois ? Une poussée de croissance ou le passage à un nouveau stade de développement mental peut en effet affecter l'appétit de Bébé, ses habitudes de sommeil ou son humeur (*cf.* chapitre 4, p. 142).

Tenir compte du contexte. S'est-il passé quelque chose dans la maison : le chien a-t-il aboyé, a-t-on branché l'aspirateur ou un appareil ménager bruyant ? Y a-t-il eu du bruit dehors ? Tout cela peut avoir dérangé ou surpris votre bébé. Quelqu'un faisait-il la cuisine et, si oui, des odeurs épicées se sont-elles répandues dans la maison ? Un autre effluve puissant, de type parfum d'ambiance ou aérosol, s'est-il propagé dans la pièce ? Les bébés sont très sensibles aux odeurs. Prenez également en considération la température ambiante. Y avait-il un courant d'air ? Votre bébé est-il habillé trop légèrement, trop chaudement ? Sa promenade a-t-elle été plus longue que d'habitude et des bruits, des sons, des odeurs ou des gens inconnus ont-ils pu le déstabiliser ?

Tenir compte de son état personnel. Les bébés absorbent les émotions des adultes, notamment celles de leur maman.

Si vous vous sentez plus anxieuse, fatiguée ou fâchée que d'ordinaire, cela peut se répercuter sur votre enfant. Peut-être avez-vous reçu un coup de téléphone déplaisant ou avez-vous crié sur quelqu'un. Si vous étiez alors en train de nourrir Bébé, il a certainement ressenti votre changement d'humeur.

Rappelez-vous aussi que la plupart des gens ne sont pas plus objectifs quand ils entendent un tout-petit pleurer que lorsqu'ils croisent un adulte dans la détresse : se fondant sur leur expérience personnelle, ils lui attribuent leurs propres sentiments. Devant la photo d'une femme se tenant le ventre, l'un s'écriera : « La pauvre, elle souffre » et l'autre : « Elle vient d'apprendre qu'elle attend un enfant. » De même, devant un bébé qui pleure, nous pensons savoir ce qu'il ressent. Si la connotation est négative, nous pouvons nous crisper, voire nous inquiéter. Or les petits perçoivent et reproduisent nos tensions et, partant, notre colère. Une maman raconte que c'est en voyant qu'elle balançait « juste un peu trop fort » le berceau qu'elle s'est rendu compte qu'elle était à bout.

Soyez réaliste. C'est normal de *ne pas* savoir faire quelque chose et de douter en être jamais capable. C'est tout aussi normal de se fâcher, donc inutile de culpabiliser. Vos craintes et vos émotions prouvent seulement que vous êtes normale. Ce qui n'est pas bien, en revanche, c'est de transmettre votre angoisse ou votre colère à votre tout-petit. Mieux vaut quitter la pièce. Un bébé n'est jamais mort d'avoir pleuré. Octroyez-vous quelques secondes pour vous reprendre en main. Tant pis si ça signifie laisser pleurer Bébé. Votre calme est plus important que ses quelques larmes supplémentaires.

Mon conseil : prenez trois grandes respirations. Ressentez votre émotion. Essayez de comprendre d'où elle provient et laissez l'inquiétude ou l'irritation vous quitter, c'est cela qui importe. Vous ne calmerez Bébé qu'en étant calme vous-même.

Bébé pleurant égale mauvaise maman ? Bien sûr que non !

Janice, maîtresse de trente et un ans dans une maternelle de Los Angeles, a eu un mal de tous les diables à mettre le STOP en pratique. Impossible pour elle de seulement marquer un semblant d'arrêt. Toutes les fois que son petit Eric se mettait à pleurer, elle se transformait en secouriste, lui tendait quelque chose à manger ou lui donnait sa tétine. Réaction typique. Je ne cessais de lui dire : « Attendez un peu, ma belle. Le temps de comprendre ce qu'il vous dit. » Mais c'était plus fort qu'elle. Un beau jour finalement, elle a réalisé ce qui se passait et m'a fait part de ses déductions.

« Quand Eric avait deux semaines, j'ai eu ma mère au téléphone. Elle était venue le voir à sa naissance avec mon père et ma sœur, et ils étaient rentrés à Chicago après la circoncision. Et donc, pendant que nous bavardons, elle entend Eric pleurer dans le fond et me demande ce qu'il a, mais sur un ton condescendant, vous savez, le genre : “Qu'est-ce que tu es encore en train de lui faire ?” »

Malgré son expérience avec les enfants des autres, Janice doutait d'elle. L'insinuation voilée de sa mère fut la goutte d'eau. Elle n'avait pas raccroché qu'elle était déjà convaincue de tyranniser son fils. D'autant que sa mère n'avait rien trouvé de mieux que de terminer la conversation en disant : « Bébé, toi, tu n'as jamais pleuré. Mais il est vrai que j'étais une excellente mère. » Comme s'il lui fallait absolument ajouter l'insulte à la méchanceté !

« Bébé pleurant égale mauvaise maman », voilà ce qui s'était imprimé dans le cerveau de Janice – une contrevérité, et l'une des plus énormes et des plus meurtrières parmi toutes celles que j'entends. On comprend dès lors son impulsion à secourir son fils, impulsion renforcée encore par le fait que sa sœur avait mis au monde une petite fille de type angélique qui ne pleurait pour ainsi dire jamais, alors que son Eric était un bébé irritable que bouleversait la plus petite excitation. Mais Janice était incapable de voir clairement les choses, aveuglée qu'elle était par son angoisse.

Nous en avons parlé. Peu à peu, elle a considéré la situation sous un autre angle. Tout d'abord, elle s'est rappelé que sa mère avait eu de l'aide vingt-quatre heures sur vingt-quatre quand ses enfants étaient petits. Puis, elle s'est dit que le temps avait peut-être enjolivé les souvenirs de sa mère ou, peut-être, que la gouvernante s'efforçait de tenir les enfants à l'écart quand ils pleuraient ou se bagarraient. Quoi qu'il en soit, tous les bébés pleurent. S'ils ne le font pas, c'est qu'il y a un problème (*cf.* l'encadré p. 98).

À la vérité, pleurer un peu est même excellent pour les nourrissons, car les larmes contiennent un antiseptique qui combat les infections oculaires. Les pleurs d'Eric exprimaient seulement un besoin.

J'admets qu'il n'a pas été facile à Janice d'étouffer la voix qui criait dans sa tête « Mauvaise mère, mauvaise mère ! » chaque fois qu'Eric laissait échapper une plainte. Mais découvrir l'origine de son angoisse l'a aidée à reconsidérer ses actions et à ne plus se précipiter sur son fils pour le faire taire. À force de réfléchir sur elle-même, elle a pu faire la part des choses entre les émotions d'Eric et le maelström qui la dévastait, elle. Ça l'a aidée aussi à mieux voir en son fils un petit garçon doux et sensible, certes très différent de son angélique cousine, mais tout aussi merveilleux et digne d'être aimé.

Le fait de fréquenter le groupe que j'anime et d'écouter les histoires de toutes ces nouvelles mamans a beaucoup apporté à Janice. Elle a compris qu'elle n'était pas la seule dans son cas. De nombreux parents, en effet, ont du mal à mettre en œuvre la tactique STOP, soit qu'ils n'arrivent pas à franchir la première étape – marquer un arrêt –, soit qu'ils aient du mal à écouter ou observer leur enfant en faisant abstraction de leurs émotions personnelles.

Écouter peut se révéler difficile

Les parents ont parfois du mal à rester objectifs quand ils entendent leur bébé pleurer. Il y a plusieurs raisons à cela. Parmi celles exposées ci-dessous, certaines s'appliquent peut-être à vous. Si tel est le cas, je ne serais pas surprise que vous ayez des problèmes avec la deuxième étape du STOP – l'écoute. Mais courage ! Il arrive que prendre conscience du problème le règle déjà en partie.

Une voix qui n'est pas la vôtre résonne dans votre tête. Ce peut être celle de votre mère, comme pour Janice, ou celle d'un spécialiste entendu à la radio. Et il ne faut pas oublier le vécu personnel – nos expériences enfantines, l'exemple d'amis, nos lectures ou les films que nous avons vus. Bref, un concert de voix dans notre tête nous martèle toutes sortes d'opinions à partir desquelles nous nous formons une image de la bonne mère. Vous voulez mon avis ? Clouez le bec à toutes ces dissonances et relisez l'encadré de la page 26.

Mon conseil : prenez conscience de tous ces « tu devrais » et autres « à ta place... » ancrés au plus profond de vous. Dites-vous que rien ne vous oblige à leur obéir ! Si bons soient-ils, ces conseils ne sont pas faits pour vous !

À propos, la voix dans votre tête vous serine peut-être : « Si c'est Tartempion qui le dit, tu as intérêt à faire l'inverse ! » Ce conseil-là n'est pas meilleur que les autres, car il n'y a pas sur terre une maman ou un papa qui soit mauvais à cent pour cent. S'interdire coûte que coûte de ressembler à quelqu'un, c'est faire de ce quelqu'un un modèle. Prenons votre mère. Vous ne voulez pas être aussi sévère avec vos enfants qu'elle le fut avec vous ? Parfait, mais vous rappelez-vous son formidable sens de l'organisation, son esprit toujours créatif ? Non, croyez-moi, c'est le moment ou jamais de dire : ne jetez pas Bébé avec l'eau du bain !

Mon conseil : ouvrez les yeux, informez-vous ! Envisagez les mille et une façons d'être maman ou papa et choisissez celle qui vous convient, à vous et à votre famille. Le vrai bonheur d'être parent apparaît quand on dispose du pouvoir d'agir et qu'on l'emploie en accord avec sa voix intérieure.

Vous attribuez à votre bébé des émotions et des intentions d'adultes. « Il pleure parce qu'il est triste ? » me demandent à longueur de temps les parents. Souvent ils enchaînent : « On dirait qu'il veut vraiment nous gâcher le dîner. » Pour un adulte, pleurer signifie : déverser un trop-plein d'émotions, telles que la tristesse, la joie, la fureur. Pourtant si pleurer est généralement perçu par l'adulte comme quelque chose de négatif, c'est tout à fait normal d'avoir une bonne crise de larmes de temps en temps – c'est même excellent pour la santé. Sachez aussi qu'au cours de notre vie, nous remplissons chacun près de trente seaux de larmes ! Toutefois nos raisons de pleurer sont bien différentes de celles des nourrissons. Chez eux, nulle tristesse, nulle manipulation, nul esprit de vengeance. Ce sont des bébés, ils ne coupent pas les cheveux en quatre. Ils ne connaissent rien du monde, comparés à nous. Ils n'ont pas vécu nos expériences. Pleurer, c'est leur manière de dire : « J'ai faim… J'en ai assez… J'ai froid. »

Mon conseil : si vous vous surprenez à projeter sur votre bébé des émotions ou des intentions propres aux adultes, pensez à un chiot qui aboie ou à un chaton qui miaule. En entendant leurs cris, vous n'imaginez pas systématiquement qu'ils sont en train de souffrir ! Vous vous dites : « Ils me parlent. » Faites pareil avec Bébé.

Les pleurs

Il y a danger si :

• un bébé d'habitude joyeux pleure plus de deux heures de suite ;

• les pleurs excessifs sont accompagnés de :

– fièvre,

– vomissements,

– diarrhée,

– convulsions,

– relâchement musculaire,

– blancheur ou bleuissement de la peau,

– ecchymoses ou boutons ;

• le bébé ne pleure jamais ou si, son pleur, à peine audible, ressemble à un miaulement de chaton.

Traduction des pleurs d'un bébé bien portant

Significations éventuelles	Significations impossibles
J'ai faim	Je suis fâché contre toi
Je suis fatigué	Je suis triste
Cessez de me stimuler, à la fin !	Je suis seul
Il n'y a rien d'autre à voir ?	Je m'ennuie
J'ai mal au ventre	Tu me le paieras !
Quelque chose me gêne	J'ai décidé de te gâcher la vie
J'ai trop chaud	Tout le monde m'abandonne
Je gèle	J'ai peur du noir
J'en ai marre	Mon berceau est affreux
J'ai pas eu mon câlin !	Si j'avais pu naître dans une autre famille !

Vous projetez vos problèmes sur votre bébé. Yvonne ne supporte pas d'entendre le moindre bruit lui parvenant de la chambre d'enfant par le talkie-walkie. Or son bébé s'agite avant de s'endormir. Résultat : elle se précipite. « Pauvre Adam chouchou d'amour, tout seul dans sa grande chambre ! soupire-t-elle. Mais non, tu n'es pas abandonné. Tu as eu peur ? » Le problème, ce n'est pas Adam, mais Yvonne. Son « pauvre Adam tout seul » doit s'entendre comme « pauvre Yvonne abandonnée ». Son mari en effet voyage beaucoup, et elle a du mal à se faire à la solitude.

Sous un autre toit, c'est le papa qui s'inquiète au moindre pleur de son petit Timothy de trois semaines. « Il a de la fièvre ? C'est parce qu'il souffre qu'il remonte ses petites jambes comme ça ? » Et de s'écrier, comme si son angoisse n'était pas suffisante : « Oh, non, tu ne vas pas nous faire des coliques, comme moi ! »

Attention, vos réflexes personnels risquent d'émousser vos facultés d'observation. La solitude vous angoisse et vous concluez que votre enfant se sent abandonné ? Vous êtes hypocondriaque et, à la première larme, vous voyez déjà votre enfant hérissé de tubes et de tuyaux ? Vous êtes soupe au lait et prêtez à Bébé un tempérament colérique ? Vous avez tendance à vous déprécier et considérez que votre petit manque d'assurance ? Vous vous sentez coupable d'avoir repris le travail et, de retour chez vous, quand vous trouvez votre nourrisson en larmes, vous vous dites qu'il s'est langui de vous ? Non ! Le remède, c'est de découvrir où se situe votre talon d'Achille et, l'ayant repéré, de vous interdire de penser que votre enfant subit votre cauchemar chaque fois qu'il pousse un cri. Reportez-vous au diagramme à la fin de ce chapitre, vous y découvrirez les véritables raisons de pleurer des bébés.

Mon conseil : prenez toujours le temps de vous demander : « Suis-je à l'unisson de mon bébé ou ma réaction est-elle motivée par des émotions qui me sont propres ? »

Vous ne supportez pas le bruit des pleurs. Cela peut être dû aux discours de toutes ces voix dans votre tête, comme ce fut sans aucun doute le cas pour Janice. Il est vrai que les piaillements d'un bébé tapent facilement sur le système. Quant à moi – peut-être parce que j'ai passé tant d'années auprès des nourrissons –, je n'associe rien de négatif à leurs modulations contrairement à la plupart des parents, au début tout au moins. J'en fais le constat chaque fois que je leur passe mon enregistrement de pleurs de bébés au cours d'un séminaire. D'abord, ils ont des rires nerveux. Après, ils se mettent à s'agiter et se tortillent sur leurs chaises. Vers la fin de la bande, un regard général suffit à me convaincre que tout le monde est mal à l'aise, pour ne pas dire bouleversé. Les pères surtout. Arrivée à ce stade, je demande : « Combien de minutes a pleuré ce bébé ? » Personne ne m'a jamais donné un chiffre inférieur à six minutes. Or la bande ne dure que trois. Tout cela pour vous dire qu'en face d'un bébé qui pleure, la plupart des gens sont persuadés qu'il s'est écoulé deux fois plus de temps.

Cela dit, il est vrai que le seuil de résistance aux pleurs varie beaucoup d'une personne à l'autre. Au départ, la réaction n'est que physique, mais l'esprit ne tarde pas à s'en mêler. Quand un pleur troue subitement le silence, le nouveau papa ou la nouvelle maman se dit aussitôt : « Oh là là ! Qu'est-ce que je dois faire ? »

Les papas qui ne peuvent endurer ce bruit me supplient de « faire quelque chose ». Des mères aussi avouent que leur journée est « fichue » si leur bébé a été grognon dès le matin.

Leslie reconnaît : « C'est bien plus facile maintenant qu'Ethan a deux ans, il peut vraiment me demander des choses. » Je me souviens d'elle, maman débutante. Elle ne supportait pas d'entendre son fils pleurer. Pas seulement parce que ses cris lui déchiraient les oreilles, mais parce que ses larmes lui brisaient le cœur. Elle était persuadée d'en être la cause, d'une manière ou d'une autre. Il m'a fallu passer trois semaines auprès d'elle pour la convaincre que pleurer était la façon de parler de son petit garçon.

Cela dit, les mamans ne sont pas les seules à vouloir museler les bébés. Avec Scott, par exemple, c'était toujours son papa qui insistait pour que sa maman lui donne le sein dès qu'il pleurait plus de dix secondes. Brett n'avait pas seulement un seuil de résistance aux pleurs très bas, il était de surcroît incapable de gérer son inquiétude ou celle de sa femme. Le bébé avait réussi à miner l'assurance de ses parents, pourtant tous deux à des postes de responsabilité. Mais voilà, l'un et l'autre étaient persuadés au fond d'eux-mêmes que pleurer n'était pas bien.

Mon conseil : que vous soyez ou non sensible aux pleurs, vous allez devoir apprendre à « faire avec ». Vous avez un bébé, et les bébés, ça pleure. Tel est votre lot pour l'instant ! Ça ne durera pas éternellement. Plus vite vous comprendrez la langue de votre enfant, plus vite ses pleurs diminueront. Mais Bébé pleurera quand même. En attendant, ne collez pas aux pleurs l'étiquette « négatif ». Achetez-vous des boules Quiès ou un baladeur. À défaut de supprimer le bruit, ça l'étouffera. Comme le dit une amie anglaise : « Je préfère écouter du Mozart. »

Vous êtes gênée que votre enfant pleure. Ce sentiment, qui semble toucher les femmes davantage que les hommes, est très répandu. Une fois, chez le dentiste, une maman était assise en face de moi dans la salle d'attente. Je l'ai regardée s'occuper de son bébé de trois ou quatre mois. La scène a duré environ vingt-cinq minutes. Au premier cri, elle lui a donné un jouet, puis un autre quand celui-là ne l'a plus amusé. L'enfant a commencé à s'agiter. Elle a essayé un troisième joujou. L'attention du bébé s'effritait rapidement et je voyais un effroi anticipé se répandre sur le visage de la mère. Sa crainte était fondée, car l'agitation de son petit garçon n'a pas tardé à dégénérer en pleurs de bébé fatigué. « Je suis vraiment confuse », s'est-elle excusée en levant sur la salle un regard honteux qui m'a remplie de pitié. Je me suis avancée vers elle et me suis présentée. « Ne vous excusez pas. Votre bébé est seulement en train de vous parler. Il vous dit : “Maman, j'ai atteint mes limites. Je ne suis qu'un petit bébé, il faut que je dorme !” »

Mon conseil : quand vous partez de chez vous, emportez donc une poussette ou un couffin. Ainsi, vous aurez sous la main un endroit sécurisé où faire dormir Bébé quand il est fatigué.

Ce qui suit a besoin d'être dit et redit, voilà pourquoi je demande à mon éditeur de l'imprimer en gras. Pour que toutes les mamans le voient bien. Quant à vous, faites-vous des affichettes et collez-en partout chez vous, dans la voiture et au bureau. Mettez-en même dans votre portefeuille.

BÉBÉ QUI PLEURE NE VEUT PAS DIRE MÈRE INDIGNE

Rappelez-vous que votre enfant et vous êtes deux personnes distinctes et que ses pleurs ne sont pas dirigés contre vous. Vous n'avez rien à voir dans l'histoire.

Vous avez eu un accouchement difficile. Vous vous rappelez Seth et Chloé, rencontrés au chapitre 2 ? Chloé est restée en travail vingt heures durant, car Isabella était bloquée dans le canal utérin. Cinq mois plus tard, Chloé continuait de se désoler. Pour son bébé, croyait-elle. En réalité, c'était elle-même qu'elle plaignait. Elle s'était imaginé accouchant chez elle d'un bébé qui passait comme une lettre à la poste, et elle avait transféré sa déception sur sa petite fille. J'ai noté chez bien d'autres mamans une tristesse ou un regret qui perdure. Au lieu de se concentrer sur leur bonheur, elles s'enferment dans la déception : la réalité n'a pas été à la hauteur de leurs espérances. Elles se rejouent en boucle la scène de leur accouchement et se sentent coupables, surtout si le bébé est né avec un problème. Coupables et impuissantes. Et comme elles n'ont pas conscience de ce qui se produit dans leur psyché, elles n'arrivent pas à évacuer ce sentiment.

Mon conseil : si plus de deux mois ont passé depuis votre accouchement et que vous ne pouvez vous empêcher de le ressasser tout bas ou de le raconter à qui veut bien l'entendre, efforcez-vous de considérer l'événement d'un œil neuf. Cessez de focaliser sur le « pauvre bébé » et admettez que vous êtes déçue.

Quand je rencontre une maman qui rumine ses désagréments, je lui conseille d'en parler à cœur ouvert avec un proche. Une conversation avec une amie peut l'aider à voir les choses sous un autre angle. Il ne s'agit pas de nier le drame, loin de là, mais de ne pas s'y emprisonner. Comme je l'ai dit à Chloé : « J'entends bien : l'expérience a été très difficile pour vous. Mais puisque vous ne pouvez rien y changer, allez de l'avant ! »

Comment affûter son don d'observation

Les pleurs d'un bébé s'accompagnent d'expressions faciales, de gestes et de postures. « Lire » son bébé requiert l'intervention de presque tous nos sens – l'ouïe, la vue, le toucher, l'odorat –, mais aussi de notre intellect, car il s'agit de rassembler le maximum d'informations. Pour aider les parents à aiguiser leur sens de l'observation – troisième étape de la technique du STOP –, j'ai passé en revue les innombrables bébés dont je m'étais occupée. Mentalement, je les ai filmés en vidéo, étendus dans leurs minuscules stalles à l'hôpital, mais sans enregistrer leurs cris pour mieux me concentrer sur leurs gestes et leurs expressions. Que voit-on ? En premier lieu, que les enfants bougent ; en second lieu, que leur *apparence physique* varie selon qu'ils ont faim, chaud, froid, ou qu'ils sont fatigués, mouillés, désemparés. Vous trouverez plus bas sous forme de « petit guide de la tête aux pieds » le résumé de ce que j'ai visionné dans ma vidéo imaginaire.

Notez bien que le langage corporel n'est véritablement « parlé » que jusqu'à cinq ou six mois. Après cet âge, les bébés contrôlent mieux leur corps. Ils sont capables de trouver l'apaisement par eux-mêmes, en suçant un doigt par exemple. Cela dit, leur gestuelle demeure en gros identique. Si vous avez commencé à observer votre enfant dès sa naissance, j'ose croire qu'à cet âge vous le connaissez bien et comprenez ce qu'il dit avec son corps.

Petit guide de la tête aux pieds		
	Postures et gestes	**Signification**
Tête	Remue d'un côté et de l'autre S'écarte de l'objet Se tourne sur un côté, cou tendu en arrière (bouche grande ouverte) Bébé pique du nez quand on le tient droit	Fatigue Lassitude, désir de changement Faim Fatigue
Yeux	Rouges, injectés Clignements : les paupières se baissent lentement et se relèvent très vite à plusieurs reprises Regard au loin : yeux écarquillés, sans ciller	Fatigue Fatigue Grande fatigue, surexcitation
Bouche Lèvres Langue	Bâillement Moue Apparence d'un cri perçant, mais muet ; puis un halètement, suivi de pleurs audibles Tremblement de la lèvre inférieure Succion de la langue Langue recourbée sur les côtés	Fatigue Faim Gaz ou toute autre douleur Froid Auto-apaisement – signal parfois pris pour de la faim Faim : geste classique d'encouragement

	Postures et gestes	Signification
	Langue recourbée en l'air, s'agitant comme celle d'un petit lézard, mais sans succion	Gaz ou toute autre douleur
Visage	Grimaçant, souvent crispé. Couché, Bébé peut se mettre à haleter, rouler des yeux et faire comme un sourire Rouge. Éventuellement, veines saillantes aux tempes.	Gaz ou une autre douleur Besoin d'aller à la selle A pleuré trop longtemps. La rétention du souffle fait gonfler les veines
Mains Bras	Mains remontées à la bouche, il essaie de les sucer Joue avec ses doigts Agitation des mains dans tous les sens. Risque de griffures Légers tremblements, secousses	Faim, si la tétée remonte à plus de deux heures et demie Besoin de téter Lassitude, désir de changement Grande fatigue ou gaz Gaz ou toute autre douleur
Torse	Cambré en arrière, la tête cherchant le sein ou le biberon Se tortille ; bouge son derrière d'un côté et de l'autre S'immobilise subitement, tout raide Grelotte	Faim Froid. La couche est mouillée. A peut-être des gaz Gaz ou toute autre douleur Froid
Peau	Moite, en sueur Extrémités bleues Chair de poule	Trop chaud A pleuré trop longtemps (pendant les pleurs, il y a dégagement d'énergie et de chaleur) Froid Gaz ou toute autre douleur accompagnée de pleurs prolongés (à mesure que le corps dégage de la chaleur et de l'énergie, le sang reflue des extrémités) Froid
Jambes	Coups de pied brusques, non coordonnés Remontées sur la poitrine	Fatigue Gaz, toute douleur abdominale

Procéder à l'évaluation

La dernière étape de la technique STOP consiste à tirer les conclusions de toutes les informations réunies précédemment. Le tableau en fin de chapitre vous permettra d'évaluer les bruits et les mouvements de votre bébé. Les nouveau-nés sont tous différents, bien sûr, mais certains signaux sont universels. Y prêter attention, c'est commencer à comprendre la langue de son bébé.

Je ne vous cacherai pas qu'un des aspects les plus agréables de mon métier est de voir *les parents* grandir en même temps que leur bébé. Certains ont du mal à développer les aptitudes indispensables pour arriver à décoder son langage, il leur faut tout un mois d'essais et de pratique. En général, deux semaines sont amplement suffisantes.

Shelly. Elle s'est adressée à moi, persuadée que sa fille souffrait de coliques. « Si je l'entends pleurer une seconde, ça me rend hystérique. Alors, je lui donne le sein. Ça vaut mieux que de passer mon énervement sur elle. Je dois sûrement faire quelque chose de mal. Ou bien c'est mon lait qui n'est pas bon. » Je sentais la culpabilité percer derrière ses paroles. En fait, ce mélange détonant de mauvais sentiments l'empêchait de marquer ne serait-ce qu'un petit temps d'arrêt. Je ne parle même pas d'écouter ni d'observer son bébé.

Pour lui indiquer ce qui n'allait pas, je lui ai demandé de noter exactement sur une charte EASY tous les horaires de tétée, de jeux et de sommeil de Maggie. En l'espace de deux jours, il est apparu que la petite mangeait littéralement toutes les vingt-cinq, quarante-cinq minutes. Sa maman était assurément « la fille de l'Ouest qui tirait le plus vite… son sein du corsage », comme je devais la surnommer plus tard en manière de plaisanterie. Au plus léger couinement, je te sors un néné, je t'attrape Bébé, hop ! le téton dans la bouche ! Les prétendues coliques de la petite fille n'étaient probablement qu'une surabondance de lactose. Autrement dit, en respectant la méthode EASY, c'est-à-dire en nourrissant l'enfant à intervalles convenables, le problème disparaîtrait comme par enchantement.

« Si vous n'apprenez pas à vous mettre à l'unisson des pleurs de Maggie, lui ai-je expliqué, elle va perdre sa faculté de vous dire ce qu'elle veut. Ils vont se transformer en un gros sanglot signifiant : "Hé, occupe-toi de moi !" »

Au début, j'ai dû donner à Shelly des petits cours pour lui apprendre à différencier les cris de sa fille. Au bout de quelques leçons, elle exultait : elle en distinguait deux – la faim qui s'exprimait par un « waa, waa, waa » régulier et rythmé, et l'épuisement qui ressemblait un peu à une toux du fond de la gorge, accompagnée de tortillements, dos cambré. Si, à ce moment-là, Shelly n'intervenait pas pour aider Maggie à s'endormir, son agitation se transformait en hurlements acharnés.

Comme je l'ai dit plus haut, vos émotions personnelles peuvent sérieusement entamer vos capacités à repérer le problème. Dans le cas de Shelly, la tactique STOP s'est révélée très efficace et j'ai toute confiance que ses progrès ne s'arrêteront pas là. Le plus important, c'est qu'elle a pris conscience de ses faiblesses et de ses erreurs. Grâce à quoi elle parvient mieux à voir dans sa petite Maggie un être distinct, doté de sentiments et de besoins qui lui sont propres.

Marcy. Cette star de mes élèves, si je puis dire, mène une véritable croisade en faveur de mes théories depuis qu'elle a appris à se mettre à l'unisson de son enfant. Elle m'avait contactée parce que ses seins lui faisaient mal et que son fils ne mangeait pas régulièrement.

« Il ne pleure que lorsqu'il a faim », m'a-t-elle affirmé avec force, quand nous nous sommes rencontrées la première fois. Et d'expliquer que son petit Dylan d'à peine trois semaines avait faim « presque toutes les heures ». J'ai tout de suite compris qu'elle ne savait pas décoder les pleurs de son bébé. Sans plus attendre, je lui ai fait entrevoir qu'il avait besoin d'une structure équilibrée – structure dont elle serait la première à tirer bénéfice, par ailleurs. Puis, j'ai passé tout un après-midi chez elle. À un moment, Dylan a commencé à émettre de petits pleurs qui ressemblaient un peu à une toux.

« Il a faim », a déclaré Marcy.

Elle avait raison. Son fils s'est mis à téter allégrement. Mais au bout de quelques minutes, voilà qu'il a commencé à dodeliner.

J'ai suggéré : « Réveillez-le gentiment ! » À son air ébahi, on aurait pu croire que j'avais exigé qu'elle torture son petit bonhomme de ses propres mains. Je lui ai montré comment frotter la joue d'un bébé qui s'endort pendant la tétée. Dylan s'est remis au travail. Il est resté au sein pendant quinze minutes pleines et a fait un beau rototo après. Je l'ai alors étendu sur une couverture et j'ai disposé des joujoux de couleurs vives dans son angle de vision. Pendant un quart d'heure environ, il a été parfaitement content et puis il a commencé à s'agiter. Il ne pleurait pas vraiment. C'était plutôt de petits gémissements.

« Vous voyez ? a dit Marcy. Il a de nouveau faim.

– Mais non, ma toute belle, il a sommeil, voilà tout. »

Nous l'avons donc mis au lit. Je vous passe les détails, vous trouverez au chapitre 6 tout ce qu'il faut savoir sur la façon de mettre les bébés au lit. Sachez seulement qu'en deux jours Dylan suivait la routine EASY et s'alimentait toutes les trois heures. Quant à Marcy, elle était devenue une autre femme – et ce n'était pas une moindre victoire. « C'est comme si j'avais appris une langue étrangère, sauf qu'elle est faite de bruits et de mouvements », dit-elle. Forte de son savoir, elle s'est mise à conseiller les mamans aux réunions du groupe « Nouveau-nés ». Cela me réjouit de l'entendre affirmer : « Votre bébé ne pleure pas uniquement pour vous dire qu'il a faim. C'est pour ça que vous devez vous retenir de foncer. Pour prendre le temps de voir ce qu'il vous dit. »

Marcher au pas de Bébé

Bien sûr, tout cela demande de la pratique, mais vous serez stupéfaite de voir combien vos réactions vis-à-vis de votre enfant sont différentes, une fois que vous aurez assimilé la méthode. Vous aborderez les problèmes de façon complètement différente. Vous serez capable de tendre l'oreille au son unique de votre enfant, vous porterez sur lui un autre regard et vous saurez mieux le considérer comme une personne à part entière. Appliquer cette technique prend à peine quelques secondes, mais ces secondes-là feront de vous les meilleurs Papa-Maman que Bébé pouvait rêver d'avoir.

Le simple mot de STOP devrait aussi vous rappeler, comme un pense-bête, de *vous déplacer lentement en présence de Bébé et d'agir délicatement avec lui* au moment de satisfaire sa demande, une fois que vous l'avez soigneusement décryptée.

Pour appuyer ce propos, dans mes séminaires à l'intention des jeunes parents, je demande à l'assistance de s'allonger par terre puis, sans crier gare, j'attrape les jambes de quelqu'un et les relève rudement vers sa tête. Naturellement, tout le monde éclate de rire. Désignant le cobaye hébété, je dis : « Vous voyez l'effet que ça produit sur votre bébé ! »

Pourquoi devrions-nous approcher un bébé sans nous présenter, le manipuler sans le prévenir et ne lui expliquer nos raisons qu'après avoir agi ? Dites-le-moi, parce que je ne vois rien qui justifie ces façons. C'est manquer de la considération la plus élémentaire. Alors, quand votre petit bout de chou se met à pleurer et que vous savez que sa couche est mouillée, dites-lui ce que vous allez lui faire. Parlez-lui pendant que vous le changez et, quand vous avez fini, dites-lui : « J'espère que tu te sens mieux maintenant. »

J'examinerai en détail la tétée, le change, le bain, le sommeil dans les quatre chapitres suivants. Toutefois, quoi que vous fassiez pour votre bébé ou avec lui, agissez avec lenteur !

Les pleurs de Bébé

Causes	Écouter	Observer	Autres évaluations et commentaires
Sommeil ou fatigue	Pleurs sporadiques se transformant en un seul pleur continu s'ils ne sont pas très vite interrompus D'abord, trois courts gémissements, suivis de un pleur fort. Puis deux halètements et un pleur plus long et plus fort Les pleurs peuvent s'éterniser Si on le laisse pleurer, Bébé finit par s'endormir	Bébé cligne des yeux et bâille. Se cambre en donnant des coups de pied et en gesticulant, au risque de s'attraper les oreilles ou les joues et de se griffer le visage (réflexe) Quand on le prend, Bébé se tortille et se recroqueville comme s'il voulait rentrer en vous. S'il pleure longtemps, son visage devient rouge vif	Pleur le plus souvent pris pour de la faim, parfois pour des coliques, à cause des tortillements. Noter à quel moment cela se produit – après une période de jeu ou après qu'un inconnu lui a fait des risettes
Surexcitation	Pleur long et fort, rappelant le pleur de fatigue	Bébé gesticule des bras et des jambes, se détourne de la lumière, rejette quiconque veut jouer avec lui	Survient d'ordinaire quand le bébé en a assez de jouer et que l'adulte insiste
Besoin de changement activités/ position	Gigotements agacés précédés de cris qui ne sont pas de véritables pleurs	Se détourne de l'objet présenté Joue avec ses doigts	Si ça empire quand vous changez Bébé de position, c'est qu'il a probablement envie de dormir

Gaz/douleur	Cri caractéristique : subit, perçant et aigu Bébé retient parfois son souffle entre les gémissements et recommence à pleurer	Tension et raideur de tout le corps, empêchant le gaz de circuler Les genoux remontent vers la poitrine Le visage est ramassé dans une expression de douleur Mouvements de la langue vers le haut, comme un petit lézard	Tous les nouveau-nés avalent de l'air n'importe quand dans la journée, ce qui peut leur causer des gaz (On entend parfois un léger grincement sortant de la gorge de Bébé) Les gaz peuvent aussi provenir d'une alimentation irrégulière
Colère (*cf.* surexcitation et fatigue)	Les bébés ne sont pas vraiment « fâchés », cette impression est une projection de l'adulte Tout simplement, ils ne sont pas « lus » ou décodés correctement		
Faim	Léger bruit de toux venant du fond de la gorge. Puis un pleur court, se transformant en un « waa, waa, waa » long et régulier	Bébé se lèche discrètement les lèvres, puis de plus en plus nettement La langue sort ; la tête tourne sur le côté ; le poing monte à la bouche. Gestuelle dite de « l'enracinement »	Pour vous assurer que c'est un pleur de faim, vérifiez l'heure de la dernière tétée sur la charte EASY
Trop froid	Pleur puissant, avec tremblement de la lèvre inférieure	Chair de poule, frissons Extrémités froides (mains, pieds, nez) Peau parfois bleuâtre	Avec un nouveau-né, se produit souvent après le bain ou pendant qu'on le change et l'habille

Causes	Écouter	Observer	Autres évaluations et commentaires
Trop chaud	Plainte basse au début, ressemblant à un halètement et durant environ 5 mn avant de dégénérer en pleurs	Transpiration, le corps est chaud Taches rouges sur le visage et le haut du corps Halètements	S'il s'agit de fièvre, le cri est celui de la douleur et la peau est sèche Prendre la température de Bébé
Besoin de câlin	Les gazouillis tournent en petits « waa » courts (semblables à des miaulements) qui s'arrêtent dès qu'on prend Bébé dans les bras	Regarde tout autour de lui, vous cherchant des yeux	Si vous déchiffrez le signal tout de suite, des mots doux et un tapotement dans le dos peuvent suffire à rassurer Bébé Développez son indépendance en ne le prenant pas dans les bras
Suralimentation	Agitation, voire larmes après la tétée	Crache souvent	Mauvaise interprétation des signaux de sommeil et de surexcitation, pris pour de la faim
Selles	Grogne ou pleure pendant la tétée	Gigote et tire vers le bas Cesse de téter pour pousser	Peut être pris pour de la faim La maman croit souvent qu'elle a fait quelque chose de mal

4

Le E de EASY : En bouche

Quand l'infirmière vous dit que votre bébé n'est pas assez alimenté, elle vous touche à l'endroit le plus sensible. Dieu merci, je lis. Et j'avais suivi une préparation.

Maman d'un bébé de trois semaines

D'abord vient le ventre, ensuite la morale.

Bertolt BRECHT

Le dilemme des mères

Se nourrir est pour l'humanité la principale source de survie. Nous avons, nous les adultes, une grande variété de régimes à notre disposition. Pourtant, quel que soit celui que nous suivions, il se trouve toujours *quelqu'un* pour nous dire que nous devrions faire autrement. Je n'aurais pas plus de mal à rassembler cent adeptes du régime végétarien, ennemis farouches des protéines animales, que je n'en aurais à en réunir cent autres qui ne jurent que par l'alimentation carnée. Qui a raison et qui a tort importe peu. Les plus grandes sommités peuvent nous rebattre les oreilles de leurs théories, au bout du compte nous seuls choisissons.

Les futures mamans sont confrontées à un dilemme identique en ce qui concerne la façon de nourrir leur bébé. Lait maternel ou lait de substitution, la polémique fait rage à coups de campagne de propagande. On ne s'étonnera pas que les publications et les sites Internet sponsorisés par la LaLeche League International ou par le Département de la santé américain, deux fervents défenseurs de l'allaitement, abondent en informations incitant à nourrir Bébé au sein. Mais, sur le site Web d'un fabricant de lait en poudre, vous trouverez des indications tout aussi péremptoires sur les bienfaits du lait de substitution. Regardez les choses en face : vous n'en voulez pas à Cuisinart de ne pas vous expliquer le maniement d'une râpe à fromage dans son manuel d'instructions, n'est-ce pas ?

D'accord, mais tout cela ne vous dit pas que faire, à vous, la future maman ! Tout d'abord, ne vous laissez pas saper le moral. Décidez de ce qui est bon pour *vous*. Prenez en compte les avis qu'on vous donne, mais n'allez pas consulter n'importe qui. La vigilance est de rigueur. Tâchez de percer à jour vos interlocuteurs, certains ont peut-être intérêt à vous prendre dans leurs filets. Quand vous parlez avec vos amies, écoutez leurs expériences, mais ne prêtez pas l'oreille aux horreurs que l'une ou l'autre ne manquera pas de vous raconter. S'il existe des cas où un bébé nourri au sein a pu être sous-alimenté, on dénombre autant d'histoires de lait en boîte pourri. Ces deux extrêmes sont loin de représenter la norme.

Je vais donc tenter d'éclairer votre lanterne sans vous bombarder de statistiques et de notions scientifiques fumeuses tout juste bonnes à vous laisser sur le carreau. Je laisse cela aux ouvrages spécialisés. Mon objectif à moi est de vous aider à faire un choix *personnel*. Utilisez vos connaissances et les conseils de bon sens que je vous donne mais, par pitié, prenez en compte votre instinct !

La bonne ou la mauvaise décision

Cela m'attriste profondément de voir tant de mamans déstabilisées par les notions de « bien » et de « mal ». Résultat, elles font leur choix pour de mauvaises raisons. Je ne saurais compter le nombre d'appels que je reçois après une naissance, me suppliant de tenir le rôle de conseillère en lactation. Et qu'est-ce que je découvre ? Une maman qui s'est proprement passée à la moulinette pour allaiter son enfant. Tantôt son conjoint l'y a poussée ou quelqu'un de la famille, tantôt elle a eu peur de perdre la face devant ses amies, tantôt elle s'est laissé manipuler par un argument lu ou entendu quelque part et qui l'a abasourdie.

Prenons Lara, par exemple. Elle appelle mon bureau parce qu'elle a pris un mauvais départ. Son petit Jason n'arrive pas tenir le sein en bouche, il pleure chaque fois qu'elle le nourrit. La période postnatale a été particulièrement difficile pour elle et la cicatrice de sa césarienne la tire encore aujourd'hui. Elle a aussi les seins douloureux. Quant à Duane, le mari, il se sent impuissant, dépassé par la situation. Et l'on sait que ce n'est pas un sentiment qui pousse les hommes à la bonne humeur.

Comme de juste, autour du couple, chacun a son opinion. Les copines qui passent voir la nouvelle maman l'inondent d'avis et de conseils. L'une d'elles, surtout, est pénible. Le mal de tête de Lara après l'accouchement ? Une rigolade, comparé à sa migraine à elle ! La césarienne ? Parlez-en ! Elle, c'est un siège qu'elle a eu ! Quant à ses malheureux engorgements du sein, comment feraient-ils le poids face à ses kyrielles d'abcès ? Vous voyez le genre, une « amie », quoi !

Le jour où je me rends chez Lara, sa mère, femme sévère, ne cesse de la houspiller : sa cadette n'est quand même pas la première femme au monde à nourrir un bébé ! Thème aussitôt relayé par l'aînée qui, elle, n'a *ja-mais* eu un problème pour faire téter ses enfants. Et la mère de claironner encore que, si son mari n'a pas voulu l'accompagner aujourd'hui, c'est parce qu'il a été trop bouleversé en voyant Lara à l'hôpital. Le pauvre n'a pas la force de la revoir souffrant toujours.

Toutes ces interventions sont bien instructives mais, au bout d'un moment, je prie poliment la compagnie de quitter la pièce et demande à Lara de me dire ce qu'elle ressent, *elle*.

« Je suis nulle, Tracy ! » Des larmes roulent sur ses joues. Elle finit par admettre qu'allaiter est « trop dur ». Pendant la grossesse, elle s'était imaginée en Vierge à l'Enfant, débordant d'amour pour ce nouveau-né tétant gentiment son sein. La réalité n'est pas à la hauteur de ses espérances. Elle se sent coupable et apeurée.

« C'est normal d'être bouleversée, lui dis-je. C'est une grande responsabilité que de nourrir son enfant. Mais vous allez y arriver, vous verrez. Je vais vous y aider. » Elle sourit faiblement. Pour la rassurer, j'ajoute que tout le monde passe plus ou moins par ces sentiments-là.

Allaiter est un savoir-faire qui *s'acquiert* avec de l'entraînement et quand on y a été préparé. Tout le monde n'y parvient pas, et personne n'est obligé de s'y astreindre. Mais, à l'instar de Lara, bien des femmes ignorent cette vérité toute simple.

Bien faire son choix

Sachez d'abord qu'allaiter est *plus* difficile qu'on ne l'imagine et qu'ensuite tout le monde n'est pas fait pour. Comme je l'ai dit à Lara : « Il ne s'agit pas de satisfaire uniquement les besoins de votre bébé, mais de combler les vôtres aussi. » Ce n'est pas en mettant la pression sur une mère qui ne souhaite pas allaiter ou n'a pas pris le temps de bien peser le pour et le contre qu'on aura une maman joyeuse et détendue.

Sein ou biberon ?

Étudier leurs avantages respectifs en tenant compte de son style de vie et de la logistique à disposition.

Se connaître soi-même – son degré de patience, de pudeur, d'acceptation de soi ; être en phase avec ses sentiments sur la maternité.

Savoir qu'on peut toujours revenir sur son choix ou combiner les deux méthodes.

Il existe toute une *panoplie* de choix. Vous pouvez vous faire l'avocat du lait maternel et vilipender le lait de substitution, il n'empêche que la décision ultime demeure entre les mains de la personne concernée. Et elle ne dépend pas seulement des contingences physiologiques – elle résulte également de considérations émotionnelles. J'invite les femmes à comprendre deux choses :

premièrement, ce que ce choix implique ; deuxièmement, ce qui est en jeu pour leur bébé et pour elles-mêmes. Je ne saurais vous exhorter assez à suivre des cours où une maman allaite devant vous. Sinon, trouvez une amie qui le fasse, et écoutez ses avis sur la question. Interrogez votre pédiatre, contactez une puéricultrice ou un centre de soins infantiles, mais en gardant à l'esprit que les pédiatres ont généralement tendance à favoriser une méthode. Par conséquent, mieux vaut chercher conseil auprès de plusieurs d'entre eux. Rien ne vous oblige à en choisir un définitivement, tant que vous n'avez pas décidé de la façon dont vous nourrirez votre enfant. Je connais des médecins qui se braquent à la seule mention du lait en poudre, qui vont même jusqu'à faire de l'allaitement une condition sine qua non pour accepter une nouvelle cliente. Comment voulez-vous qu'une mère qui a opté pour le biberon se trouve en confiance avec un pédiatre comme celui-là ? De même, si vous voulez allaiter votre bébé et prenez pour médecin quelqu'un qui n'est pas au courant des questions d'allaitement, ni vous ni lui ne tirerez profit de votre relation.

Sein ou biberon, une question de mode

De nos jours, soixante pour cent des mamans allaitent pendant les six premiers mois, moins de trente pour cent continuent par la suite. Cela ne veut pas dire qu'il soit « mal » de nourrir son bébé au lait de substitution. Après la Seconde Guerre mondiale, et pendant des décennies, la proportion était exactement inverse, la majorité des gens considérant le lait de substitution comme supérieur. Qui détient la vérité ? À l'heure où j'écris ces pages, des scientifiques se demandent s'il ne faudrait pas modifier génétiquement les vaches pour qu'elles produisent du lait maternel ! Dans quelques années, peut-être que tout le monde vantera les mérites du lait de vache humain, allez savoir !

Un article paru en 1999 dans *Journal of Nutrition* laisse entendre qu'un jour viendra où « les laits de substitution seront mieux adaptés aux besoins de certains nourrissons que celui de leur propre mère ».

De nombreux livres sur les bébés énumèrent les avantages et les inconvénients du sein et du biberon. Pour ma part, j'aimerais aborder le problème sous l'angle émotionnel, car la charge émotive de l'allaitement est telle qu'elle semble défier toute approche rationnelle. Avant de vous livrer mon opinion, je vais donc évoquer les facteurs qu'il me semble important de prendre en considération quand on veut faire son choix.

Le lien mère/enfant. S'il est un thème dont les partisans de l'allaitement nous rebattent les oreilles, c'est bien celui-là. Que les femmes éprouvent une proximité particulière quand leur bébé tire sur leur sein, je vous l'accorde, mais cela ne signifie nullement que les mamans-biberon se sentent moins proches de leur nouveau-né. À vrai dire, je ne pense pas que le sein cimente les relations mère-enfant. La véritable proximité apparaît quand on connaît quelqu'un – en l'occurrence Bébé.

La santé de Bébé. De nombreuses études célèbrent haut et fort les avantages du lait maternel (à condition que la maman soit elle-même en bonne santé et bien nourrie). Il est vrai qu'en dehors de ses éléments nutritifs, le lait maternel est principalement composé de cellules microphages, c'est-à-dire capables de détruire bactéries, champignons et virus. Les tenants de l'allaitement ont établi toute une liste de maladies que le lait maternel serait censé tenir à l'écart. Cela va des infections par streptocoques des oreilles ou de la gorge aux problèmes gastro-intestinaux, en passant par les maladies des bronches. Je ne doute pas un instant des bienfaits du lait maternel, mais gardons la tête claire. Pour autant qu'on les cite, les résultats de ces recherches ne sont jamais que des *probabilités statistiques.* Les bébés au sein ne sont nullement à l'abri de ces maladies-là.

Précisons par ailleurs que la composition du lait maternel varie considérablement d'une heure à l'autre de la journée, d'un mois à l'autre et d'une femme à l'autre, et soulignons qu'aujourd'hui le lait en poudre est plus élaboré qu'il ne l'a jamais été, tant il est enrichi d'éléments nutritifs. S'il n'offre pas au nourrisson une immunité naturelle, il lui fournit indubitablement l'apport journalier recommandé en valeurs nutritionnelles et énergétiques (*cf.* l'encadré « Sein ou biberon, une question de mode », p. 117).

La récupération post-partum. Allaiter présente plusieurs avantages pour la maman et ce, très vite après l'accouchement. Tout d'abord, sous l'effet de la tétée, se libère une hormone, l'ocytocine, qui accélère l'évacuation du placenta et favorise la contraction des vaisseaux sanguins utérins, réduisant ainsi la perte de sang. Par son action répétée au fil des jours, l'utérus retrouve plus vite sa taille d'avant la grossesse. Autre bienfait pour la maman, l'activité des glandes mammaires. En effet, la production de lait consume pas mal de calories. La maman se débarrasse donc plus vite de ses kilos superflus. Cependant, cet avantage est contrebalancé par la nécessité pour elle de peser malgré tout entre trois et cinq kilos de plus que son poids habituel, si elle veut apporter un lait nourrissant à son bébé. Souci qui ne concerne pas la maman-biberon. Quant au problème des seins douloureux et sensibles, il touche les deux mamans également, car la période nécessaire pour que le lait de la maman-biberon tarisse est parfois bien douloureuse. Cela dit, la maman qui allaite connaît d'autres complications, mentionnées plus loin (*cf.* « Guide des problèmes de l'allaitement », p. 140-141).

La santé de la mère à long terme. Sans apporter de preuves irréfutables, des études semblent indiquer qu'allaiter pourrait protéger la mère contre le cancer du sein d'avant la ménopause, contre le cancer des ovaires et contre l'ostéoporose.

L'image que la mère a de son corps. « Vivement que je récupère ma ligne ! » soupirent généralement les mères. De quoi parlent-elles ? De perdre des kilos bien sûr, mais aussi – et surtout – de retrouver leur image. Allaiter donne parfois aux femmes le sentiment de « renoncer » à leur corps. Chez la plupart d'entre elles, les seins changent beaucoup plus pendant l'allaitement que pendant la grossesse. Certains changements, d'ordre physiologique, sont indispensables pour que les glandes mammaires puissent remplir leur fonction : les canaux lactifères doivent se remplir et les sinus lactifères générer des pulsions quand le bébé tète, qui transmettront au cerveau le signal de maintenir un approvisionnement régulier (*cf.* l'encadré « Production du lait dans les seins », p. 129). Sur le plan de l'apparence, ces changements sont *irréversibles*. Si les seins diminuent quand la maman aura cessé d'allaiter, sachez qu'ils ne reprendront jamais leur forme antérieure. Des mamans dotées de mamelons discrets se retrouveront parfois avec des tétons à rendre jalouse une pin-up moulée dans un T-shirt ; des femmes à petits seins qui auront allaité plus d'un an pourront devenir plates comme des limandes et d'autres bien pourvues avoir des seins tombants. Par conséquent, si votre aspect physique est primordial pour vous, mieux vaut vous abstenir d'allaiter. Vous craignez de vous entendre traiter d'égoïste ? Mais qui sont ces gens, pour vous jeter la pierre et vous culpabiliser ?

Un autre facteur à prendre en considération est le sentiment aussi bien que la sensation que l'on éprouvera à l'idée de mettre son sein dans la bouche d'un bébé. Certaines femmes n'aiment pas toucher leur poitrine ou n'aiment pas être caressées là. Celles-là ont de fortes chances de ne pas apprécier le moment de la tétée.

Les difficultés de l'allaitement. Bien qu'allaiter soit considéré comme « naturel », c'est un savoir acquis et plus difficile à pratiquer – au début tout du moins – que donner un biberon. Il est donc important de s'y exercer avant l'arrivée du bébé (*cf.* p. 129).

Le côté pratique de l'allaitement. On entend souvent dire que nourrir son bébé est plus commode. C'est en partie vrai, surtout au milieu de la nuit quand Bébé pleure et que Maman n'a qu'à faire jaillir un sein de son pyjama. Cela évite l'ennui de stériliser biberons et tétines. Certes, mais à condition de nourrir Bébé exclusivement au sein. Pour les mères qui tirent leur lait, cela ne règle pas le problème. Or elles sont nombreuses à le faire et, si l'opération est facile à exécuter chez soi, c'est une autre paire de manches au travail, quand il s'agit de trouver et le temps et le lieu propices. Les adeptes de l'allaitement avancent encore l'argument que le lait maternel est toujours à bonne température. À cela je réponds : *le lait de substitution n'a pas besoin d'être chauffé.*

Comment, vous ne le saviez pas ? Selon plusieurs études, les bébés ne montreraient pas de préférence entre le chaud et le froid, de sorte que le lait de substitution est presque aussi facile à utiliser que le lait maternel, du moins dans sa version prête à l'emploi. Enfin, lait maternel et lait de substitution exigent des précautions de stockage (pour plus de détails, se reporter aux encadrés : « Conservation du lait maternel », p. 138 et « Conservation du lait de substitution », p. 146).

Coût du lait de substitution. Compte tenu qu'au cours de la première année votre bébé consommera environ quarante kilos de lait, soit en moyenne mille cent trente grammes par jour (la consommation du nouveau-né étant moindre, cela va de soi), allaiter est nettement plus avantageux, étant donné la gratuité du produit. Néanmoins, il y a des frais : achat et location de divers accessoires dont un tire-lait ; consultations éventuelles auprès de spécialistes en cas de problèmes. L'alimentation au lait de substitution, quant à elle, revient en gros dans les cent quatre-vingts euros par mois. Je ne compte pas les biberons et tétines puisque la plupart des mamans qui allaitent en achètent également. Bien sûr, tout dépend du lait choisi – en poudre, concentré ou prêt à l'emploi, formule la plus onéreuse.

Le rôle du papa. Si certains pères se sentent abandonnés quand la maman allaite, cela ne doit pas influencer la mère dans son choix. La plupart des mamans, qu'elles aient opté pour le sein ou le biberon, souhaitent impliquer leur conjoint dans cet acte. En effet, il devrait l'être. La participation du papa est avant tout une question de motivation. Mais, même si la maman allaite, le papa peut participer – en l'aidant à tirer son lait, par exemple. Que la maman nourrisse le bébé au sein ou au biberon, l'aide du papa équivaut toujours pour elle à un répit bien mérité.

Un mot au papa

Peut-être voulez-vous que votre femme allaite parce que votre mère et votre sœur l'ont fait ou parce que vous pensez que c'est « mieux ». Peut-être, ne le souhaitez-vous pas. Quoi qu'il en soit, n'oubliez pas que votre femme est une personne à part entière qui a le droit de faire des choix dans la vie. Et justement, celui-ci en est un. Qu'elle allaite ne signifie pas qu'elle vous aime moins. Si elle n'allaite pas, elle n'est pas non plus une mère indigne. Et quoique vous puissiez en débattre, au final, c'est à elle de choisir.

Contre-indications pour le bébé. Se fondant sur les résultats des analyses métaboliques effectuées systématiquement sur l'enfant à sa naissance, votre pédiatre vous déconseillera peut-être de nourrir votre enfant et vous prescrira des laits sans lactose. D'ailleurs, à l'hôpital, les médecins vous auront éventuellement déconseillé le sein si Bébé présentait un ictère, appelé aussi « jaunisse du nouveau-né » – c'est-à-dire une accumulation dans les tissus de bilirubine, substance jaunâtre habituellement décomposée par le foie. Quant à ces allergies prétendument causées par le lait de substitution, je vous laisse en discuter. Pour ma part, je fais fi de vos inquiétudes : les bébés nourris au sein ne sont pas mieux protégés que les autres contre les irruptions cutanées ou les gaz.

Contre-indications pour la maman. Certaines mamans ne peuvent allaiter pour des raisons médicales – parce qu'elles ont subi une opération des seins (*cf.* l'encadré « Si vous avez subi une opération des seins », p. 123) ; parce qu'elles sont atteintes d'une maladie comme le sida ou sont sous traitement psycho-neurologique (lithium ou autre tranquillisant) ; parce que leur lait prétendument « ne coulerait pas ». Je tiens à dire que la difficulté ne saurait venir de la taille du sein ou de la forme du mamelon – qui n'ont ni l'une ni l'autre d'incidence sur l'écoulement, comme l'ont montré les recherches. Mais il est vrai que des mères éprouvent de la difficulté à réguler le débit ou à faire tenir le téton dans la bouche du bébé. La plupart de ces problèmes peuvent être résolus (*cf.* « Guide des problèmes de l'allaitement », p. 140-141), encore faut-il que la maman fasse preuve de patience.

S'il est bon que Bébé absorbe un peu de lait maternel, surtout pendant le premier mois, il est parfaitement acceptable de le nourrir au lait de substitution, par obligation ou par choix personnel. Allaiter peut prendre trop de temps dans la vie d'une femme occupée ou simplement ne pas lui plaire. Cela peut aussi perturber l'équilibre familial, rendre jaloux un grand frère ou une grande sœur.

Quand une femme refuse d'allaiter, nous ne devons pas l'accabler mais la soutenir dans son choix quelles que soient ses raisons – ne pas renforcer en elle un sentiment de culpabilité et ne pas considérer que seul l'allaitement est synonyme de responsabilité et de don de soi. Tout mode d'alimentation exige un engagement de la part de la mère.

Si vous avez subi une opération des seins

• Qu'il s'agisse de reconstruction ou de réduction, tâchez de savoir si le chirurgien a coupé à travers le mamelon ou derrière le sternum. Si le canal lactifère a été touché, vous pouvez néanmoins donner le sein à votre bébé en utilisant un appareil spécial qui lui permettra de téter tout en buvant le lait d'un biberon.

• Prenez conseil auprès d'une puéricultrice. Elle saura voir si Bébé prend correctement le sein et vous montrera comment utiliser l'appareil si nécessaire.

• Pesez votre bébé toutes les semaines pendant un mois et demi au minimum, pour vous assurer qu'il prend du poids régulièrement.

Nourrir son enfant dans le bonheur

Prendre un bon départ, c'est déjà remporter la moitié de la bataille. (Pour plus de détails sur les premières tétées, reportez-vous p. 129 et suivantes si vous avez choisi le sein et p. 145 et suivantes si vous avez choisi le biberon.) Il est important de réserver à cette activité un lieu à l'écart du tumulte de la maisonnée, que ce soit la chambre du bébé ou un autre endroit tranquille. Prenez votre temps. Respectez le droit de Bébé à manger dans le calme, ne lui imposez pas une conversation au téléphone ou avec la voisine dans le jardin, par-dessus la haie, pendant qu'il a la bouche pleine. Nourrir un enfant est un processus interactif : vous devez y accorder toute votre attention. C'est ainsi que vous apprendrez à connaître votre enfant. En outre, en grandissant, Bébé réagit de plus en plus aux distractions auditives ou visuelles et cela perturbe son repas.

Des mamans me demandent : « C'est bien de parler avec mon bébé pendant que je le nourris ? » Oui, mais dans le calme et d'une voix douce. Imaginez-vous en train de faire un dîner aux chandelles. Parlez à voix basse, sans brusquerie et prodiguez-lui vos encouragements : « Allez, encore un peu, il faut que tu manges davantage, tu sais ? » Pour ma part, je fais souvent des bruits comme « gou-gou » ou bien je caresse la tête de l'enfant. Ça l'encourage et ça le tient éveillé. Si le bébé ferme les yeux et arrête un moment de téter, je lui dis : « Hou-hou, tu es là ? » ou bien : « Courage, tu ne vas pas t'endormir au milieu du boulot, quand même ! Surtout que ce n'est pas si fatigant, hein ? »

Les profils alimentaires

Le tempérament du bébé influe sur sa façon de manger. Les *bébés angélique* et *modèle* sont en général de bons mangeurs, de même que le *bébé vif*.

En revanche, le *bébé irritable* est souvent frustré, surtout s'il est au sein. Comme il est maniaque, si vous commencez à le nourrir dans une position, vous ne devrez pas en changer de toute la tétée : ne pas le bouger, ne pas remuer vous-même, ne pas vous promener dans tout l'appartement ni parler d'une voix forte.

Le *bébé grincheux* est un impatient qui n'aime pas être interrompu pendant son repas. Il a tendance à téter en tirant sur le mamelon. Il n'a rien contre le biberon, du moment que la tétine a un débit facile (*cf.* p. 146-147 pour plus de détails sur les tétines).

Mon conseil : si votre bébé s'endort pendant le repas, excitez son réflexe de succion en faisant de petits cercles avec votre pouce dans le creux de sa main. Vous pouvez aussi lui frotter le dos ou le dessous du bras, ou encore pianoter le long de sa colonne vertébrale. En revanche, ne posez jamais un gant de toilette humide sur son front et ne lui chatouillez pas les pieds, comme le suggèrent certains. Que diriez-vous si je vous faisais guili-guili sous la table pour que vous finissiez votre poulet ? Si ces techniques restent sans effet, à votre place je laisserais le bébé dormir une demi-heure. Toutefois, s'il s'agit d'une habitude récurrente, parlez-en à votre pédiatre.

Que vous ayez choisi le sein ou le biberon, vous ne m'entendrez jamais prôner l'alimentation « à la demande », je l'ai déjà signalé clairement au chapitre 2. Outre le danger de se retrouver avec un bébé tyrannique sur les bras, le risque est grand de tomber dans le piège du « il pleure égale il a faim ». Cela arrive très souvent avec les parents tout neufs qui n'ont pas encore l'habitude des différents bruits émis par leur enfant. Et ils croient que le petit souffre de coliques alors que c'est de suralimentation (*cf.* chapitre 9, p. 308). S'ils avaient suivi un horaire EASY, cela ne leur serait pas arrivé : ils auraient nourri Bébé toutes les deux heures et demie-trois heures s'il est au sein, et toutes les trois ou quatre heures s'il est au biberon, et ils auraient su que les pleurs dans l'intervalle avaient d'autres causes que la faim.

Je vais à présent passer en revue les diverses façons de nourrir son bébé : au sein (p. 128-144), au biberon (p. 145-148) et en combinant les deux (p. 148-153). Mais tout d'abord, quelques conseils de base, valables dans tous les cas.

Position pendant la tétée. Que vous le nourrissiez au sein ou au biberon, vous devez nicher confortablement Bébé au creux de votre bras à hauteur de poitrine, la tête légèrement relevée et le corps bien droit pour que son cou ne subisse pas de tension, le bras intérieur baissé le long de son corps ou passé derrière vous. Veillez à ne pas trop incliner l'enfant, car il aurait du mal à avaler si sa tête était plus basse que son corps. Si vous allaitez, mieux vaut le tenir légèrement tourné vers vous, de façon qu'il prenne le sein commodément ; si vous lui donnez le biberon, laissez-le sur le dos.

Hoquets. Tous les bébés ont le hoquet, souvent après le repas, ou après la sieste. Comme chez les adultes qui se jettent sur la nourriture, cela résulte probablement d'un ventre bien rempli ou d'une absorption trop rapide – le diaphragme ne suit plus le rythme. Il n'y a pas grand-chose à faire, sinon se dire que le hoquet disparaît aussi brusquement qu'il est apparu.

Rots. Au sein ou au biberon, tous les bébés avalent de l'air. Vous entendez souvent une sorte de grincement ou un petit bruit de déglutition au moment où cela se produit. L'air forme une bulle dans l'estomac de Bébé, lui donnant parfois une sensation de satiété avant qu'il ait le ventre plein. Il faut donc le lui faire expulser. Pour ma part, j'aime bien faire roter les bébés *avant* la tétée – car ils avalent de l'air même allongés –, puis de nouveau après, quand le repas est terminé. Quand un bébé s'arrête au milieu du repas et commence à s'agiter, cela signifie souvent qu'il a un peu d'air à rejeter. Dans ce cas, il n'est pas mauvais de le faire roter.

Pour cela, il y a deux façons d'agir. L'une consiste à asseoir Bébé sur vos genoux et à lui masser le dos doucement, tout en lui soutenant le menton de la main ; l'autre – que je préfère – à le tenir tout droit face à vous, les bras passés par-dessus votre épaule et les jambes bien tendues pour que l'air remonte facilement, tout en lui frottant délicatement le dos de bas en haut sur le côté gauche à hauteur de l'estomac. Inutile de descendre plus bas, vous seriez sur ses reins. Pour certains bébés, un léger frottement suffit ; pour d'autres un tapotement est nécessaire.

Si vous avez tapoté et frotté sans résultat pendant cinq minutes, vous pouvez considérer que Bébé n'a pas de bulle d'air dans le ventre. Si vous l'étendez et qu'il commence à se tortiller, reprenez-le délicatement dans vos bras : un superbe rototo viendra. Il arrive parfois qu'une bulle d'air passe du ventre à l'intestin. Cela peut causer à Bébé un grand inconfort. Vous vous en rendrez compte en le voyant replier ses petites jambes contre son ventre et se mettre à pleurer en crispant tout son corps. Vous entendrez parfois le gaz s'évacuer et verrez Bébé se relâcher. (Vous trouverez d'autres informations sur les gaz, p. 314.)

Alimentation et gain de poids. Qu'elles aient opté pour le sein ou le biberon, les nouvelles mamans s'inquiètent souvent : « Est-ce que mon bébé mange assez ? » Pour les mamans-biberon, c'est facile : elles voient ce que leur enfant absorbe. Pour les mères qui allaitent, le problème est différent. Certaines sentent le picotement ou le pincement qui accompagne parfois le réflexe d'écoulement, mais il y en a qui ne sont pas aussi sensibles. À celles-là je conseille : « Regardez la bouche de votre bébé. Si elle remue, c'est qu'il tète. Tendez l'oreille : vous l'entendrez avaler. » Les mamans que cela ne rassure pas peuvent se fabriquer une sorte d'étalon personnel, comme je l'explique dans l'encadré « Durée de la tétée et quantités absorbées », p. 134. De toute façon, si votre bébé semble heureux après le repas, c'est signe qu'il a mangé son content.

Il y a un autre signe – incontestable, lui : la couche. Ce qui entre dans Bébé doit en sortir, comme je l'explique aux nouveaux parents. Un nourrisson mouille entre six et neuf couches par vingt-quatre heures. Son urine va du presque incolore au jaune pâle, et il a également entre deux et cinq selles, lesquelles vont du jaune au marron et sont d'une consistance proche de la moutarde.

Mon conseil : comme de nos jours les couches de cellulose sont très absorbantes, les dix premiers jours, placez un Kleenex sous les fesses de Bébé pour savoir s'il a fait pipi et de quelle couleur est son urine.

Le gain de poids est encore le meilleur moyen de vous convaincre qu'il mange suffisamment. Cependant sachez que les nouveau-nés en bonne santé perdent jusqu'à dix pour cent de leur poids à la naissance au cours des premiers jours. C'est tout à fait normal. Dans l'utérus, en effet, ils étaient alimentés en permanence par le placenta. Maintenant, ils doivent apprendre à se nourrir par eux-mêmes. S'ils reçoivent les liquides et les calories dont ils ont besoin, la plupart des bébés arrivés à terme retrouvent leur poids de naissance entre sept et dix jours. Parfois, cela prend plus longtemps. Si votre bébé n'a pas retrouvé son poids au bout de deux semaines, sa stagnation pondérale est anormale et une visite au pédiatre s'impose.

Mon conseil : un bébé pesant moins de trois kilos ne peut se permettre de perdre dix pour cent de son poids. Dans ces cas-là, combinez tétée et biberon.

Le gain de poids normal est de cent quinze grammes à deux cents grammes par semaine. Mais avant que la question du poids ne tourne à l'obsession, sachez que les enfants nourris au sein ont tendance à être plus maigres, à « profiter » moins que les bébés-biberon. Si cela ne suffit pas à calmer votre impatience, louez ou achetez une balance. Pour ma part, je trouve amplement suffisant de peser son enfant une fois par semaine le premier mois et une fois par mois ensuite, du moment que l'on va régulièrement chez le pédiatre. Si vous optez pour la balance, rappelez-vous que le poids fluctue d'un jour à l'autre. Alors, ne pesez pas bébé plus souvent que tous les quatre à cinq jours.

Règles de base de l'allaitement

Des milliers de livres traitent de ce sujet et je parie que vous en avez plus d'un sur votre étagère si vous avez d'ores et déjà opté pour le sein. Comme dans tous les apprentissages au monde, les règles de base sont la patience et la pratique. Informez-vous, suivez des cours, adhérez à un groupe de soutien, sachez comment votre corps fabrique le lait (*cf.* l'encadré suivant).

Production du lait dans le sein

Tout de suite après l'accouchement, le cerveau déclenche la sécrétion d'une hormone, la prolactine, qui agit sur la production du lait. Quand le bébé tète, de la prolactine se libère dans votre corps, ainsi qu'une autre hormone, appelée ocytocine. La partie sombre du sein, l'aréole, présente une surface grumeleuse permettant au bébé d'avoir une prise solide mais confortable. À chaque succion, les sinus lactifères qu'elle renferme envoient au cerveau de la maman le signal : « Du lait, SVP ! » Leur palpitation active les canaux lactifères qui relient le mamelon aux alvéoles, c'est-à-dire aux petites poches contenant le lait à l'intérieur du sein. La succion, telle une pompe, provoque le passage du lait des alvéoles aux canaux lactifères puis, de là, au mamelon, lequel fait office d'entonnoir et le déverse dans la bouche du bébé.

Vous trouverez ci-dessous des points qui me paraissent importants.

S'exercer en amont. Le plus souvent, tout se passe comme sur des roulettes, si ce n'est que Bébé ne prend pas le sein comme il faut. C'est pourquoi, entre quatre et six semaines avant le terme, j'explique aux mamans comment leurs seins fonctionnent et je leur fais coller deux petits bouts d'Albuplast à deux centimètres et demi du mamelon, en haut et en bas, là où elles poseront les doigts pour tenir le sein pendant la tétée. Faites-le donc vous aussi.

Rappelez-vous que le lait est produit par la stimulation exercée par le bébé en tétant. Plus celle-ci sera forte, plus le lait sera abondant. En conséquence, il est capital que l'enfant soit bien positionné et prenne correctement le sein en bouche. Ces deux points résolus, plus rien n'entravera le bon déroulement des opérations, et allaiter vous semblera parfaitement « naturel ». En revanche, si Bébé est mal installé ou s'il ne prend pas bien le sein, vos sinus lactifères ne seront pas en mesure d'envoyer le message au cerveau et celui-ci n'ordonnera pas aux hormones nécessaires d'entrer en action. Le lait ne sortira pas, Maman et Bébé en pâtiront.

Mon conseil : prendre le sein correctement signifie que les lèvres de l'enfant emprisonnent le téton et l'aréole. Pour bien positionner Bébé, étirez délicatement son cou de façon que son menton et le bout de son nez frôlent votre sein – attention, pas ses narines ! Ainsi vous ne serez pas obligée de vous tenir le sein. Si vous avez une poitrine opulente, placez une chaussette sous votre sein pour le relever.

Donner sa première tétée à Bébé le plus tôt possible après la naissance. Cela, non pas parce qu'il a faim, mais pour inscrire tout de suite dans sa mémoire le bon modèle d'alimentation. Si possible, ayez à vos côtés une infirmière, une puéricultrice, une amie ou votre mère si elles ont allaité. Quand la maman accouche par les voies naturelles, j'essaie de faire téter l'enfant tout de suite et sur place, dans la salle de travail, car c'est au cours de sa première heure sur terre qu'il est le plus vif. Plus on tarde à lui faire prendre le sein, plus cela peut s'avérer difficile. En effet, pendant les deux ou trois jours suivants, il subit une sorte de contrecoup de son « voyage » jusqu'à nous, et son alimentation comme son sommeil s'en trouvent souvent perturbés. Cela explique qu'un bébé né par césarienne et qui, pour des raisons bien compréhensibles, n'est pas mis au sein dans les trois heures qui suivent, ait plus de mal à téter correctement : sa mère et lui sont groggy. Il leur faudra plus de temps et de patience pour appliquer la bonne technique. Par ailleurs, je déconseille aux parents de réveiller le bébé pour lui donner le sein, sauf s'il pèse moins de deux kilos huit cents.

Pendant les deux ou trois premiers jours, vous produirez un liquide épais et jaune qui ressemble un peu à du miel, le colostrum. C'est le composant du lait le plus énergétique, le plus riche en protéines. Tant que vous fabriquez du colostrum presque pur, nourrissez votre enfant un quart d'heure de chaque côté. Quand vous commencerez à avoir du lait véritable, passez à une alimentation unilatérale : ne donnez qu'un seul sein par tétée.

Aux mamans dont le bébé pèse trois kilos et plus à la naissance, j'ai l'habitude de remettre le diagramme suivant pour les guider pendant les premières tétées.

L'allaitement au cours des quatre premiers jours		
Fréquence	**Sein gauche**	**Sein droit**
1er jour : à la demande, toute la journée	5 mn	5 mn
2e jour : toutes les 2 heures	10 mn	10 mn
3e jour : toutes les 2 h 30	15 mn	15 mn
4e jour : toutes les 2 h 30 - 3 heures Introduire le programme EASY	Allaitement unilatéral 40 mn au maximum Changer de sein à chaque tétée	

Connaissez votre lait, sachez comment vos seins le fabriquent. Goûtez-le, ainsi, vous saurez s'il a tourné quand vous le conserverez. Prenez conscience de ce qui se passe dans votre sein pendant la montée de lait : on ressent généralement un picotement ou une démangeaison au moment où il coule. L'écoulement varie selon les mamans. Certaines ont un débit rapide et leur bébé a tendance à s'étrangler au début de la tétée. Pour stopper le flot, il suffit de boucher le mamelon avec le doigt, comme on le fait pour arrêter le sang d'une coupure. D'autres mamans ne sentent pas leur lait couler. Ne vous inquiétez pas si c'est votre cas, la sensibilité aussi varie d'une femme à l'autre. Sachez seulement que les mères qui ont un débit lent ont souvent des bébés frustrés qui tentent de stimuler l'arrivée du lait en « pompant » par intermittence. Mais sachez qu'un écoulement ralenti peut être signe de tension. Essayez de vous détendre davantage. Pourquoi pas en écoutant une cassette de méditation avant de donner la tétée ? Si cela ne fonctionne pas, amorcez le démarrage à l'aide d'un tire-lait avant la tétée. Cela vous prendra trois minutes et vous évitera d'avoir un bébé frustré.

Ne changez pas de sein. De nombreuses infirmières, médecins et puéricultrices disent aux mères de changer de côté au bout de dix minutes, arguant que cela permet à Bébé de se nourrir aux deux seins à chaque tétée. Un coup d'œil à l'encadré ci-dessous vous indiquera pourquoi cela n'est pas bon.

C'est surtout pendant ses premières semaines de vie que Bébé doit absorber de l'*après-lait*. Or, si vous le changez de côté au bout de dix minutes, il n'en recevra pas. Au mieux, il consommera un peu d'*avant-lait*. Mais il y a plus grave : à force d'être inemployé, l'*arrière-lait* ne sera plus produit par les glandes mammaires car elles auront adressé au cerveau le message de stopper la production.

Vous comprenez maintenant pourquoi seuls les bébés nourris unilatéralement bénéficient d'un régime équilibré – parce qu'ils absorbent les trois parties du lait. Si le traitement est bon pour eux, pourquoi l'interrompre au milieu ? C'est dommage, vous ne trouvez pas ? Alors, ne le faites plus ! C'est contre-productif, tant pour le bébé que pour la maman, dont le corps perd l'habitude de fabriquer les trois formes de lait. D'ailleurs, n'est-ce pas ainsi que les mamans de jumeaux procèdent, un sein par bébé ?

Composition du lait maternel

Laissé à l'air pendant une heure, le lait maternel se sépare en trois couches, la plus épaisse restant en bas. C'est dans ce même ordre que le lait parvient au bébé.

• En premier, pendant les cinq à dix premières minutes de la tétée, arrive la partie du lait qui ressemble à du lait écrémé. C'est la plus désaltérante, comme la soupe au début du repas. Riche en lactose, elle présente un taux élevé d'ocytocine – hormone libérée pendant l'acte amoureux – qui agit à la fois sur la mère et l'enfant : Maman éprouve un sentiment de béatitude proche de l'orgasme ; Bébé, lui, a tendance à somnoler.

• Puis, vers la cinquième-huitième minute vient l'*avant-lait*, la partie la plus riche en protéines. De consistance proche du lait de vache, c'est la meilleure pour le développement des os et du cerveau.

• Enfin, entre quinze et dix-huit minutes après le début de la tétée, le « dessert » est servi – je veux parler de l'*après-lait*, cette partie épaisse et crémeuse qui contient toutes les bonnes choses du gras. C'est grâce à elle que Bébé « profite ».

Petit truc pour venir en aide aux mamans qui ne sentent pas la différence entre le sein tété et celui qui ne l'est pas : au moment de refermer votre soutien-gorge après avoir allaité, accrochez une épingle de sûreté sur le bonnet du sein à donner la prochaine fois.

Les mamans dont je m'occupe dès le jour même de l'accouchement allaitent leur bébé unilatéralement dès le troisième ou quatrième jour. Mais je reçois bien des appels désespérés de mères à qui le pédiatre ou la puéricultrice recommande de changer de côté. D'ordinaire, leur bébé a entre deux et huit semaines.

Le chou : un mythe

On conseille souvent aux mères qui allaitent d'éviter le chou, le chocolat, l'ail et autres nourritures pimentées, de peur que « ça passe dans le lait ». C'est ridicule ! Un régime normal et varié n'a aucun effet sur le lait maternel. Prenez les mères en Inde. Ce qu'elles mangent mettrait sur le carreau la plupart des estomacs adultes occidentaux. Pourtant, ni elles ni leur bébé n'en souffrent.

Croyez-moi, si l'enfant a des gaz, ça ne vient pas d'un hypothétique chou consommé par la maman, mais bien de l'air qu'il a avalé et n'a pas régurgité. Ou bien d'une immaturité du système digestif.

S'il arrive parfois qu'un bébé réagisse à un aliment absorbé par sa mère, c'est au lait de vache, au soja, au blé, au poisson, au maïs, aux œufs et aux noix. Si vous avez l'impression que Bébé supporte mal un aliment particulier, éliminez-le de votre régime. Vous le réintégrerez deux ou trois semaines plus tard.

Sachez aussi que l'exercice affecte votre lait. Sous l'effort, vos muscles produisent de l'acide lactique qui peut donner mal au ventre au bébé. Par conséquent, laissez passer une heure entre gymnastique et tétée.

Quand Maria m'a contactée, son fils avait trois semaines. « Je ne sais plus à quel saint me vouer, il mange presque toutes les heures ! » Le pédiatre lui disait de ne pas s'inquiéter, que Justin grossissait – lentement certes, mais il prenait du poids. Qu'il réclame aussi souvent à manger ne semblait pas tracasser le médecin. Évidemment, ce n'était pas lui qui donnait le sein ! J'ai conseillé à Maria de ne plus changer de sein pendant la tétée. Las, son corps avait déjà pris le pli de l'alternance. Nous avons dû procéder par étapes pour éviter que le sein non tété ne soit douloureux ou ne s'engorge : cinq minutes sur un sein, la suite du repas sur l'autre (*cf.* « Guide des problèmes de l'allaitement », p. 140). En répétant la chose à chaque tétée pendant trois jours, nous avons adressé au cerveau de Maria le message que nous n'avions besoin que d'un sein à chaque tétée. Résultat : le lait du sein non tété s'est résorbé pour réapparaître à la tétée suivante, trois heures plus tard. Au quatrième jour, Maria n'allaitait plus que d'un seul côté.

Ne soyez pas obnubilée par le temps passé. La tétée n'est jamais une question de grammes ou de minutes. Ce qui compte, c'est que vous preniez conscience de vous-même et de votre enfant. Les bébés au sein mangent d'ordinaire un peu plus souvent que ceux nourris au lait de substitution, parce que le lait maternel se digère plus vite. Pour un bébé au sein de deux ou trois mois, il faut trois heures pour digérer une tétée de quarante minutes. À moins de tirer son lait et de le peser (ce dont je parlerai plus loin), il est difficile de savoir exactement quelle quantité absorbe le bébé. La durée d'une tétée est, elle aussi, source d'inquiétude pour bien des mamans. Je vous déconseille de garder l'œil rivé sur la pendule. Dites-vous qu'en se développant les bébés mangent plus vite et davantage. Reportez-vous à l'encadré ci-dessous pour savoir combien de grammes en moyenne un bébé absorbe et en combien de temps.

Durée de la tétée et quantités absorbées

Selon l'âge du nourrisson, les quantités absorbées par tétée sont grosso modo les suivantes :

4-8 semaines	55-140 grammes	environ 40 minutes
8-12 semaines	110-170 grammes	environ 30 minutes
3-6 mois	140-225 grammes	environ 20 minutes

Voici un petit truc : si vous craignez de manquer de lait, faites-vous un étalon. Une seule fois dans la journée, deux ou trois jours de suite, tirez votre lait pendant un bon quart d'heure, juste avant une tétée. Pesez la quantité obtenue. Sachant qu'en tétant un bébé avale au moins trente grammes de plus, vous aurez une idée de la quantité de lait produite par votre sein.

Mon conseil : après avoir allaité, essuyez toujours vos mamelons avec un gant de toilette propre. Un résidu de lait risque de favoriser la prolifération des bactéries et de vous causer une mycose, qui passera de votre sein à la bouche de Bébé. N'utilisez jamais de savon, ça dessèche les mamelons.

Revendiquez le droit d'allaiter votre enfant comme bon vous semble. Ici, en Amérique, la presque totalité des gens vous conseillera d'alterner les seins pendant la tétée. À vous de décider, mais ne changez pas d'avis sans cesse.

Conseil à l'usage des papas : quand votre compagne allaite pour la première fois, faites l'apprentissage en même temps qu'elle. Soyez vigilant mais, pitié ! point trop n'en faut. Sous prétexte de l'aider, évitez des commentaires du genre : « Super, la fille, tu y es, accroche-toi !... Oh non, il a encore dérapé !... Ouais, ouais... c'est reparti ! Un vrai champion, ce p'tit gars... Zut ! j'ai parlé trop vite... Qu'est-ce qu'il a à glisser comme ça ! Redresse-le, je te dis, sinon comment veux-tu qu'il mette un panier... Ouais, c'est ça... Bien... Non, il n'est pas bien droit ! » Mettez-vous à la place de la maman. Elle a besoin d'affection, pas d'un arbitre qui compte les points. C'est déjà assez dur d'apprendre à allaiter sans se sentir jugée par-dessus le marché.

Trouvez un mentor. Jadis, c'est la mère qui enseignait la technique à sa fille. Mais avec l'arrivée des laits industriels dans les années 40 et leur popularité croissante tout au long des années 60, une génération entière de mamans a abandonné le sein pour le biberon. En conséquence, peu nombreuses sont les jeunes mamans aujourd'hui à pouvoir interroger leurs mères. Plus attristant encore, les conseils prodigués à l'hôpital sont les trois quarts du temps contradictoires. L'infirmière de jour dit une chose, celle de nuit une autre. Comment voulez-vous qu'une maman ne s'inquiète pas ? Du coup, sa production de lait s'en ressent, et aussi sa capacité à donner le sein. Pour y remédier, j'ai fondé dans le cadre de mes groupes de soutien des sections à l'intention des mamans qui allaitent. Pour surmonter les obstacles, rien ne vaut les conseils d'une mère qui vient de passer par là. Si vous n'avez personne vers qui vous tourner, trouvez près de chez vous une assistante maternelle capable de vous conseiller préventivement et de répondre à vos appels, en cas de besoin.

Mon conseil : ne sacrez pas mentor n'importe qui. Choisissez quelqu'un qui ait de la patience, de l'humour et soit favorable à l'allaitement. Sinon, vous risquez d'être terrifiée comme cette pauvre Gretchen à qui une amie avait dit que son bébé avait avalé son mamelon *(sic)*.

Tenez le journal de vos tétées. Passé les premiers jours d'adaptation à l'allaitement unilatéral, je suggère aux mamans de tenir le journal précis des tétées, en indiquant l'heure, la durée, le sein utilisé, etc. J'ai reproduit ci-dessous la feuille que je leur remets. Adaptez-la, au besoin. Sur celle-ci, j'ai rempli moi-même les deux premières lignes à titre d'exemple.

Observez la règle des 40 jours. Pas de panique, si vous n'attrapez pas le coup dans l'instant ! Je sais bien que tout le monde – et Papa le premier – voudrait que ça marche tout de suite. Tant pis ! Donnez-vous quarante jours de cafouillage, au bout de ces six semaines votre période de post-partum touchera à sa fin (*cf.* chapitre 7). Il faut souvent tout ce temps, parfois davantage, pour donner le sein correctement et faire de cette activité un moment de détente. D'ailleurs, on peut rencontrer des problèmes, même avec un bébé qui prend bien le sein. Par conséquent, allez-y *piano* – pour vous, comme pour Bébé. Accordez-vous le droit à l'erreur et, surtout, persévérez ! (Le petit tableau p. 139 devrait vous rassurer.)

Mon conseil : ce n'est pas le moment de vous mettre à la diète. Les calories absorbées tout au long de la journée ne vous sont

Le tire-lait

Cela n'a pas pour but de remplacer l'allaitement, mais de le compléter, d'enrichir l'expérience. Cela permet d'éviter les problèmes d'engorgement (*cf.* p. 140) et de nourrir le bébé avec le lait de la maman, même en son absence. Surtout, faites-vous montrer le fonctionnement de l'appareil par un spécialiste.

Quel type d'appareil choisir ? Si vous avez un bébé prématuré, prenez un appareil électrique ; mais si c'est pour un usage occasionnel, une pompe à main ou à pied suffira. Dans tous les cas, apprenez à tirer votre lait manuellement, en prévision des coupures d'électricité.

Acheter ou louer ? Si vous comptez reprendre votre travail et nourrir votre enfant une année entière, mieux vaut acheter l'appareil ; si vous n'avez pas l'intention d'allaiter plus de six mois, louez-le. Les tire-lait de location sont échangés en cas de mauvais fonctionnement. Ils peuvent être utilisés par plusieurs mamans, à condition que chacune ait en propre ses accessoires. Cela dit, si vous achetez le vôtre, mieux vaut être seule à l'utiliser.

Quel modèle choisir ? En priorité, un tire-lait à vitesse et puissance réglables. Éviter ceux qui requièrent de placer le doigt sur le tuyau pour réguler la pompe ; ils ne sont pas très fiables.

Quand l'utiliser ? Sachant qu'il faut en général une heure pour que le lait retrouve son niveau après une tétée, tirez votre lait deux jours de suite dix minutes après la tétée, cela augmentera la production. Quand vous aurez repris votre travail, si vous ne pouvez le faire à l'heure où vous avez l'habitude d'allaiter, tâchez de le tirer toujours à la même heure – par exemple, un quart d'heure pendant la pause déjeuner.

Où tirer votre lait ? Jamais aux toilettes, c'est antihygiénique. Dans votre bureau si vous pouvez vous isoler. Une de mes mamans m'a dit qu'à son travail, il existait une pièce très propre réservée à cet usage et appelée « salle de pompage ».

pas uniquement destinées : ne mettez pas Bébé au régime ! Ayez une alimentation saine et équilibrée, riche en protéines et en hydrates de carbone complexes. Et comme Bébé tire sur vos réserves, n'oubliez pas de boire seize verres d'eau par jour au minimum, soit le double de ce qui est recommandé en temps ordinaire.

Conservation du lait maternel

Je me souviens d'une maman effondrée parce que ses trois litres de lait maternel avaient décongelé à la suite d'une panne de courant. Ahurie, je lui ai demandé : « C'était pour remporter le record du monde que vous en stockiez autant ? » Tirer son lait et le conserver est une excellente idée. Mais gardez le sens de la mesure ! Et rappelez-vous que :

• Le lait doit être mis au réfrigérateur aussitôt tiré, et ne pas être conservé plus de soixante-douze heures.

• Au congélateur, il peut se garder six mois. Mais à quoi bon, puisque, d'ici là, les besoins nutritifs de Bébé ne seront plus les mêmes ? Le miracle du lait maternel, c'est que sa composition évolue à mesure que l'enfant grandit. Par conséquent, ne stockez pas plus de douze sacs de cent dix grammes (et retournez-les une fois par mois). Ainsi, vous serez sûre que les calories contenues dans le produit surgelé correspondent aux besoins de votre petit. Utilisez le lait le plus ancien en premier.

• Le lait maternel peut être conservé dans des biberons stérilisés ou des sacs en plastique spécifiquement destinés à cet usage, car les produits chimiques entrant dans la composition du plastique des sachets ordinaires peuvent contaminer le lait. Que vous optiez pour le biberon ou le sachet, inscrivez toujours la date et l'heure où vous avez tiré votre lait. Pour éviter le gaspillage, ne conservez pas le lait dans des récipients d'une contenance supérieure à cent dix grammes.

• Le lait maternel est une sécrétion humaine. N'oubliez pas de vous laver les mains, et réduisez les manipulations !

• Autant que possible, tirez le lait directement dans le contenant dans lequel vous le conserverez.

• Décongelez le lait maternel en plaçant le récipient fermé dans une cuvette d'eau chaude pendant une demi-heure environ. Ne jamais le décongeler au micro-onde, cela décomposerait la protéine du lait. Secouez bien le récipient pour mélanger la graisse qui a pu remonter à la surface pendant la décongélation. De préférence, utilisez le lait décongelé immédiatement. Ne le conservez en aucun cas plus de vingt-quatre heures au réfrigérateur. Il est possible de mélanger lait décongelé et lait frais, mais ne le recongelez jamais.

Heure	Sein D/G	Durée (mn)	Déglutition audible	Nombre de changes depuis la dernière tétée		Nombre de biberons supplémentaires		Lait tiré		Commentaires
				Urine	Selles (couleur)	Eau	Lait	Quantité	Heure	
6 h	D	35	Oui	1	1 jaune très mou	0	0			Énervé après la tétée
8 h 15	G	30	Oui	1	0	0	0			S'endormait pendant la tétée

Guide des problèmes d'allaitement		
Problème	**Symptômes**	**Traitement**
Engorgement Il peut s'agir de lait mais, le plus souvent, c'est un excédent de sang, de lymphe ou d'eau, stagnant dans les extrémités Plus fréquent après une césarienne	Seins durs, chauds et gonflés Éventuellement fièvre, grelottements et suées nocturnes comme dans la grippe Mamelons parfois douloureux, si votre état empêche Bébé de prendre le sein correctement	Envelopper les seins dans une couche de tissu chaude et humide. Toutes les deux heures, juste avant la tétée, faire cinq fois des mouvements de bras comme si vous lanciez un ballon, et des rotations des bras et des chevilles Consulter un médecin s'il n'y a pas d'amélioration dans les vingt-quatre heures
Canal lactifère bouché Un caillot, de la consistance du fromage blanc, s'est formé dans le canal, empêchant l'écoulement du lait	Petite boule localisée, sensible au toucher Risque de mastite si elle n'est pas traitée	Appliquer de la chaleur sur l'endroit et masser en petits cercles en allant vers le mamelon
Mamelons douloureux	Craquelures, gerçures, sensibilité, rougeur À l'état chronique, boursouflures, brûlures, saignements, douleur pendant et entre les tétées	Ce malaise, normal les premiers jours, devrait disparaître quand Bébé tète plus régulièrement. S'il persiste, c'est que le bébé ne prend pas bien le sein. Consulter une puéricultrice

Problème	Symptômes	Traitement
Excédent d'ocytocine Hormone dite « de l'amour », libérée pendant l'orgasme	Somnolence pendant l'allaitement	Pas de véritable traitement préventif. Se reposer davantage entre les tétées
Maux de tête Dus à l'ocytocine et à la prolactine, libérées par la glande pituitaire	Pendant ou juste après la tétée	Consulter un médecin si le malaise persiste
Boutons, démangeaisons Réaction allergique à l'ocytocine	Irruption couvrant tout le corps, comme de l'urticaire	Consulter un médecin qui prescrira un traitement antihistaminique
Infection de levure	Douleurs aux seins, sensation de brûlure. Parfois, Bébé a lui aussi des boutons et des rougeurs sur les fesses	Consulter un médecin. Un traitement est peut-être nécessaire pour Maman et Bébé Ne pas utiliser sur vos seins la crème pour les fesses du bébé, cela gênerait le débit
Mastite Inflammation de la glande mammaire	Seins chauds, traversés par une ligne rouge vif de tracé inégal Symptômes grippaux	Consultez un médecin sans attendre

La tétée, un dilemme pour les mamans
Faim, besoin de succion ou poussée de croissance ?

Il est important de rappeler que les nouveau-nés ont un besoin physique de téter d'environ seize heures sur vingt-quatre. Plus que les autres, les mamans qui allaitent ont tendance à prendre ce besoin de succion pour de la faim, ne sachant pas décrypter le petit lèchement de lèvres. Rappelez-vous que lorsque Bébé a faim, il sort aussi sa langue (*cf.* chapitre 3, p. 111, la gestuelle indiquant « l'enracinement » du besoin). Prenons Dale, dont l'histoire est caractéristique. Quand elle m'a demandé conseil, voici ce qu'elle m'a décrit : « On dirait que Troy a faim à toute heure du jour. Pourtant, quand il pleure et que je le mets au sein, il s'endort au bout de trois minutes. Je le réveille, bien sûr, mais j'ai toujours peur qu'il n'ait pas assez mangé. » Je connaissais Troy : quatre kilos et demi à trois semaines. Difficile de le considérer comme étant sous-alimenté. *A priori*, sa maman ne réfléchissait pas au fait qu'il venait de manger une heure auparavant. Elle le titillait et le frottait, étonnée qu'il n'avale pas plus de quatre ou cinq gorgées. Le problème, c'est qu'au moment où elle l'écartait enfin de son sein, vingt ou trente minutes s'étaient écoulées. Selon toute vraisemblance, Troy en était déjà à la seconde phase du cycle du sommeil et abordait l'étape dite du sommeil paradoxal (*cf.* chapitre 6, p. 221). Du coup, il se réveillait. Perturbé, il réclamait à téter. Et la maman de se rasseoir et de le remettre au sein. Un cercle infernal, alors que le petit voulait seulement *se tranquilliser, et non satisfaire une fringale subite.*

Le problème, ici, c'est que, sans le vouloir, Dale avait habitué Troy à prendre des en-cas au lieu de véritables repas. La bataille qu'elle menait à présent était perdue d'avance. Prenez un jeune enfant : vous ne le bourrez pas de biscuits en permanence, vous savez que, s'il grignote entre les repas, il n'aura plus faim à table. Il en va de même avec les tout-petits. Aucun bébé au monde ne peut avaler tout un repas s'il a mangé une heure ou une heure et demie auparavant. La chose est moins fréquente avec les bébés-biberon, car la maman voit exactement combien de grammes l'enfant a absorbés. Sachez qu'en respectant un intervalle de trois heures entre les tétées, un bébé au sein recevra un repas adapté à ses besoins. En outre, vous n'aurez probablement pas à le réveiller pendant la tétée, car il aura eu aussi son content de sommeil.

Avant tout, du bon sens

Quand je parle de structure, je ne dis pas que vous deviez laisser Bébé hurler sous prétexte que deux heures à peine se sont écoulées depuis la dernière tétée. Je dis seulement qu'avec une alimentation adaptée et dispensée à intervalles réguliers, Bébé mangera mieux et que ses intestins fonctionneront plus régulièrement.

Inutile pour autant de proscrire toute tétée supplémentaire. Votre bébé peut en avoir besoin s'il passe par une poussée de croissance. Je déteste voir un bébé malheureux pour la simple raison que ses parents ont institué un système alimentaire sans se demander s'ils pourraient le tenir dans le temps. Ce sont ces parents-là qui créent les mauvaises habitudes ; le tout-petit, lui, n'y est pour rien. Alors, usez de bon sens dès le départ, cela vous évitera de traumatiser Bébé plus tard.

Abordons maintenant les poussées de croissance, autre cas susceptible d'inquiéter une maman qui allaite. Je vous donne un exemple : Bébé est nourri régulièrement – toutes les deux heures et demie trois heures – et voilà que, de but en blanc, il semble mourir de faim – au point de passer la journée à téter si on le laissait faire. C'est le signe d'une poussée de croissance. Ces périodes de fringale se produisent en gros toutes les trois ou quatre semaines et peuvent se prolonger un jour ou deux. Pas plus de quarante-huit heures en tout cas, vous le verrez si vous y prêtez attention. Ensuite, tout revient dans l'ordre, et la routine EASY reprend ses droits.

En voyant votre enfant subitement affamé, n'allez surtout pas imaginer que vous avez une baisse de lait, pour ne pas dire un tarissement irréversible ! Tout simplement, votre bébé se développe. Ses besoins ont changé et son désir de téter plus souvent est le moyen choisi par dame Nature pour adresser à votre corps le message d'activer la production. Miraculeusement, chez une maman en bonne santé, le corps fabrique derechef la quantité

Petits aléas de l'allaitement		
Problème	Cause	Solution
Bébé se met à gigoter pendant la tétée	Cela peut signifier qu'il est en train de faire popo : les bébés de moins de quatre mois ne peuvent pas téter et pousser en même temps	Retirez-le du sein, étendez-le sur vos genoux, laissez-le pousser et reprenez la tétée
Bébé s'endort au milieu de la tétée	Ou bien il reçoit une trop forte dose d'ocytocine (*cf.* l'encadré p. 132)	Pour réveiller un bébé *cf.* mon conseil p. 125
	Ou bien il n'a pas vraiment faim, car il prend des « en-cas »	Votre bébé suit-il une routine adaptée ? Si ce n'est déjà le cas, instaurez l'horaire EASY
Bébé tète par intermittence	Si c'est fréquent, c'est peut-être signe que vous avez un débit lent : Bébé s'impatiente	« Amorcez la pompe » à l'aide d'un tire-lait (*cf.* p. 137)
	S'il remonte aussi ses jambes, il a peut-être des gaz	Gaz : (*cf.* p. 314) Retirez-le du sein
	Peut-être aussi n'a-t-il pas faim	
Bébé oublie comment téter	Soit : absence de concentration. C'est plus fréquent chez les garçons	Mettez votre petit doigt dans sa bouche pour le recentrer
	Soit : fringale	Si vous avez un débit lent, « amorcez la pompe »

nécessaire. Si vous aviez nourri votre enfant au lait de substitution, vous n'auriez qu'à lui donner un petit « rab ». Pareil pour la maman qui allaite. Si elle pratique l'allaitement unilatéral, elle n'a rien d'autre à faire que de changer de sein quand Bébé a bu tout le lait du premier (ce qui se produit d'habitude quand il pèse dans les six kilos).

Si c'est *seulement la nuit* que Bébé semble affamé, la cause n'en est probablement pas une poussée de croissance, mais plutôt une carence en calories. Par conséquent, adaptez la routine aux nouveaux besoins de l'enfant. C'est peut-être le moment de passer aux « tétées en chapelet » (*cf.* chapitre 6, p. 219).

Mon conseil : quand Bébé vous semble surtout affamé la nuit, tirez votre lait tôt le matin (après une bonne nuit de repos, il est plus riche en lipides) et conservez-le pour la dernière tétée avant la nuit. Cela procurera à Bébé le supplément de calories dont il a besoin et vous donnera un peu de répit, à vous et à votre conjoint. Et puis, cela musellera la voix dans votre tête qui vous rabâche sans cesse : « Est-ce que je fabrique assez de lait pour mon bébé ? »

L'alimentation au lait de substitution : caractéristiques générales

Qu'importent vos raisons, vous avez choisi de nourrir votre enfant au lait de substitution. *C'est votre droit le plus strict, ne vous laissez pas faire.* Bérénice, qui avait littéralement tout lu sur le sujet, y compris des rapports médicaux complexes, m'a avoué : « Sans mon caractère, je serais morte de honte. Et pourtant, je savais des choses sur l'alimentation au lait industriel que même des infirmières chevronnées ignoraient. C'est pour ça qu'elles ont fini par me ficher la paix. Vous voulez que je vous dise : je plains les femmes qui ne savent pas se défendre. » Les faits sont toujours le meilleur atout, mais si vous ne les connaissez pas – et rien ne vous y oblige –, ça n'a aucune importance.

Lisez la composition avant de choisir un lait. Il y en a de toutes sortes et ils sont tous testés soigneusement avant d'être homologués et mis sur le marché. En gros, les laits sont fabriqués à partir de lait de vache ou de lait de soja. Personnellement, je préfère ceux à base de lait de vache, bien que ceux au soja soient eux aussi enrichis en vitamines, fer et autres éléments nutritifs. La différence, c'est que la graisse présente dans la formule au lait de vache est d'origine animale, alors qu'elle est végétale dans la formule au soja. Les protéines animales et la lactose causeraient, dit-on, des coliques et certaines allergies. Toutefois comme la preuve absolue n'a pas été faite que le soja évitait ces problèmes, je conseille d'essayer d'abord une formule à base de lait de vache hypoallergénique car elle contient des éléments qu'on ne trouve pas dans celles à base de soja. Quant aux boutons et aux gaz censés être le lot des bébés nourris au lait de substitution, sachez que les bébés nourris au sein n'en sont pas protégés. De toute façon, ce ne sont pas généralement des symptômes dangereux, comme peuvent l'être vomissements ou diarrhée.

Conservation du lait de substitution

Vendu sous forme de poudre, de concentré ou de solution toute prête (très commode), le lait de substitution porte la date de fabrication. Boîtes et canettes peuvent être conservées jusqu'à la date limite d'utilisation, *à condition de ne pas avoir été ouvertes.* Une fois dans le biberon, aucun lait ne doit être conservé plus de vingt-quatre heures. Il est généralement décommandé de congeler le produit. À l'instar du lait maternel, ne le réchauffez jamais au micro-onde. Si cela n'interfère pas sur sa composition, en revanche la chaleur se propage de façon inégale et Bébé pourrait se brûler. Ne réutilisez jamais un biberon entamé. Pour éviter le gaspillage, ne préparez que des biberons de soixante et cent vingt grammes, tant que Bébé n'a pas démontré un plus gros appétit.

Choisissez la tétine qui se rapproche le plus de vos mamelons. Vous en trouverez de toutes les formes et de toutes les tailles sur le marché – aplaties, allongées, courtes, en forme de bulbe –, ainsi que les biberons coordonnés. Pour ma part, je recommande toujours l'emploi des biberons Haberman pour les nouveau-nés. Pourvus d'une valve, ils obligent le nourrisson à téter avec force, comme s'il était au sein. Même si certaines tétines permettent de réguler le débit, seul le biberon Haberman oblige le bébé à aspirer pour avoir du lait et donc à déterminer lui-même la vitesse d'écoulement. Évidemment, il coûte plus cher que les autres modèles, mais c'est le seul où le lait ne passe pas dans la tétine sous l'effet de la gravité (*cf.* l'encadré « Confusion téton-tétine », p. 149). En règle générale, je conseille d'utiliser un Haberman jusqu'à ce que le bébé ait trois ou quatre semaines, puis de changer pour une tétine à débit lent, le deuxième mois. Dès le troisième mois, préférez une tétine deuxième âge, et, du quatrième mois au sevrage, une tétine à débit variable. Si vous prévoyez de combiner le biberon et le sein, veillez à choisir des tétines qui ressemblent le plus possible à vos mamelons.

Irène, qui allaitait et projetait de reprendre son travail, avait essayé huit sortes de tétines, sa petite Dora n'en acceptait aucune. « Elle s'étrangle ou la fait rouler dans sa bouche, se lamentait Irène, c'est un cauchemar à chaque tétée. » Cauchemar qui devait certainement se transformer en hantise, compte tenu qu'il y a en gros huit biberons par jour. Aussi lui ai-je demandé : « Avant d'aller en acheter de nouvelles, laissez-moi jeter un coup d'œil à vos seins, si vous voulez bien. » Nous avons choisi la tétine qui ressemblait le plus au téton d'Irène. Les choses n'ont pas changé comme par enchantement du jour au lendemain, bien sûr, mais il y a eu un progrès notable.

Quand vous achetez les biberons, choisissez de préférence ceux à pas de vis universel, de façon à pouvoir utiliser les tétines sur toutes les bouteilles. Ne vous laissez pas abuser par la pub qui accompagne certains modèles, jolis et attirants, du genre : « Fantastique ! Identique au sein de la mère ! », « La pente naturelle, celle de votre sein ! », « Empêche la formation des gaz ». Voyez ce qui convient le mieux à *votre* bébé.

Soyez particulièrement douce lors du premier biberon. La première fois que vous donnez le biberon à Bébé, commencez par caresser ses lèvres avec la tétine et attendez qu'il les ouvre pour l'introduire. N'enfoncez *jamais* la tétine de force dans la bouche de votre enfant.

Doses à administrer

Contrairement au lait maternel, qui évolue selon les besoins de l'enfant, la composition du lait de substitution ne varie pas.

1 jour à 3 semaines	85 g	toutes les 3 heures
3 à 6 semaines	110 g	toutes les 3 heures
6 à 12 semaines	110-170 g	toutes les 4 heures
	(pour atteindre un plateau de 170 g vers 3 mois)	
3-6 mois	170-225 g	toutes les 4 heures
		(en progression constante)

Ne comparez pas le régime de votre bébé avec celui d'un bébé nourri au sein. Comme le lait de substitution se digère plus lentement que le lait maternel, un bébé-biberon peut souvent attendre jusqu'à quatre heures entre les repas.

La voie du milieu : sein plus biberon

Si je n'ai pas d'idée préconçue quant à la supériorité du sein ou du biberon, je considère néanmoins qu'un peu de lait maternel vaut mieux que pas du tout. Je le dis toujours aux parents. Des mamans s'étonnent, surtout si elles ont consulté des médecins ou des organismes adeptes de l'allaitement, lesquels aiment à poser le problème en termes de tout ou rien.

« C'est vraiment possible de combiner les deux ? » me demandent-elles. À quoi je réponds avec force :

« Bien sûr ! »

Et j'ajoute qu'un bébé peut aussi bien être nourri au sein et au lait industriel qu'au sein et au biberon de lait maternel.

Certaines mères sont dès le départ sûres à cent pour cent de leur choix, comme Bérénice, la maman qui avait remué ciel et terre pour réunir le maximum d'informations et s'était à ce point convaincue des bienfaits du lait de substitution qu'elle demanda à son obstétricien de lui faire des piqûres d'hormone pour enrayer la montée de lait. À titre de contre-exemple, je citerai Margaret, qui au contraire opta pour le lait maternel. Mais qu'en est-il des mamans indécises ? Certaines, faute d'avoir assez de lait au début, sont *obligées* de combiner les deux méthodes. D'autres le font délibérément, pour ne pas se limiter dès le départ. D'autres encore changent de régime en cours de route. Parmi ces mamans-là, la majorité a commencé par allaiter et a ajouté le lait de substitution en cours de route. Mais, croyez-le ou non, j'en connais qui font l'inverse.

S'il est relativement facile de changer le régime d'un bébé avant l'âge de trois semaines – de le mettre au biberon s'il était au sein et vice versa ou de combiner les deux modes alimentaires – après, le changement peut s'avérer bien plus ardu, pour la mère comme pour l'enfant (reportez-vous plus loin à l'encadré « Comment passer du sein au biberon », p. 154). Si vous hésitez un tant soit peu, lisez l'encadré ci-dessous et prenez-en de la graine. Plus tôt vous agirez, mieux cela vaudra !

Confusion téton-tétine : un mythe

On a beaucoup décrié l'alimentation combinée en s'appuyant sur une prétendue « confusion téton-tétine ». À mon sens, si quelque chose perturbe l'enfant, c'est le débit du lait. Le problème est facile à régler dès lors que l'on sait que téter un sein ou une tétine ne fait pas intervenir les mêmes muscles de la langue. Un bébé au sein peut réguler le débit en accélérant ou en freinant la succion, alors qu'au biberon il doit faire face à un écoulement constant, soumis à la loi de la pesanteur et non à la sienne. Si Bébé s'étrangle en buvant au biberon, utilisez un biberon Haberman qui nécessite une plus grande force de sa part.

Voyons maintenant quelques exemples de mamans ayant opté pour l'alimentation combinée.

Carrie : par obligation. Si la maman a subi une césarienne, il est probable qu'elle ne pourra pas donner à son enfant le lait dont il a besoin dans les premiers jours de sa vie. En effet, le traitement à base de morphine souvent administré après l'opération a un effet « bloquant » et le lait ne s'écoule pas. Or la mère n'en a pas nécessairement conscience et il peut se produire des cas de déshydratation et de malnutrition sévères, allant jusqu'au décès de l'enfant. Oui, le bébé tétait bien, mais rien ne sortait du sein et la mère ne s'en doutait pas ! C'est l'une des raisons pour lesquelles il est si important de vérifier les couches de Bébé – pour s'assurer qu'il urine et va bien à la selle – et aussi de le peser une fois par semaine (*cf.* p. 127).

Autre problème, la montée de lait. Elle peut prendre jusqu'à une semaine pour se mettre en place, et cela, bien des mamans l'ignorent malheureusement : Bébé prend le sein correctement mais Maman n'a pas de lait. À l'hôpital, quand l'infirmière dit qu'il faut donner à l'enfant des biberons supplémentaires de lait ou de l'eau additionnée de glucose, la mère s'écrie souvent : « J'interdis que mon bébé avale une goutte de lait qui ne soit pas le mien ! » Peut-être est-ce parce qu'elle a entendu dire quelque part que ça allait « gâter » son lait à elle. Pourtant, jolie maman, il faudra bien que vous en passiez par là si vous manquez de lait !

Pour ma part, je conseille toujours aux mamans de mettre leur bébé au sein quoi qu'il arrive, car téter active les sinus lactifères, ce que ne font pas les tire-lait. En effet, le tire-lait ne fait que vider les alvéoles contenant le lait, alors que l'excitation produite par le bébé en tétant adresse au cerveau de la mère l'ordre de produire du lait. La mère doit donc nourrir son bébé au lait de substitution, et tirer son lait toutes les deux heures pour amorcer le flot. Carrie, par exemple, qui avait eu des jumeaux par césarienne, n'a pas eu une goutte de lait pendant les trois premiers jours. Comme ses garçons avaient un taux de glucose trop bas, on leur a donné des biberons de trente grammes. Ce qui n'a pas empêché leur maman de les mettre au sein toutes les deux heures pendant vingt minutes.

Immédiatement après la tétée, Carrie tirait son lait et elle renouvelait l'opération une heure plus tard. Au quatrième jour, le lait a commencé à arriver. On a pu réduire à quinze grammes la quantité de lait de substitution donnée aux jumeaux. Mais ce genre de régime est épuisant pour la mère. On ne s'étonnera pas qu'à la fin du deuxième jour, Carrie ait littéralement jeté le tire-lait à travers la chambre. Le papa et moi sommes sortis pour lui laisser le temps de se calmer. Et puis la vie a repris son cours. Le cinquième jour, les jumeaux étaient entièrement au sein.

Freda : par choix personnel. Comme je l'ai mentionné plus haut, il arrive que des mamans, pour des raisons souvent liées à leur poitrine, refusent de donner le sein tout en reconnaissant les bienfaits du lait maternel. Freda, par exemple, n'a allaité son bébé que les premiers jours, afin d'amorcer le débit. Ensuite, elle a tiré son lait jusqu'à ce que son bébé ait environ un mois, stade auquel son lait a commencé à tarir, semble-t-il. Je connais également une mère porteuse qui tire son lait et l'envoie, sous forme congelée, à la mère adoptive par Federal Express. Dans ces deux cas, la seule utilisation du tire-lait n'a pas suffi à maintenir la production de lait plus de cinq semaines.

Kathryn : par souci d'harmonie familiale. Enceinte, Kathryn avait décidé d'allaiter Steven, comme elle l'avait fait pour Shannon, sept ans, et Erica, cinq ans. À la naissance, le petit garçon n'a eu aucune difficulté à prendre le sein et Kathryn était ravie. Mais, de retour à la maison, elle s'est vite retrouvée débordée. Pas une seconde dans la journée pour donner tranquillement la tétée. À contre cœur, elle a mis son nouveau-né au lait de substitution. Environ deux semaines plus tard, elle m'a appelée, attristée de ne pas éprouver avec Steven la proximité qu'elle avait connue avec ses sœurs. Elle aurait bien voulu recommencer à l'allaiter, mais voilà : d'un côté, tout le monde lui disait que c'était trop tard ; de l'autre, elle craignait de mettre en péril un équilibre familial difficilement rétabli. Bref, j'étais son dernier ressort.

« L'idéal, m'a-t-elle confié, ce serait de le nourrir deux fois par jour, le matin au réveil, et puis à déjeuner, quand ses sœurs sont encore à l'école. » Je lui ai expliqué que les seins étaient des miracles de la nature. Ils allaient produire exactement la quantité de lait nécessaire pour ses deux tétées. Il fallait seulement déclencher la relactation, inciter les glandes mammaires à reprendre la production. Kathryn a « amorcé la pompe » en mettant Steven au sein deux fois par jour et en tirant son lait six fois. Au début, elle a dû compléter l'alimentation du bébé, car il ne prenait pas assez au sein. Au cinquième jour, Steven a eu l'air plus content après la tétée. En utilisant le tire-lait, Kathryn a pu se convaincre que son lait était revenu. Bientôt, elle n'a plus eu besoin de l'appareil. Elle était au comble de la joie : elle avait enfin avec son garçon ce contact intime tant désiré, et d'une façon qui ne compromettait pas l'harmonie du reste de la famille.

Vera : parce qu'elle reprend son travail. Quand une femme veut recommencer à travailler, elle n'a que deux solutions : soit tirer son lait et le conserver ; soit nourrir Bébé au lait de substitution. Certaines mères attendent jusqu'à la semaine précédant leur retour au travail pour introduire le lait de substitution dans le régime de leur enfant, en remplacement d'une ou deux tétées par jour. Si le bébé n'a jamais bu au biberon, mieux vaut commencer la transition plus tôt – trois semaines avant la date. Vera, par exemple, qui était secrétaire dans un grand complexe industriel et devait absolument reprendre son travail, a décidé d'allaiter son bébé le matin et le soir, au retour du travail, et de le nourrir au biberon le reste du temps. Sa petite fille était déjà au biberon et son mari se chargeait toujours de donner celui de la nuit.

Des scénarios semblables peuvent se mettre en place lorsqu'une mère voyage beaucoup ou bien veut se ménager des plages de temps plus importantes (par exemple, si elle est peintre ou écrivain et travaille chez elle). Elle tire alors son lait pour que quelqu'un d'autre nourrisse le bébé pendant qu'elle est occupée.

Jan : pour des raisons médicales. Il est fréquent qu'une mère soit obligée de ne plus allaiter pour des raisons médicales ou chirurgicales. Dans ces cas-là, l'Organisation mondiale de la santé conseille de s'adresser à des mamans qui allaitent. Eh bien, laissez-moi vous dire qu'en Amérique cela relève du parcours du combattant ! Ce fut le cas de Jan. Apprenant qu'elle devait subir une intervention chirurgicale qui la garderait trois jours au plus éloignée de chez elle, elle m'a demandé de l'aider à trouver du lait maternel pour son bébé âgé d'un mois à peine. J'ai personnellement contacté trente-six mamans que je connaissais bien avant d'en trouver une qui accepte de donner un petit peu de son lait.

Deux cent vingt-cinq grammes, pas davantage ! À croire que j'exigeais de ces mères qu'elles me livrent toutes leurs économies plus celles de leur grand-mère ! Par chance, Jan a réussi à tirer elle-même une bonne quantité de lait, mais il a quand même fallu donner à son bébé du lait de substitution. Et je vous prie de croire que je ne l'ai pas fait pour prouver au monde que l'alimentation combinée est une méthode viable.

Mon conseil : qu'elle nourrisse son bébé au sein ou au biberon, la fatigue est le pire ennemi d'une maman qui travaille. Un bon truc consiste à ne pas reprendre son métier un lundi, mais en milieu de semaine.

Tétine ou pas tétine – la question que toute mère se pose

L'habitude d'apaiser les nourrissons en leur mettant dans la bouche des chiffons ou des taquets de porcelaine remonte à des siècles. La raison en est que la bouche est à peu près la seule partie de son corps qu'un nouveau-né sache contrôler. Téter lui permet de satisfaire tout seul son besoin de stimulation.

Par conséquent, ne diabolisons pas les tétines. La polémique dont elles sont l'objet vient en partie de l'abus qui en a été fait. Utilisée à mauvais escient, la sucette devient pour le nourrisson un « accessoire » – à savoir un objet sans lequel il ne peut plus trouver l'apaisement –, et pour les parents le moyen de museler leur enfant, c'est-à-dire de se boucher les oreilles au lieu d'apprendre à ne pas réagir au quart de tour dès qu'il ouvre le bec.

Pour ma part, j'aime bien employer la tétine pendant les trois premiers mois afin de procurer au tout-petit le temps de succion dont il a besoin, pour l'aider à s'apaiser avant de s'endormir – qu'il s'agisse de la nuit ou de la sieste – et pour l'habituer à sauter la tétée de la nuit (se reporter au chapitre 6, p. 212-215, pour découvrir comment procéder). Vers l'âge de quatre mois, les bébés ont un meilleur contrôle de leurs mains et peuvent se calmer tout seuls, en suçant leurs doigts ou leur pouce.

Comment passer du sein au biberon

Les trois premières semaines, les bébés passent aisément du sein au biberon et vice versa. Après, c'est plus difficile. Au début, un bébé allaité hésite parfois à prendre le biberon parce qu'il n'a jamais connu en bouche d'autre contact que le sein. Il fait rouler la tétine dans sa bouche, ne tète pas ou ne serre pas assez les lèvres. De même, un bébé-biberon peut ne pas apprécier la sensation du sein.

Il arrive que des bébés élevés au sein et qu'on change de régime décrètent une grève de la faim pendant la journée pour décider subitement de clore la soirée sur un biberon juste au moment où leur mère, rentrée de son travail, s'apprêtait à leur donner le sein. Ou bien, ils peuvent vouloir rattraper les repas qu'ils ont sautés et réveiller Maman toute la nuit, sans s'inquiéter ou se rendre compte que la journée est finie, l'important pour eux étant de se caler l'estomac.

Que faire dans ces cas-là ? Deux jours de suite, ne présentez au bébé que le biberon (ou le sein, selon l'habitude que vous voulez lui inculquer). Bébé n'oubliera jamais son mode d'alimentation originel, qui est à jamais inscrit dans sa mémoire. Le passage ne sera pas facile. « Qu'est-ce que c'est que ce truc que tu veux m'introduire dans la bouche ? » vous dira-t-il par ses pleurs. Il pourra même s'en étrangler de rage et cracher pendant la tétée, surtout si le changement s'effectue dans le sens sein-biberon, parce qu'il ne sait pas comment réguler le débit sortant d'une tétine en caoutchouc. Raison de plus pour utiliser un biberon Haberman. Cela vous fera un problème de moins à régler.

En matière de tétines, les mythes abondent. Elles empêcheraient l'enfant d'apprendre à sucer son pouce, dit-on. C'est ridicule ! Tétine ou pas, votre bébé sucera le sien s'il aime ça, je vous le garantis. Ma Sophie l'a fait jusqu'à l'âge de six ans. En grandissant, elle ne le suçait plus que la nuit. Et vous savez quoi ? Elle n'a jamais eu les dents en avant !

Au moment d'acheter une sucette, faites comme pour les tétines de biberon, choisissez une forme à laquelle Bébé soit accoutumé. Il en existe des dizaines sur le marché. Vous en trouverez certainement une qui ressemblera à vos seins ou aux tétines de biberon que vous utilisez.

Des bienfaits de sucer son pouce

Sucer son pouce ou ses doigts est une des formes importantes de la stimulation orale et de l'apaisement par soi-même. Dans l'utérus les bébés sucent déjà leur pouce. Quand ils viennent au monde, ils le font souvent la nuit, quand personne n'est là pour le voir. Le problème, c'est vous. Pour vous, cette activité est liée à quelque chose de négatif, peut-être parce qu'on vous a grondée quand vous étiez petite, qu'on vous a donné une tape sur la main, qu'on vous a critiquée pour cette « dégoûtante habitude ». Je connais des parents qui, pour décourager leur enfant, vont jusqu'à lui mettre des moufles ou lui badigeonner les doigts de lotion amère, quand ils ne lui font pas porter des brassières de type camisole de force !

Les enfants sucent leur pouce, que vous cela vous plaise ou non, et vous devriez encourager le vôtre à le faire ! Dites-vous bien que c'est une des toutes premières manières par lesquelles Bébé apprend à dominer son corps et ses émotions. Quand il découvre qu'il a un pouce et que le sucer lui apporte du soulagement, il éprouve un extraordinaire sentiment de contrôle sur soi et d'accomplissement. Une tétine peut aboutir au même résultat mais, là, ce sont les grandes personnes qui exercent le contrôle. En outre, Bébé peut égarer sa sucette dans son lit, alors qu'il a toujours son pouce sous la main, si je peux dire. Il peut donc décider à sa guise de s'en servir ou non. Et, croyez-moi, il y renoncera en temps et en heure, je vous le garantis. Comme ma Sophie.

Allez, Bébé, il est temps de te sevrer !

Le mot sevrage en est venu à signifier deux choses bien différentes. Contrairement à une idée largement répandue, cela ne désigne pas la fin de l'allaitement, mais le passage du régime liquide au régime solide, transition naturelle commune à tous les mammifères. Bien souvent, les bébés n'ont pas besoin d'être « sevrés », j'entends par là : retirés du sein. Leur proposer une nourriture solide suffit à les détourner du sein ou du biberon, car ils trouvent là les éléments nutritifs dont ils ont besoin. Certains abandonnent d'ailleurs le sein d'eux-mêmes vers l'âge de huit mois. La maman n'a qu'à leur donner une tasse à couvercle, tout simplement. D'autres sont plus obstinés. À un an, Trevor ne voulait toujours pas renoncer à la tétée, pourtant ce n'était pas l'envie qui manquait à ses parents de changer ses habitudes. J'ai suggéré à Eileen, sa maman, de lui dire fermement : « Finis, les nénés ! » chaque fois qu'il tirerait sur sa chemise, ce qu'il a fait encore un certain temps. J'avais averti les parents de se préparer à subir un ou deux jours difficiles. « Trevor va être fâché, il vous en voudra. Il n'a jamais eu de biberon. » Au bout de quelques jours, Trevor buvait volontiers à la tasse. Une autre mère, Adrianna, a attendu deux ans avant de dire à son petit garçon : « Plus de lolo ! » L'enfant, comme bien souvent, n'était pour rien dans la situation, c'est la mère qui rechignait à se passer de la proximité qu'engendre le fait d'allaiter. (Vous trouverez p. 315-317 la fin de l'histoire d'Adrianna.)

La plupart des pédiatres conseillent d'attendre que l'enfant ait six mois pour introduire des solides dans son alimentation. Je suis d'accord, sauf si votre bébé est très grand et pèse entre neuf et dix kilos à quatre mois ou s'il souffre d'un reflux gastro-œsophagien, ce qui chez l'adulte correspond aux brûlures d'estomac. À partir du sixième mois, Bébé a en effet besoin de fer, car ses réserves sont à présent épuisées. En outre, il a perdu son réflexe de tirer la langue quand quelque chose (mamelon ou cuillère) frôle ses lèvres. Il est donc capable de garder la bouillie en bouche. Enfin, à six mois, il contrôle sa tête et son cou et peut se pencher en arrière et sur le côté pour exprimer son désintérêt ou sa satiété.

Sevrer un bébé est vraiment simple, en fait, si vous observez trois points importants.

Introduisez les solides un par un. Je préfère les poires qui sont faciles à digérer, mais si votre pédiatre vous conseille autre chose, comme des flocons de riz, faites ce qu'il vous dit. Donnez à Bébé ce nouvel aliment deux fois par jour, matin et soir, pendant deux semaines avant d'en ajouter un autre.

Les bonnes manières au sein

À quatre mois environ, Bébé commence à bouger ses mains dans tous les sens, à tourner la tête et à se retourner. Pendant la tétée, il agrippe vos habits ou vos bijoux, repousse votre menton, touche votre nez ou vos yeux, s'il parvient à les atteindre. Une fois installées, les mauvaises habitudes sont difficiles à corriger. Alors, n'attendez pas pour enseigner à Bébé les bonnes manières. Il doit savoir qu'il existe des frontières. Dans tous les cas, le truc, c'est d'être ferme mais avec douceur. Tâchez aussi de lui donner la tétée dans un endroit tranquille, afin de réduire les distractions.

Les mains baladeuses. Saisissez la main de Bébé et écartez-la gentiment de vous ou de l'objet touché en disant : « Maman n'aime pas ça. »

Les distractions. Le pire ! Distrait par quelque chose, Bébé veut tourner la tête… tout en gardant en bouche le sein de Maman. Cette fois encore, dites : « Maman n'aime pas ça », tout en l'éloignant de votre sein.

Les morsures. Rares sont les mamans qui ne sont pas mordues au moins une fois quand Bébé a des dents. Mais attention, cela ne doit pas se reproduire ! N'ayez pas peur de réagir avec fermeté (toute proportion gardée, s'entend). Écartez Bébé en disant : « Tu m'as fait mal. Il ne faut pas mordre Maman. » D'habitude, ça suffit. S'il continue, enlevez-le carrément de votre sein.

La manie de tirer les habits. Les bambins toujours au sein font parfois ce geste pour signifier leur besoin d'être apaisés. Contentez-vous de lui dire : « Ne tire pas sur la chemise de Maman. Elle ne veut pas que tu la remontes. »

Donnez toujours le nouvel aliment le matin. Ainsi, vous aurez toute la journée pour voir comment Bébé réagit – s'il est pris de vomissements, s'il a la diarrhée ou une éruption de boutons.

Ne mélangez jamais les nourritures. Vous saurez de la sorte ce qui éventuellement lui cause une allergie.

Dans le tableau (p. 159) intitulé « Sevrage : les douze premières semaines », je fais la liste des aliments à introduire dans le régime. Vers neuf mois, j'utilise du bouillon de poulet pour relever la bouillie de céréales assez insipide ou pour écraser les légumes en purée. Toutefois, je conseille d'attendre l'âge de un an avant de donner de la viande, des œufs ou du lait entier. Mais, bien évidemment, le dernier mot en la matière revient à votre pédiatre.

Ne luttez jamais avec Bébé, ne le forcez pas s'il ne veut pas manger un plat ! La nourriture doit être un moment agréable, pour lui et pour toute la famille. Comme je l'ai dit en début de chapitre, manger est indispensable à la survie. Avec un peu de chance, les gens qui se sont occupés de nous nous ont appris à distinguer et apprécier le goût et la texture des aliments qui sont bons pour nous. Identification et appréciation commencent dès la petite enfance. Aimer se nourrir est l'un des cadeaux les plus merveilleux que vous puissiez offrir à votre bébé. Un régime bien équilibré lui apportera la ration d'énergie et de force dont il a besoin chaque jour. Et cela est capital pour un être en pleine croissance, comme nous le verrons au chapitre suivant.

Les douze premières semaines de sevrage

Le programme suivant est établi à l'intention d'un bébé de six mois. La tétée du matin reste identique – sein ou biberon. Suit le « petit déjeuner », deux heures plus tard. Le « déjeuner » a lieu à midi et le « dîner » en fin d'après-midi. Terminez le petit déjeuner et le dîner au sein ou au biberon. Rappelez-vous que chaque bébé est différent ; demandez à votre pédiatre ce qui est bon pour le vôtre.

	Semaine	Petit déjeuner	Déjeuner	Dîner	Commentaires
1	6 mois	Poires 2 cuillères à café	Biberon/sein	Poires 2 cuillères à café	
2		Poires 2 cuillères à café	Biberon/sein	Poires 2 cuillères à café	
3		Poires 2 cuillères à café	Biberon/sein	Poires 2 cuillères à café	
4		Patate douce 2 cuillères à café	Courgette 2 cuillères à café	Poires 2 cuillères à café	
5	7 mois	Farine d'avoine 4 cuillères à café	Courgette 4 cuillères à café	Poire	Augmenter et adapter les doses aux besoins de Bébé
6		Farine d'avoine + poire 4 + 4 cuillères à café	Courgette 8 cuillères à café	Patate douce + poire 4 + 4 cuillères à café	Dorénavant, mélanger les aliments au cours d'un même repas
7		Pêche 8 cuillères à café	Farine d'avoine + courgette 4 + 4 cuillères à café	Farine d'avoine + poire 4 + 4 cuillères à café	
8	8 mois	Banane	À partir de maintenant, vous pouvez mélanger les aliments cités ci-dessus et en introduire un nouveau chaque semaine, en donnant 8 à 12 cuillères à café par repas		
9		Carotte			
10		Pois			
11		Haricots verts	Continuer à mélanger les nourritures et à introduire un nouvel aliment chaque semaine		
12	9 mois	Pomme	Donner 8 à 12 cuillères à café par repas		

5

Le A de EASY : Activités

Les bébés et les enfants en bas âge pensent, observent et raisonnent. Ils constatent, concluent, expérimentent, résolvent des problèmes et cherchent la vérité. Il va de soi qu'ils ne font pas cela à la façon des scientifiques, en toute conscience, et que les questions qu'ils tentent de résoudre ne traitent pas du mystère des étoiles ou de l'atome, mais tournent autour de leur vie quotidienne, des personnes et des choses qui les entourent, des mots qu'ils entendent. Néanmoins, même les plus jeunes d'entre eux savent bien des choses sur notre monde, et ils s'activent pour en connaître davantage.

Alison Gopnik, Andrew N. Meltzoff
et Patricia K. Kuhl,
Le Savant dans le berceau

Les heures d'éveil

Pour un nouveau-né, chaque jour qui passe est un enchantement. Dès l'instant où il sort de l'utérus, sa croissance est exponentielle, tout comme sa capacité à explorer ce qui l'entoure et à s'en émerveiller. Pensez donc : quand il atteint l'âge d'une semaine, il est sept fois plus vieux que le jour où il est né. À la fin de son premier mois sur terre, il se situe à des années de distance par rapport au jour de sa naissance, et cela ne s'arrêtera pas là. C'est pendant la phase de ses activités que les changements survenus chez Bébé nous frappent avec le plus d'évidence. Par activités, j'entends toute action accomplie pendant l'éveil et faisant intervenir un ou plusieurs de ses sens. À cet égard, manger en est une, indubitablement, puisqu'elle stimule son goût. (Mais de cela, je reparlerai plus en détail au dernier chapitre.)

La perception commence à se développer alors que l'enfant est encore dans l'utérus. Les scientifiques se demandent si la faculté du nouveau-né à identifier la voix de sa mère à la naissance ne viendrait pas de ce qu'il l'a entendue, bien qu'étouffée, quand il était encore dans son ventre. Une fois qu'il est né, ses cinq sens continuent de s'affiner dans l'ordre suivant : l'ouïe, le toucher, la vue, l'odorat et le goût. Vous trouvez peut-être qu'être allongé sur une table à langer pendant qu'on vous met une couche ou qu'on vous habille, baigner dans de l'eau puis être massé, ou encore fixer un mobile ou tenir une peluche ne sont guère des activités. Pourtant, c'est par toutes ces occupations diverses et variées que le bébé aiguise ses sens et entreprend de découvrir le monde qui l'entoure, à commencer par son propre corps.

Bien des choses ont été écrites ces dernières années sur la façon de développer au maximum le potentiel des tout-petits. Des experts suggèrent de les plonger d'emblée, dès la seconde où ils naissent, dans un environnement apte à leur donner une longueur d'avance dans la vie. Pour ma part, je considère que le plus important n'est pas tant de lui dispenser des savoirs, mais plutôt de nourrir sa curiosité naturelle et faire de lui un petit être civilisé, c'est-à-dire capable de comprendre comment fonctionne le monde et d'établir des relations avec autrui. C'est cela, à mon sens, le rôle des parents, premiers éducateurs du nouveau-né.

À cet effet, je les engage à considérer tout ce que fait Bébé comme l'occasion de développer et son sens du danger et son sens de l'indépendance – deux objectifs qui peuvent sembler contradictoires à première vue mais qui, en fait, vont dans la même direction. Plus un enfant se sent sûr de lui, plus il est prêt à s'aventurer hors de ses limites et à jouer seul, sans intervention extérieure (sauf en cas de danger, bien sûr). Cela est vrai à n'importe quel âge. La partie Activités du programme EASY fait ressortir le paradoxe suivant : *si les activités resserrent les liens qui l'unissent à nous, elles procurent en même temps à Bébé sa première leçon de liberté.*

Sachez que vous devez en faire *moins* pour votre enfant que vous ne l'imaginez probablement. Cela ne signifie pas que vous deviez l'abandonner dans son coin, bien sûr, mais que vous parveniez à un équilibre où vous lui prodiguerez les conseils et le soutien dont il a besoin, tout en respectant le cours naturel de son développement. Que vous l'y incitiez ou non, Bébé écoute, éprouve, observe, hume ou goûte quelque chose, à peine est-il éveillé. Pendant ses premiers mois d'existence, quand tout est nouveau pour lui, voire effrayant, votre tâche la plus importante est de vous assurer qu'aucune des nouveautés dont il fait l'expérience ne le met mal à l'aise, mais au contraire renforce son sentiment de sécurité et l'incite à poursuivre l'exploration et à vouloir grandir. Le meilleur moyen d'atteindre ce but consiste à tracer autour de lui ce que j'appelle un « cercle de respect ».

Le cercle de respect

Lorsque vous venez chercher votre bébé dans son berceau le matin, lorsque vous le baignez ou faites joujou avec lui, rappelez-vous en permanence que cet enfant n'est pas une extension de vous-même, mais une personne distincte qui mérite toute votre attention et votre respect – une personne dotée d'une volonté propre. C'est capital. Je veux que vous vous efforciez de tracer un cercle imaginaire autour de votre nourrisson, une frontière invisible délimitant son espace personnel – un cercle de respect. Ne vous permettez jamais de le franchir sans lui demander au préalable la permission d'entrer sur son territoire, sans lui exposer vos raisons d'agir et lui expliquer vos motifs. Cela vous semble tiré par les cheveux, complètement abscons ? Peut-être, mais c'est le moment où jamais de commencer à vous dire que Bébé est plus qu'un bébé : c'est une personne. Si vous gardez à l'esprit les principes développés tout au long de ce chapitre, vous n'aurez aucune difficulté à maintenir naturellement un cercle de respect pendant toutes les activités que vous effectuez de concert.

Soyez véritablement avec Bébé. Quand vous êtes avec votre enfant, faites de lui le seul objet de votre attention. Ce moment est celui où s'établit un lien entre vous deux, alors concentrez-vous. Ne bavardez pas au téléphone, oubliez la machine à laver ou le rapport que vous n'avez pas terminé.

Ravissez les sens de Bébé, mais sans l'exciter. Notre culture encourage les excès et la surexcitation. Sans le vouloir, les parents sont les premiers à y contribuer en ne voyant pas combien les sens de leur enfant sont sensibles ou en ne tenant pas compte de sa capacité d'absorption (*cf.* l'encadré p. 166). Non que nous devrions ne plus chanter de chansons à nos tout-petits, ne plus leur mettre de la musique, ne plus leur présenter d'objets aux couleurs étincelantes, voire cesser complètement de leur acheter des jouets, mais, avec les enfants, pas assez vaut mieux que trop.

Procurez à Bébé un environnement agréable, intéressant et sûr. Cela ne demande pas un centime, du bon sens uniquement (*cf.* p. 176-187).

Stimulez l'indépendance de Bébé. Cela peut vous sembler aller à l'encontre de votre instinct le plus profond. En effet, comment un nouveau-né serait-il indépendant ? Comprenez-moi bien. Vous ne devez pas empaqueter ses affaires et ouste, à la porte ! Il est clair qu'il ne peut être laissé à lui-même au sens propre du terme, mais vous pouvez dès maintenant l'aider à développer une confiance en lui qui l'incitera à aller de l'avant, à explorer le monde et à se distraire par lui-même. Par conséquent, quand votre bébé est en train de jouer, mieux vaut toujours l'observer qu'entrer systématiquement dans son jeu.

Parlez avec Bébé au lieu de vous adresser à lui. Le dialogue est une route à deux voies. Chaque fois que votre enfant est impliqué dans une activité quelconque, observez-le, écoutez-le et attendez sa réaction. S'il tente de vous faire participer, sautez sur l'occasion, bien sûr, et s'il « réclame » du nouveau, un changement d'occupation ou de position, n'hésitez pas à satisfaire son désir. Sinon, laissez-le faire ses explorations tout seul.

Encouragez Bébé en lui proposant des choses, mais laissez-le toujours décider. Ne le mettez jamais dans une position dont il ne puisse sortir par lui-même. Ne lui donnez pas de jouets qui n'entrent pas dans son « triangle d'apprentissage » (voir plus loin, p. 175-183).

Dès l'instant où Bébé se réveille le matin au moment où il se couche pour la nuit, gardez en tête cette règle de base : tout un chacun, y compris votre enfant, a droit à son espace personnel. Vous verrez ci-dessous comment mettre en œuvre ce principe dans le déroulement de sa journée.

Réveille-toi, petite Suzon, réveille-toi

Aimeriez-vous que votre compagnon fasse irruption dans votre chambre, alors que vous sortez à peine du pays des rêves, et rabatte vos couvertures en vous lançant d'une voix de stentor : « C'est l'heure. Debout là-dedans ! » Pourquoi voulez-vous que les bébés réagissent différemment ? Ce n'est pas bien agréable de commencer la journée de cette façon. Par conséquent, soyez douce, tranquille et prévenante quand vous dites bonjour à votre bébé le matin.

Pour ma part, j'entre dans la chambre en chantonnant doucement « Bonjour, bonjour », mais vous pouvez prendre n'importe quelle mélodie entraînante, comme : « De bon matin, l'empereur, sa femme et le p'tit prince... » ou inventer de nouvelles paroles sur un air célèbre – ce qui donne, si vous choisissez « Joyeux anniversaire »: « Je te souhait' le bonjour... », etc., le tout étant que le bébé puisse faire la liaison avec le matin. Après quoi je dis : « Mon gros nounours de Jérémie a fait un bon dodo ? Je suis contente de te voir. Tu dois avoir drôlement faim, dis donc ! » Et, tout en me penchant vers lui, je le préviens : « Je vais te prendre dans mes bras... Un, deux, trois, hop là ! » Si l'affaire se passe au cours de la journée, après une sieste, je dis : « Je parie que tu es en pleine forme après ce bon dodo » avant d'annoncer que je vais le sortir de son berceau.

Parfois, vous avez beau prendre des pincettes, Bébé n'en fait

Votre bébé en sait plus que vous ne l'imaginez

C'est surtout ces vingt dernières années, en grande partie grâce au miracle de la vidéo, que les chercheurs ont réussi à découvrir les capacités d'assimilation et de restitution des bébés. Si jadis nous considérions les nourrissons comme des « pages blanches où tout était à écrire », nous savons maintenant qu'ils viennent au monde avec des sens aiguisés et un ensemble de capacités leur permettant d'observer, de penser et même de raisonner. En étudiant les expressions des nouveau-nés, leur gestuelle, les mouvements de leurs yeux et leur réflexe de succion (plus accentué quand ils sont excités), les scientifiques ont mis au jour leurs étonnantes capacités. En voici un aperçu.

- Les bébés réagissent différemment face à des situations connues ou inconnues : dès 1964, des savants ont montré que les bébés ne regardaient pas longtemps des images qui leur étaient présentées plusieurs fois, alors que les images inconnues retenaient leur attention.
- Les bébés « flirtent » : ils gazouillent, sourient et bougent selon le rythme et le ton de voix de leur interlocuteur.
- Dès l'âge de trois mois, les bébés forment des espérances : conduite en laboratoire, l'expérience a démontré que des tout-petits à qui on avait préalablement présenté des séries d'images déplaçaient leurs yeux vers l'endroit où était censée apparaître l'image suivante, prouvant ainsi leur attente, et donc leur capacité à détecter des patterns.
- Les bébés sont dotés de mémoire : des enfants, testés tout d'abord au stade de nourrissons (entre six et quarante semaines), puis de nouveau aux alentours de trois ans, ont démontré que, même s'ils n'étaient pas en mesure de l'exprimer verbalement, ils reconnaissaient la tâche réclamée d'eux cette fois encore, comme par exemple atteindre des objets tantôt éclairés et tantôt laissés dans le noir.

qu'à sa tête. Dame, il a ses idées sur la vie, lui aussi. Peut-être même fait-il partie de ces gens grognons au réveil. Tout le monde ne se lève pas du pied droit et bardé d'enthousiasme à l'idée d'entamer une journée nouvelle. Dans ce cas, ne soyez pas avare d'encouragements.

Il est intéressant de remarquer que l'attitude de Bébé au réveil est souvent celle qu'il continuera d'avoir, une fois devenu grand. Vous rappelez-vous ce que je vous ai dit à propos de ma Sophie, si calme et silencieuse au réveil que je craignais qu'elle n'ait cessé de respirer ? Eh bien, elle continue d'être un délice le matin : elle ouvre les yeux et bondit hors de son lit. Alors que Sara, bébé vif souvent agité au réveil, a encore maintenant besoin d'un petit temps de récupération après sa nuit. À la différence de Sophie, qui entame immédiatement la conversation, Sara aime qu'on la laisse parler la première sans avoir à écouter de papotages sur la journée à venir.

Voici un récapitulatif des réveils selon les différents types de bébés :

Le bébé angélique. À moins de mourir de faim ou de baigner dans son pipi, il gazouille et roucoule, tout sourire, ravi de jouer dans son berceau jusqu'à ce qu'on vienne le chercher. Ces bébés-là ont l'air toujours heureux partout où ils sont. En d'autres termes, ils franchissent rarement le premier niveau d'alerte.

Le bébé modèle. Si vous ne venez pas le chercher quand il en est au niveau d'alerte n° 1, il vous fait savoir qu'il passe au stade suivant par des petits bruits de crécelle caractéristiques que l'on peut traduire par : « Hé, tu viens ? » Entrez en disant : « Me voilà, je n'étais partie nulle part », il sera tout de suite rassuré. Mais si vous tardez à venir, il passera clairement et distinctement au niveau n° 3.

Le bébé irritable. Celui-là se réveille presque toujours en pleurant. Comme il a un grand besoin d'être rassuré, il fait souvent retentir les trois signaux d'alarme en accéléré. Il ne supporte pas d'être laissé plus de cinq minutes dans son berceau et peut piquer une colère dès la première alerte, alors ne tardez pas !

Le bébé vif. Ce bébé particulièrement énergique et actif saute souvent la première étape pour déclencher directement l'alerte n° 2. Il s'énerve et gigote en poussant de petits cris qui ressemblent à de la toux et se transformeront bientôt en une plainte continue si personne ne se présente.

Le bébé grincheux. Comme il déteste être mouillé ou mal à son aise, ce bébé-là tire lui aussi les trois sonnettes d'alarme assez rapidement. Par conséquent, n'espérez pas obtenir de lui un gazouillis le matin, voire l'ombre d'un sourire. Que vous marchiez sur la tête ou fassiez des cabrioles, vous en serez pour vos frais.

Le réveil : un système à trois niveaux d'alerte

Des bébés s'amusent au réveil sans jamais tirer la sonnette d'alarme, attendant gentiment qu'on vienne les prendre dans leur berceau. D'autres au contraire brûlent les étapes, quelle que soit votre rapidité d'intervention.

Alerte 1. Grincement ou léger remue-ménage, accompagné de gigotements. Traduire : « Coucou, il y a quelqu'un ? Vous venez me chercher ? »

Alerte 2. Pleurs intermittents évoquant une petite toux du fond de la gorge. Comprendre : « Hé, ça va bien comme ça ! Venez, maintenant ! » Les interruptions correspondent aux moments où Bébé tend l'oreille, guettant votre réponse.

Alerte 3. Cris à pleine voix. Bébé se débat, agite bras et jambes, ordonnant : « Je ne rigole plus, venez tout de suite ! »

Toilette et habillement

Dans mes séminaires, comme je l'ai dit plus haut, j'aime bien faire participer l'assistance. Dans celui sur l'art d'être parents, je demande souvent aux mamans et papas tout neufs de s'allonger sur le dos, les yeux fermés. Sans prévenir, j'attrape les jambes d'un papa et les relève par-dessus sa tête. Je vous laisse imaginer son ahurissement. Quand les autres se rendent compte de ce qui se passe, ils trouvent cela plutôt drôle et nous rions tous de bon cœur. J'explique alors que j'ai voulu montrer ce que ressent un tout-petit quand on lui change sa couche sans crier gare, quand on envahit son cercle de respect. Si je lui avais dit : « Tu vois Jeannot-Lapin, je vais prendre tes petites jambes et les lever en l'air », non seulement John aurait eu le temps de se préparer à subir le contact de mes mains, mais il aurait su aussi que je ne le prenais pas pour quantité négligeable. Personnellement, je traite les bébés avec la même considération que les adultes.

D'après des chercheurs, il faut trois secondes pour que le cerveau d'un nourrisson enregistre un contact. Avoir ses jambes remontées brusquement et son derrière essuyé est une cause d'effroi pour un bébé. Je ne parle même pas du contact glacé de l'alcool sur son petit nombril délicat. De plus, les tout-petits ont un sens olfactif très aigu, les études l'ont montré. Même les nouveau-nés détournent la tête des Coton-Tige imbibés d'alcool. Quant aux bébés d'une semaine, c'est grâce à leur odorat qu'ils reconnaissent leur mère, à ce que l'on dit. Réunissez toutes ces informations et vous comprendrez que Bébé se rend parfaitement compte que son espace a été envahi, même s'il n'a pas les capacités de vous l'exprimer clairement.

La plupart des bébés pleurent sur la table à langer parce qu'ils ignorent ce qui va leur arriver ou qu'ils n'aiment pas ça – mais alors, pas du tout ! Ils se sentent affreusement vulnérables, tout comme vous si on vous écartait les jambes de force. Ne me dites pas que c'est une partie de plaisir que d'aller chez le gynécologue ! Moi, je dis toujours au mien : « Docteur, dites-moi exactement ce que vous allez me faire. » Les bébés ne disposent pas encore de mots pour nous demander de ralentir ou de respecter leurs frontières, ils le font au moyen de leurs cris.

Quand une maman me dit : « Edward déteste la table à langer », je réponds toujours : « Ce n'est pas la table, ma chère, c'est ce qui se produit dessus. Vous devriez probablement commencer par vous relaxer vous-même et parler avec votre enfant. » D'ailleurs, pendant le change comme pendant toutes les autres activités, vous devez être totalement à ce que vous faites. Dans l'intérêt de votre petit Peter, n'ayez donc pas votre portable coincé entre l'épaule et l'oreille ! Imaginez la scène de son point de vue à lui. Pensez au spectacle que vous lui présentez, ainsi penchée sur lui et vue en contre-plongée. En réalité, vous lui signifiez : « Cause toujours tu m'intéresses ! » Et je ne parle même pas du fait que ce pauvre amour risque de recevoir un gnon en pleine figure, pour peu que l'appareil vous échappe !

Couches en tissu ou en papier, que choisir ?

Bien qu'on assiste à un retour des couches en tissu, une énorme majorité de parents continue de leur préférer les couches jetables, plus commodes. Personnellement, j'aime mieux celles en tissu qui sont moins chères, plus douces au derrière de Bébé, et plus respectueuses de l'environnement.

En outre, certains bébés sont allergiques aux granulés absorbants intégrés à la cellulose – allergie que l'on prend parfois pour une irritation. Sachez que s'il s'agit d'une simple irritation, la partie enflammée est localisée, en général autour de l'anus, tandis qu'en cas d'allergie tout le secteur recouvert par la couche est atteint, jusqu'à la taille.

Autre problème avec les couches jetables : leur capacité d'absorption est telle que seuls les bébés grincheux semblent se rendre compte qu'ils ont fait pipi. Résultat, n'étant pas habitués à se sentir mouillés, des enfants de presque trois ans ne savent toujours pas « demander à aller ».

Mais attention avec les couches en tissu : vérifiez souvent qu'elles sont sèches, sinon le petit derrière de Bébé sera tout irrité.

Quand je change un bébé, j'essaie de maintenir en permanence le dialogue. Me tenant bien devant lui – jamais de côté, parce que les bébés voient mieux de face –, je me penche à environ trente ou quarante centimètres de son visage et lui parle pendant toute la procédure : « Nous allons changer ta couche maintenant. Reste allongé tranquillement, comme ça, pour que je puisse défaire ton pantalon. » Au fur et à mesure, je décris tout haut mes gestes à ma petite fille pour qu'elle soit bien au courant de tout ce que je fais. « J'ouvre le bas de ton pyjama… là. Un bouton-pression… un deuxième… Oh, les belles petites cuisses que vous avez là, madame ! Vous voulez bien me montrer comme vous savez les relever par-dessus la tête ? Là… je vais ouvrir la couche. Voyons voir si vous m'avez adressé un colis ? Je vous félicite, il est superbe ! Bon, je vais t'essuyer maintenant. » Quand je m'occupe d'une petite fille, je veille toujours à l'essuyer d'avant en arrière ; avec les petits garçons, je commence par couvrir leur pénis avec un kleenex pour ne pas recevoir un jet en pleine figure. Si le bébé se met à pleurer, je lui demande : « Je vais trop vite ? Ne t'inquiète pas, je vais faire plus doucement. »

Mon conseil : quand votre bébé est nu, posez délicatement votre main ou quelque chose de léger sur sa poitrine, un nounours, un animal en peluche. Ce léger poids supplémentaire réduira son sentiment de vulnérabilité.

Je tiens à ajouter que vous devriez peut-être accélérer un peu le mouvement quand vous changez Bébé, ne pas faire traîner les choses vingt minutes, comme certaines mamans de ma connaissance. C'est trop. Comptez vous-même : vingt minutes pour un premier change, quarante minutes pour la tétée et encore vingt minutes pour le deuxième change. En tout : une heure vingt. Ça empiète sur les autres activités de Bébé. Pour peu qu'il n'aime pas être changé, ça lui demande des efforts qui l'épuisent.

Mon conseil : pour les trois ou quatre premières semaines, achetez des chemises de nuit bon marché qui se ferment devant par des cordonnets ou des boutons-pressions et sont ouvertes en bas, vous permettant de changer la couche facilement. Au début, il y aura forcément des « fuites » de temps en temps. Ayez donc sous la main une pile de chemises de nuit de rechange, ça vous épargnera du temps et du souci.

Il vous faudra certainement plusieurs semaines pour attraper le coup de main, mais vous devriez arriver à changer Bébé en cinq minutes. Le truc : avoir tout prêt et sous la main – la crème avec son bouchon dévissé, la boîte de lingettes ouverte, la couche dépliée et prête à être glissée sous les fesses de Bébé, la poubelle ouverte attendant la couche sale.

Mon conseil : quand vous changez Bébé pour la première fois, commencez par glisser une couche propre sous ses fesses avant d'ouvrir la sale. Et celle-ci, ne la jetez pas ! Attendez d'avoir lavé les parties génitales et les petites fesses de Bébé pour la retirer. Vous trouverez alors la nouvelle couche déjà en place.

Lorsque rien ne parvient à calmer Bébé quand on le change, essayez de le faire sur vos genoux. Certains préfèrent cette méthode, qui par ailleurs vous évite de piétiner, penchée sur la table à langer en vous cassant le dos.

Trop de joujoux égale trop de stimulation

Très bien, ma chère. Bébé a pris sa première tétée, il a maintenant une couche toute propre. Voici venu le temps de jouer avec lui. Arrivés là, bien des parents ne savent plus que faire : ou bien ils minimisent l'importance du jeu, car ils n'imaginent pas la masse de choses qu'apprend leur enfant en ne faisant que regarder autour de lui, ou bien ils déjantent complètement et envahissent sans relâche son panorama. Et alors, plus moyen pour Bébé de voir autre chose que leurs têtes ou le zinzin qu'ils agitent devant ses yeux, ni d'entendre autre chose que leur incessant babillage. Ces deux extrêmes sont aussi mauvais l'un que l'autre. D'après ce que me disent les parents, la deuxième façon tendrait à l'emporter. Des appels comme celui de Mae, j'en reçois régulièrement :

« Tracy, qu'est-ce qui ne va pas avec mon bébé ? »

Je perçois le ton suppliant de la maman, les pleurs de sa petite Serena de trois semaines et, dans le fond, la voix de Wendell, le papa, qui tente désespérément de la calmer. Je rétorque :

« Si vous me disiez ce qui s'est passé, juste avant qu'elle se mette à pleurer ?

– Elle jouait, c'est tout, répond Mae en toute innocence.

– Jouait à quoi ? » je demande, car c'est bien d'un nouveau-né de trois semaines qu'il s'agit, pas d'un bambin de trois ans.

« On l'avait mise dans la balancelle mais, au bout d'un

moment, elle a commencé à faire des manières, alors on l'a sortie et installée dans sa chaise.

– Et après ?

– Comme elle n'avait pas l'air d'aimer ça non plus, on l'a allongée sur la couverture et Wendell a essayé de lui lire quelque chose. Nous nous disons bien qu'elle est fatiguée, mais elle ne veut pas s'endormir. »

Ce que Mae ne dit pas, parce qu'elle pense que cela n'a pas d'incidence, c'est que la balancelle fait de la musique, qu'elle est pourvue d'un siège vibrant et d'une couverture blanc, rouge et noir particulièrement criarde, assortie à un machin, genre mobile, situé juste au-dessus de la tête du bébé. Et aussi que la lecture version Papa consiste à brandir *Le petit lapin qui bondissait* juste sous le nez de l'enfant.

Vous croyez que j'exagère ? Pas le moins du monde, petite maman. J'ai été témoin de scènes semblables dans un nombre incalculable de fois. Prenant des gants, je suggère :

« J'ai l'impression que votre petite demoiselle a eu un petit peu trop d'excitations. » J'ajoute que tout cela équivaut pour ce petit bout de chou à passer toute une journée à Disneyland.

« Mais elle adore ses joujoux ! » protestent Papa-Maman de concert.

Sachant qu'il ne sert à rien de discuter avec les parents, je me contente d'exposer ma règle cardinale : tenir l'enfant à l'écart de tout objet produisant secousses, trépidations, agitations, grincements ou vibrations. Je les exhorte à essayer trois jours de suite, pour voir si le bébé est plus calme. (En général, ça marche. Si ce n'est pas le cas, le problème est ailleurs.)

C'est malheureux à dire, mais les parents de Serena, comme tant d'autres aujourd'hui, sont victimes de la société de consommation. Les quatre millions de bébés ou presque qui naissent par an aux États-Unis ont été un tremplin colossal pour des dizaines de branches de l'industrie. Des milliards de dollars sont dépensés chaque année pour convaincre les parents qu'ils doivent absolument créer un « environnement adapté » à leur bébé. Les malheureux se sont laissé emberlificoter. En n'amusant pas Serena constamment, ils pensent la priver de la « stimulation intellectuelle » essentielle à son bon développement et donc trahir leur devoir sacré de parents. Quand, par miracle, ils résistent à la pression, il se trouve toujours un ami pour s'exclamer : « Quoi ! Vous n'avez pas acheté à Serena le porte-bébé Machin ? », comme s'il voyait en Mae et Wendell les pires bourreaux d'enfants.

Bien sûr qu'il est bon de jouer de la musique et de chanter pour nos tout-petits ; bien sûr qu'il est bon de leur montrer des objets de couleurs vives et même d'acheter des jouets spécialement conçus pour eux, mais quand nous en faisons trop, quand nous leur offrons un choix trop vaste de joujoux ou d'activités, nous leur imposons une stimulation qu'ils ne sont pas en mesure d'absorber. C'est déjà dur d'avoir été éjectés du cocon douillet de l'utérus ; certains ont dû livrer bataille pour se frayer un passage par un canal utérin particulièrement étroit ; d'autres, au contraire, ont été littéralement projetés en un clin d'œil du noir absolu du ventre de leur mère à la lumière brutale de la salle de travail. Tous ont subi ensuite l'agression de mille et une sensations inconnues – instruments chirurgicaux, drogues, mains qui tirent, piquent et frottent – à peine arrivés au monde. Bref, presque tous les bébés passent par une forme ou une autre de révolution, même si elle est chaque fois unique. Pour les plus délicats, cela dépasse leur seuil de résistance.

Ajoutez à cela la cacophonie, une fois qu'ils ont emménagé chez vous – télé, radio, aspirateur, animaux domestiques, voiture dans la rue, tondeuse du voisin, etc. Prenez seulement votre voix et celles de vos parents et amis, les chuchotements inquiets des uns, les gazouillis admiratifs des autres. Cela représente une masse d'informations à traiter pour une petite boule de nerfs et de muscles qui ne pèse pas même cinq kilos ! Et pour couronner le tout, voilà que Maman-Papa viennent se coller sous votre nez pour réclamer que vous jouiez ! Même un bébé angélique ne le supporterait pas.

On conseille souvent aux parents d'accoutumer leur bébé au bruit. C'st un mythe à combattre. Je vous le demande, vous aimeriez, vous, que j'entre dans votre chambre au milieu de la nuit et vous arrache au sommeil par un roulement de tambour ? Non, ce serait contraire au respect le plus élémentaire. Alors pourquoi n'auriez-vous pas un minimum de prévenances à l'égard de votre enfant ?

Ce qui affecte les sens de Bébé

L'ouïe	Conversation Bourdonnement Ronflement Chant Battements de cœur Musique
La vue	Cartes noires et blanches Rayures sur du tissu ou tout autre support Mobiles Visages Décor environnant
Le toucher	Eau, coton, tissu (tout ce qui entre en contact avec la peau, les lèvres, les cheveux) Câlins Massages
L'odorat	Odeurs humaines Odeurs de cuisine, épices Parfum d'ambiance
Le goût	Lait Tout aliment
Le mouvement	Bercement Balancement Être porté dans les bras Être transporté (poussette, voiture)

Jouer, oui, mais dans le cadre du triangle d'apprentissage

Qu'est-ce que j'entends exactement par « jouer » ? Eh bien, cela dépend de quoi votre bébé est capable. La plupart des livres associent le jouet à l'âge. Personnellement, je suis contre. Non que je considère l'âge comme un critère négligeable, car il est utile de savoir ce qui est typique à des dates bien précises.

J'organise d'ailleurs mes séminaires sur cette base : moins de trois mois, de trois à six mois, de six à neuf mois, de neuf à douze mois. Mais un grand nombre de mères et de pères parmi ceux que je rencontre ne se rendent pas compte de la différence colossale qui peut exister entre des bébés parfaitement normaux appartenant au même groupe d'âge en ce qui concerne le développement des capacités, la conscience de leur corps et du monde extérieur. J'en fais le constat à longueur de temps. Invariablement, une mère s'inquiète parce qu'elle a lu quelque part qu'à cinq mois son petit garçon devrait pouvoir rouler sur lui-même. « Il végète ! me dit-elle en désignant son gamin étendu. Comment lui apprendre à rouler sur le côté ? »

Personnellement, je ne crois pas aux vertus de la pression pour obtenir quoi que ce soit de quelqu'un. Je répète toujours aux parents que leur bébé est un individu à part entière. Les statistiques reprises dans les livres ne peuvent évidemment pas tenir compte de toutes les particularités et manies des uns et des autres, elles n'ont donc de valeur qu'à titre indicatif. Par conséquent, ne vous mettez pas martel en tête : Bébé passera par tous les stades de développement quand le temps sera venu pour lui de le faire.

Les bébés ne sont pas des chiens qu'on dresse. Respecter son enfant signifie lui permettre de grandir sans l'aiguillonner à longueur de temps ni paniquer s'il n'est pas comme le fils de votre copine ou ne suit pas exactement les étapes décrites dans votre livre de chevet. Laissez les choses suivre leur cours. Mère Nature poursuit un plan merveilleux et logique. Faire rouler Bébé avant qu'il n'y soit prêt n'accélérera pas son apprentissage : s'il ne le fait pas encore, c'est qu'il ne dispose pas des moyens physiologiques nécessaires. En l'y forçant, vous le stressez.

Voilà pourquoi je recommande aux parents de proposer à Bébé des exercices physiques et mentaux adaptés à son niveau, qu'il puisse exécuter par lui-même et avec plaisir. C'est cela le « triangle d'apprentissage ». Je les exhorte à ne pas en sortir. Prenons le hochet pour exemple. Dans presque toutes les familles, les nouveau-nés en ont une collection dans leur chambre – en argent, en plastique, en forme de O ou de petits canards, quand ce ne sont pas des barres munies de clochettes en travers du berceau. Or aucun nourrisson ne devrait en avoir. Et ce, pour la bonne raison qu'il ne sait pas encore saisir. D'ailleurs, joue-t-il avec ? Non. Ce sont les parents qui le lui agitent sous le nez. Rappelez-vous ma règle de base : *Quand Bébé a un jouet dans la main, regardez ce qu'il en fait au lieu de vous précipiter pour lui montrer comment l'actionner.*

Pour définir le triangle d'apprentissage de votre bébé à vous, considérez ce qu'il sait faire à ce jour. Au lieu de vous focaliser sur ce qui est écrit dans un bouquin, *observez votre enfant.* Si vous agissez conformément à son triangle d'apprentissage, il acquerra les connaissances à son rythme et naturellement.

Un bon apprentissage, dès le premier jour

Nul ne sait, pas même les chercheurs, à quel moment précis la compréhension apparaît chez l'enfant. C'est pourquoi, dès l'arrivée de Bébé, il est bon de :

- Lui expliquer tout ce que vous effectuez à son intention.
- Lui raconter ce que vous faites dans la journée.
- Lui montrer les photos de famille en lui nommant les gens représentés.
- Lui montrer les objets en les désignant par leur nom : « Tu as vu le petit chien ?... Regarde, un autre bébé comme toi ! »
- Lui lire des livres simples et lui montrer des images.
- Lui jouer de la musique et chanter.

La plupart du temps, Bébé observe et écoute. Grosso modo, pendant les six à huit premières semaines de sa vie, le nouveau-né est une créature dont la vivacité et la conscience s'éveillent un peu plus chaque jour. Son regard ne porte pas plus loin que vingt ou trente centimètres, mais il vous voit. Il peut même vous récompenser d'être là par un sourire ou un gazouillis. Prenez donc le temps de lui « répondre ». Les chercheurs ont établi qu'à la naissance les bébés savaient distinguer les voix humaines des autres sons et les visages du reste de l'environnement. De même, il a été prouvé que les nouveau-nés âgés seulement de quelques jours savaient distinguer les visages qu'ils connaissent et les regardaient de préférence à ceux qu'ils n'avaient jamais vus.

Avez-vous remarqué que, lorsque votre bébé n'est pas en train de fixer votre visage, il regarde volontiers des rayures ? D'où lui vient cette attirance ? Eh bien, de ses rétines qui ne sont pas encore fixes, de sorte que pour lui les lignes droites semblent bouger. Inutile, donc, de dépenser votre argent dans des images de couleurs vives qui soi-disant l'amuseront. Il suffit de tracer au marqueur noir des lignes droites sur un papier blanc de la taille d'une carte de visite. Ces lignes lui permettront de centrer son regard, ce qui est bon pour lui car il n'a encore qu'une vision floue et bidimensionnelle.

Si vous tenez absolument à lui acheter un jouet, une « boîte à ventre » reproduisant les sons qu'il entendait dans l'utérus fera parfaitement l'affaire. Placée dans son berceau, vous pourrez la changer de place ou l'intervertir avec un autre jouet, s'il cesse de la regarder. De toute façon, n'encombrez pas le lit avec toutes sortes de choses ! Au début n'y mettez pas plus d'un ou deux jouets. Avant tout, sachez que les couleurs primaires stimulent et les pastels apaisent. En conséquence, pensez à l'effet recherché : ne mettez pas une carte rouge et noir dans la ligne de mire de Bébé s'il est l'heure pour lui de faire la sieste.

La musique au fil de la croissance

Les bébés apprécient la musique. À la fin de mes ateliers « Maman et Bébé », je passe toujours de la musique. Comme tout le reste, celle-ci doit être adaptée à leur âge.

Moins de trois mois. Uniquement des berceuses. Une musique apaisante, pas trop scandée comme les comptines. Si vous avez une jolie voix, n'hésitez pas à chanter.

Six mois. Une seule chanson à la fin du cours : en général, une comptine très simple.

Neuf mois. Trois comptines différentes, que je passe une fois chacune.

Douze mois. Quatre chansons, que je passe deux fois chacune, en mimant éventuellement les gestes.

Bébé commence à contrôler sa tête et son cou. Lorsque votre enfant peut tourner sa tête (en général aux alentours du deuxième mois), quand il la déplace d'un côté à l'autre et la soulève peut-être même un peu (souvent vers le troisième mois), il a un meilleur contrôle de ses yeux. Vous pouvez alors le surprendre en train d'observer sa main. Des études menées en laboratoire ont prouvé que des bébés d'un mois seulement pouvaient imiter les expressions des adultes – par exemple si une grande personne tire la langue ou bien ouvre la bouche. Le moment est venu d'acheter un mobile facilement transportable du berceau au parc. Je sais que c'est la première chose que la plupart des parents achètent, mais avant deux mois, le mobile reste surtout une décoration. Ne le suspendez pas directement dans l'axe de son regard car les petits aiment tourner leur tête (le plus souvent à droite), et ne le placez pas à plus de trente-cinq centimètres de son visage. Vers cette même époque, Bébé commence à voir en trois dimensions. Il se tient plus droit et garde les mains ouvertes la plus grande partie du temps. Il attrape ses doigts – par hasard, le plus souvent. Il peut se rappeler les choses et mieux prévoir aussi. En fait, à deux mois, il reconnaît quelqu'un vu la veille. Bientôt, il gigotera de plaisir en vous apercevant et commencera à vous suivre des yeux.

Si les lignes droites intéressent Bébé jusqu'à l'âge de quatre semaines, à deux mois les photos représentant des gens le feront sourire. Vous pouvez dorénavant enjoliver les cartes que vous lui aviez faites en y ajoutant des vagues, des cercles et des images simples, comme une maison ou un visage qui sourit. Vous pouvez également placer dans son berceau un miroir qui lui rendra son sourire. Toutefois rappelez-vous que si un tout-petit aime bien regarder les choses, il ne possède pas encore la mobilité nécessaire pour s'en éloigner quand son intérêt s'est évanoui. Alors, soyez vigilante : s'il se met à s'agiter et à faire des bruits agacés, cela signifie : « J'en ai assez. » Portez-vous à son secours avant d'avoir besoin d'être secourue vous-même.

Bébé commence à saisir. À l'âge de trois ou quatre mois, presque tout fascine Bébé, à commencer par son corps. Il saisit les choses et les porte droit à sa bouche ; il peut également soulever son menton et émettre des glouglous. Si vous demeurez son joujou favori, le moment est quand même venu de lui proposer des jouets simples et sans danger qui répondent à son intervention, comme des hochets faisant du bruit et autres objets dégageant une bonne odeur quand on les touche – par exemple un gros bigoudi en mousse. Les bébés aiment les examiner sous toutes les coutures, et ils sont ravis de sentir la matière réagir sous leurs doigts. Regardez donc votre petit pendant qu'il agite son hochet – ses yeux s'écarquillent : il est en train de découvrir la relation de cause à effet. Tout ce qui fait du bruit lui procure un sentiment d'accomplissement. Il est incroyablement plus réceptif qu'il ne l'était, il y a encore peu de temps. Ses gazouillis constants vous enchantent d'autant plus que tout devient plus facile. Quand une occupation le lasse, il sait comment capter votre attention : il fait tomber son jouet, produit des raclements du fond de la gorge ou il pousse un drôle de petit cri.

Bébé roule sur lui-même. Cette aptitude apparaît entre la fin du troisième mois et le cinquième. Pour Bébé, c'est le début de la mobilité. Avant même que vous vous en rendiez compte, il saura rouler sur les deux côtés et s'amusera encore plus. Il continuera d'apprécier les joujoux qui font du bruit, mais les objets de la vie quotidienne, comme une cuillère, seront pour lui une source infinie de plaisir. Regardez-le jouer avec un saladier en plastique, le tourner dans un sens puis dans l'autre, l'écarter et le reprendre encore : Bébé est un chercheur en herbe qui étudie tout ce qui lui tombe sous la main. Il aime aussi jouer avec des formes – cubes, boules ou triangles. En les portant à sa bouche, il tente de se représenter de quoi il s'agit, expérimente leurs différences.

Les études nous ont appris que les bébés très jeunes encore parvenaient à identifier des formes grâce à leur bouche. Il a été prouvé en laboratoire qu'à un mois ils étaient capables d'établir des relations entre des sensations et des images, c'est-à-dire entre le toucher et la vue : quand on leur donnait à sucer une tétine irrégulière puis qu'on leur donnait à voir deux tétines, l'une lisse et l'autre irrégulière, ils restaient plus longtemps à regarder l'image représentant celle qu'ils avaient eue en bouche.

Bébé s'assied. Cela lui était impossible tant que sa tête n'avait pas « poussé sur son cou », en général aux alentours de six mois. Maintenant qu'il est capable de s'asseoir tout seul, il commence à percevoir la profondeur. Le monde, observé à partir de la position assise, est bien différent de ce qu'il est, vu en position inclinée. Bébé peut maintenant transférer les objets d'une main à l'autre. Il est capable de désigner les choses et les gens, de faire au revoir de la main. Si la curiosité le pousse à se propulser vers les choses, il n'est pas encore au pic de ses capacités car ses jambes ne le soutiennent pas. S'il peut mieux se pencher en avant et se tendre pour atteindre quelque chose, il continue quand même d'atterrir sur la poitrine parce qu'il est toujours un peu trop lourd d'en haut. Quand on le porte en l'air, il écarte bras et jambes, comme s'il volait. Parfois il pousse un bruit contrarié. Ses parents ont alors souvent tendance à se précipiter à la rescousse pour lui tendre l'objet visé au lieu de l'observer de loin et de le laisser se débrouiller. À cela je crie : STOP ! *Laissez Bébé découvrir le monde par lui-même.* Ne vous mêlez pas de la situation, si ce n'est en encourageant son esprit de découverte : « Beau boulot, mon gamin, tu y es presque ! » Ça lui donnera confiance en lui. Mais usez de bon sens. Vous n'entraînez pas Bébé aux Jeux olympiques, vous lui manifestez votre soutien, comme tout gentils papa et maman qui se respectent. Quand votre petit aura montré qu'il faisait des efforts, vous pourrez intervenir et lui donner le joujou.

Offrez-lui des jouets simples qui l'incitent à l'action, comme un clown ou un petit diable qui sort de sa boîte quand on appuie sur le bouton. Les jouets de ce genre sont excellents car les bébés aiment constater qu'ils sont à l'origine d'un événement. À ce stade, vous pouvez être tentée de lui acheter des quantités de joujoux. Retenez-vous ! Rappelez-vous que pas assez vaut mieux que trop. Bien des choses que vous lui aurez achetées ne l'amuseront pas. Pour tout vous dire, je ris sous cape quand j'entends des parents dire : « Mon bébé n'aime pas ce jouet. » Ils ne réalisent pas qu'aimer ou ne pas aimer n'a rien à voir dans l'histoire – qu'il s'agit seulement de compréhension. Tout simplement, Bébé n'a pas compris ce jouet : il ne sait pas encore en tirer quelque chose, déclencher la réaction.

Bébé se déplace. Entre huit et dix mois, votre enfant commence à ramper, voire à se mettre debout (*cf.* p. 184). Certains bébés rampent d'abord en marche arrière ou en rond car, si leurs jambes sont suffisamment solides, leur corps n'est pas assez long ou costaud pour supporter le poids de leur tête. Quoi qu'il en soit, il est temps de sécuriser votre maison, si vous ne l'avez déjà fait. En effet, curiosité et développement physique vont de pair. Jusqu'à présent, Bébé n'avait pas les capacités cognitives requises pour mener à terme des pensées compliquées, telles que : « Je veux ce jouet qui est à l'autre bout de la pièce, donc je dois faire ci et ça pour l'atteindre. » Maintenant, le voilà capable de centrer son attention sur des buts précis.

Véritable petite abeille, le bébé qui rampe déborde d'activité. Reposer sur vos genoux ne suffit plus à son bonheur, même s'il continue d'aimer les câlins : la découverte du monde passe avant tout. En outre, il doit dépenser une bonne partie de son énergie. Il va découvrir de nouveaux moyens de faire du bruit – et accessoirement des « bêtises ». Les meilleurs joujoux sont ceux qui consistent à faire entrer des objets dans une boîte ou à les en sortir. Au début, bien sûr, il arrivera mieux à *défaire* – à retirer les choses – qu'à les remettre à l'intérieur. Par la suite, vers dix-douze mois, il aura gagné en dextérité et pourra rassembler ses jouets en tas et même les ramasser pour les mettre dans sa caisse à joujoux. Il réussira probablement à saisir des objets de petite taille parce que ses facultés motrices se seront développées et qu'il se servira de son pouce et de son index comme d'une pince pour tenir les choses. Les joujoux qui roulent lui plairont ; de même que ceux qu'il peut tirer vers lui. Il est possible aussi qu'il commence à manifester de l'attachement pour un objet précis – peluche ou couverture.

Mon conseil : assurez-vous que tout ce avec quoi Bébé joue est lavable et solide, sans bord coupant ni cordon susceptible de se dénouer. Tout objet pouvant entrer dans le mandrin en carton d'un rouleau de papier-toilette est considéré comme étant trop petit. En jouant avec, Bébé risquerait de se l'enfoncer dans la narine ou l'oreille ou, pire enore, l'avaler.

Quand vous lui chantez des comptines, vous pouvez maintenant ajouter les gestes. Bébé vous imitera. Chansons et rythmes lui enseignent le langage et la coordination des mouvements. Vers cette époque, un de ses jeux préférés est « coucou ! », qui lui apprend la notion de permanence. C'est un concept important, car lorsque Bébé l'a compris, il a compris également que si vous allez dans la pièce d'à côté, vous ne disparaissez pas purement et simplement. Vous pouvez l'aider à assimiler cette notion en lui disant : « Je reviens dans un instant. » Soyez créative, utilisez comme joujoux des objets de la vie quotidienne. Une cuillère, un plat, un pot, sont des ustensiles formidables pour apprendre à frapper. Grâce à ses petits trous, une passoire fait le plus merveilleux des paravents.

Bien que ses capacités physiques et mentales augmentent sans cesse, rappelez-vous que Bébé est toujours Bébé, c'est-à-dire une personne différente de vous et des autres, qui ne fera pas exactement ce que son cousin faisait au même âge. Peut-être en fait-il plus, peut-être fait-il des choses radicalement différentes. Comme tout un chacun, il a des qualités bien à lui, des goûts et des dégoûts. Observez-le. Découvrez sa personnalité à partir de ce qu'il fait ; ne cherchez pas à le transformer en quelqu'un d'autre. Tant qu'il sera hors de danger, soutenu et aimé, il s'épanouira en un petit être étonnant et unique, en constante progression. Il manifestera chaque jour de nouveaux talents et ne manquera jamais de vous étonner.

Sécuriser ou non sa maison

La question est d'importance. Qui plus est, elle n'est pas aussi simple qu'elle en a l'air, car il s'agit à la fois de maintenir Bébé à l'abri des dangers tels qu'empoisonnement, brûlure, noyade, coupure ou chute, mais aussi de protéger votre maison contre les dégâts que sa curiosité pourrait causer. La question est : quel degré de risque est-vous prête à affronter ? Une véritable industrie est née de ce souci de protection des parents. Une maman de ma connaissance a fait appel à un de ces spécialistes « antibébé ». Il a posé des grillages jusque dans les endroits les plus inaccessibles et installé des fermetures sur pratiquement toutes les portes d'armoire, y compris celle que le gamin n'atteindra pas avant l'âge de dix ans. Coût de l'opération : quatre mille dollars !

Pour ma part, je préfère une approche plus simple et certainement moins onéreuse (*cf.* p. 187). Un espace de jeu d'un mètre de côté, bordé par une frontière de coussins, peut parfaitement suffire. De plus, si vous éliminez trop de choses dangereuses, vous retirez à votre enfant des occasions de découverte et, de ce fait, réduisez ses chances d'apprendre à distinguer entre ce qui est bien et ce qui est mal. Je vous donne un exemple tiré de ma vie personnelle.

Quand mes filles étaient petites, j'ai enlevé les produits d'entretien dangereux et condamné les portes menant aux endroits où je ne voulais pas qu'elles aillent. Parallèlement, je leur ai appris à respecter ce qui m'appartenait, notamment les petites statuettes sur l'étagère du bas dans le salon. Dès qu'elle a su ramper, Sara, qui était douée d'une curiosité insatiable, n'a pas mis longtemps à jeter son dévolu sur les statuettes en question. Je n'ai pas attendu qu'elle s'en empare pour lui en montrer une, en disant : « Tu vois, c'est à maman. Tu peux la prendre maintenant, pendant que je suis ici avec toi. Mais ce n'est pas un joujou. »

Comme la plupart des bébés, Sara a voulu tester ma fermeté. À plusieurs reprises, elle s'est dirigée droit sur l'étagère. Au moment où elle allait s'emparer d'une statuette, je lui ai dit chaque fois, gentiment mais fermement : « Non, non ! On ne touche pas ! C'est à Maman. » Si elle insistait, je répétais un « Non » plus déterminé. En trois jours, elle avait cessé de s'intéresser aux statuettes. J'ai agi de même avec sa sœur.

Quelques années plus tard, une amie amène son fils jouer avec Sophie. Chez eux, rien ne traîne sur les étagères, presque tout ce qui peut se trouver à portée du bambin a été retiré. Inutile de dire qu'à la vue des statuettes le petit George ne se tient plus. J'agis avec lui comme je l'ai fait avec Sara. Las, rien ne semble pouvoir l'arrêter. En désespoir de cause, je lui jette un « Non » plutôt sec. Sa maman me dévisage, horrifiée.

« Nous ne disons jamais non à George, Tracy.

– Eh bien, ma chère, il est peut-être temps que tu t'y mettes. Je ne peux pas lui permettre de tournicoter dans le salon en touchant à tout, alors que je l'interdis à mes filles. Et puis, c'est ta faute si George est un touche-à-tout. Tu ne lui as pas appris à faire la différence entre ce qui était à lui et ce qui était à toi. »

La leçon de cette petite histoire est toute simple : si vous retirez tout ce qui se trouve à portée de votre enfant, il n'apprendra jamais à respecter les choses jolies et fragiles auxquelles vous tenez et, en visite chez les autres, il ne saura pas davantage se conduire. Total, vous serez bien vexée quand une maman réprimandera votre enfant, car c'est vous qui ne lui aurez pas appris que tout n'est pas permis aux enfants.

Mieux vaut donc réserver à nos chers bambins un secteur bien précis et le sécuriser. Quand Bébé demande à voir un objet, donnez-le-lui ! Permettez-lui de le prendre dans ses mains, de le manipuler pour le sentir – mais toujours en votre présence. Vous verrez que les enfants se désintéressent assez vite des choses appartenant aux grandes personnes, et cela parce qu'en général elles ne servent à rien, sinon à faire joli sur une étagère. Finalement, vous ne risquez pas grand-chose à laisser votre enfant toucher à un objet, car il y a de fortes chances pour que cet objet l'ennuie très vite et qu'un autre attire son attention.

Mon conseil : il ne faut que quelques jours pour enseigner à un enfant à ne pas toucher aux choses, mais cela demande de répéter l'interdiction en plusieurs endroits de la maison et avec tous les objets. Si vous n'avez pas envie de prendre les mêmes risques que moi pendant cette phase d'apprentissage, remplacez vos objets de valeur par des zinzins peu coûteux.

Pensez aussi au magnétoscope qui fait une superbe boîte aux lettres où glisser un petit-beurre. Au lieu de frémir à tout bout de champ, recouvrez l'appareil. Soit dit en passant, cela vaut la peine d'acheter à Bébé la copie miniature de l'objet qui le fascine. La plupart des petits aiment jouer avec des boutons et des poignées. Offrez-lui un joujou qu'il puisse manœuvrer, du genre fausse télécommande ou radio. Après tout, ce qui l'amuse, ce n'est pas de saccager votre maison, mais d'imiter ce qu'il vous voit faire.

La détente

Après toutes les activités trépidantes qui ont ponctué sa journée – tétées, jeux et siestes –, votre enfant mérite un peu de repos. Vers l'âge de deux ou trois semaines, à mesure qu'il devient plus actif et conscient de son environnement, vous noterez peut-être qu'il est plus énervé le soir. Il a besoin de faire le calme en lui. Le bain lui apportera la détente. Donnez-le-lui après sa tétée de cinq ou six heures du soir, un quart d'heure environ après son dernier rototo. Vous pouvez bien sûr lui donner son bain le matin ou à n'importe quel moment de la journée, mais, personnellement, je préfère le soir, juste avant le coucher, parce que c'est le meilleur moyen de préparer Bébé à une bonne nuit. Le bain est aussi un moment privilégié dans la relation parent-enfant. Bien souvent, c'est le préféré des papas.

À part les bébés irritables (qui détestent le bain, les trois premiers mois de leur vie) et les bébés grincheux (qui le tolèrent seulement), la plupart des nourrissons adorent se baigner, *à condition* que l'on ne fasse pas les choses tambour battant mais en suivant les conseils développés au paragraphe « Le bain : règle d'or en dix points » (*cf.* p. 189 et suivantes).

Vous donnerez son premier bain à Bébé dans les quinze jours après sa naissance quand son cordon ombilical sera tombé et, pour les petits garçons circoncis, quand l'incision de son pénis se sera cicatrisée. Jusque-là, vous l'aurez lavé au gant ou à l'éponge (*cf.* l'encadré p. 188). Cela dit, dans un cas comme dans l'autre, mettez-vous toujours à la place de Bébé et faites de ces quinze à vingt minutes un amusement pour vous deux.

Rappelez-vous que Bébé se sent très vulnérable. Alors, usez de bon sens et de douceur en cette occasion comme en toute autre. Lorsque vous le lavez, le changez ou l'habillez, ne lui imposez pas votre volonté.

Par exemple, quand vous lui enfilez un T-shirt, ne tirez pas d'un coup sec pour faire passer sa tête. Si vous forcez, sa pauvre petite caboche part dans tous les sens. Or elle est très lourde : avant l'âge de huit mois environ, elle pèse les deux tiers de son poids total ! Et ne lui enfoncez pas de force les bras dans les manches. N'espérez pas non plus, par vos cajoleries, arriver à

Règles de base de sécurité

Le truc consiste à considérer le paysage à hauteur de bébé, quitte à faire le tour de la maison à quatre pattes.

• **Empoisonnement.** Rangez en hauteur tous les produits dangereux remisés sous l'évier et le lavabo. Même si toutes les portes sont munies de fermeture « antibébé », on n'est pas à l'abri d'un enfant costaud ou déluré. En conséquence, ayez toujours chez vous une trousse de secours ! Si vous croyez que Bébé a avalé une substance toxique, appelez le médecin ou les pompiers avant d'entreprendre quoi que ce soit.

• **Pollution aérienne.** Faites vérifier la maison contre les émanations de radon, gaz radioactif naturel. Installez des détecteurs de fumée et d'oxyde de carbone et vérifiez-en les batteries régulièrement. Cessez de fumer et interdisez à quiconque de fumer chez vous ou dans votre voiture.

• **Étranglement.** Attention aux cordons de rideau et de store, de même qu'aux fils électriques. Scotchez-les ou attachez-les à des crochets hors d'atteinte.

• **Électrocution.** Mettez des protections sur toutes les prises et vérifiez les lampes. Aucune douille ne doit rester sans ampoule.

• **Noyade.** Ne laissez jamais Bébé sans surveillance dans la baignoire. Installez aussi une serrure sur le couvercle des toilettes, car il peut y tomber, tête la première.

• **Brûlures.** Installez des protège-boutons sur la cuisinière et le four. Entourez d'un chiffon ou d'une protection spéciale le robinet de la baignoire pour empêcher Bébé de se cogner la tête ou de s'ébouillanter en jouant avec le robinet d'eau chaude. Programmez le chauffe-eau à vingt degrés.

• **Chutes.** Si vous continuez à changer Bébé sur une table à langer, ayez toujours une main et les deux yeux posés sur lui. Installez des barrières dans les portes, ainsi qu'en haut et en bas des escaliers. Ne baissez jamais la garde. Soyez toujours à côté de lui quand il commence à monter les escaliers. S'il est champion pour grimper, descendre est une autre paire de manches.

• **Accidents de berceau.** Veillez à l'espacement des barreaux ! N'utilisez pas de berceaux anciens, antérieurs aux réglementations de sécurité. Quant à cette invention américaine nommée « butoir », censée empêcher Bébé de se faire des bleus, retirez-la tout de suite ! Les bébés actifs peuvent rouler en dessous et y rester coincés. Pire, mourir étouffés !

La toilette

• Ayez prêt à l'emploi et à portée de main tout ce dont vous aurez besoin : gant, bassine d'eau chaude, alcool, coton, crème et serviette.

• Gardez Bébé bien enveloppé dans un peignoir ou une serviette. Lavez-le de haut en bas et par petits bouts. Séchez tout de suite en tapotant, avant d'aller plus loin.

• Nettoyez la région de l'aine avec une lingette séparée. Essuyez toujours cet endroit en allant de l'avant vers l'anus.

• Utilisez un coton neuf pour chaque œil, passez-le en allant de l'extérieur vers le nez.

• Nettoyez le nombril jusqu'au fond, à l'aide d'un Coton-Tige trempé dans de l'alcool. Cela fait parfois pleurer le bébé. Rassurez-vous, il n'a pas mal, il est seulement surpris par le froid.

• Si votre petit garçon a été circoncis, enduisez la cicatrice de vaseline et couvrez-la d'une gaze pour éviter la formation de croûtes et les éclaboussures d'urine. Surtout, ne mouillez pas l'endroit tant qu'il n'est pas cicatrisé.

convaincre Bébé d'étendre les bras : il résiste instinctivement quand on les lui écarte, tant il est habitué à la position fœtale. Par conséquent, mieux vaut rassembler la manche, introduire le poignet, et ensuite tirer sur le tissu. Pas sur le bras de l'enfant !

Pour éviter que l'habillement ne dégénère en bataille, n'achetez rien qui s'enfile par la tête. Prenez des brassières qui s'attachent devant avec des cordons, des pyjamas fermés de haut en bas ou encore sur l'épaule par un Velcro. Préférez la commodité à l'élégance. Je ne suis pas favorable aux T-shirts, mais si vous en avez, consultez l'encadré suivant.

Le bain doit être une diversion agréable et sans danger, effectuée dans la paix et la tranquillité. Si Bébé pleure alors que vous suivez attentivement les consignes, c'est probablement dû à sa sensibilité, et non à une erreur de votre part. Ne le baignez pas pendant quelques jours. Si la situation ne s'améliore pas – ce qui peut arriver si vous avez un bébé irritable –, continuez à le laver au gant de toilette le premier mois, voire le deuxième s'il le faut. Il n'y a pas de mal à cela. À vous de décrypter ce que Bébé vous

Comment enfiler un T-shirt à Bébé

- Allongez Bébé sur le dos.
- Rassemblez le tissu, puis étirez le plus possible l'encolure et glissez-la sous le cou de Bébé. D'un mouvement rapide, faites-la passer par-dessus son visage et l'arrière de sa tête.
- Introduisez vos doigts dans l'emmanchure par le poignet, saisissez la main de Bébé et faites-la ressortir en remontant le tissu le long du bras, comme lorsque vous tirez sur le fil lorsque vous enfilez une aiguille.

dit. Si c'est : « J'ai horreur du bain, je ne peux pas supporter ça ! » ne le forcez pas. Avec le temps, ça s'arrangera.

Le bain : règle d'or en dix points

Vous trouverez ci-dessous la procédure que j'enseigne à mes mamans. Chaque étape est importante. Avant de commencer, assurez-vous que tout est préparé pour ne pas vous retrouver dans l'embarras au moment de sortir de l'eau un bébé qui risque de vous glisser entre les mains, n'est-ce pas ? Pour parer au danger, des gens préconisent de donner le bain dans l'évier de la cuisine. Pour ma part, je préfère la salle de bains, qui est l'endroit prévu à cette activité.

En lisant les pages suivantes, ayez à l'esprit que toutes les phases décrites doivent s'accompagner d'un dialogue avec Bébé. Parlez-lui tout le temps. N'oubliez pas de le prévenir à l'avance de tout ce que vous allez lui faire. Tendez l'oreille pour connaître sa réponse et observez ses réactions.

Créez une atmosphère propice. Assurez-vous que la salle de bain est bien chaude (23-25 °C). Mettez de la musique douce, cela vous aidera à vous détendre vous-même.

Remplissez la baignoire aux deux tiers. Versez un bouchon de savon liquide spécial bébé directement dans l'eau,

Le bain : accessoires indispensables

• Une baignoire en plastique à fond plat, posée si possible sur un support spécial plutôt que par terre – c'est moins fatigant pour le dos. De plus, ces supports sont d'ordinaire pourvus d'une étagère et de tiroirs très commodes.
• Un pichet d'eau chaude propre.
• Du savon liquide pour bébé.
• Deux gants de toilette ou lavettes.
• Un peignoir à capuche ou une très grande serviette.
• Des vêtements et une couche propres en attente sur la table à langer.

laquelle doit être à une température légèrement plus élevée que celle du corps (dans les 37 °C). Vérifiez la chaleur en humectant l'intérieur de votre poignet, pas votre main. L'eau doit vous paraître chaude, mais pas brûlante, car la peau de Bébé est plus sensible que la vôtre.

Prenez votre bébé. Posez votre main droite à plat sur sa poitrine. Passez trois doigts sous son aisselle gauche, le pouce et l'index restant sur sa poitrine, et glissez votre main gauche derrière son cou et ses épaules. (Inversez les mains si vous êtes gauchère.) Basculez doucement l'enfant vers l'avant de façon à transférer le poids de son corps sur votre main droite. À présent, baissez votre main gauche jusque sous son derrière et soulevez Bébé. Le voilà maintenant en position assise, perché sur votre main gauche et légèrement penché vers l'avant, retenu par votre main droite.

Mettez-le dans la baignoire. Faites entrer lentement Bébé dans l'eau dans cette position, pieds d'abord, popotin ensuite.

Ne faites jamais entrer un nourrisson dans une baignoire en le tenant allongé sur le dos, cela le désoriente. Un peu comme si on vous obligeait à plonger à l'envers.

Faites remonter votre main gauche derrière sa tête et son cou pour le soutenir et abaissez votre enfant tout doucement dans l'eau. À présent que votre main droite est libre, posez un gant de toilette humide sur sa poitrine pour qu'il n'ait pas froid.

N'utilisez jamais de savon directement sur la peau de Bébé. Vous en avez déjà versé dans l'eau du bain. Avec vos doigts, frottez délicatement le cou et l'aine. Soulevez un peu ses jambes pour accéder à ses fesses. Rincez-le alors avec l'eau chaude du pichet, en versant délicatement. Bébé n'est pas cracra, ma chère, il ne s'est pas vautré dans le bac à sable ! Ce bain n'a pas pour but de le récurer, mais de lui instiller des habitudes de propreté.

Lavez-lui la tête à l'aide d'un gant de toilette. Les bébés sont souvent chauves. Ceux qui ont des cheveux n'ont pas encore besoin d'un shampooing-brushing, cela va de soi. Par conséquent, contentez-vous de lui passer un gant de toilette autour du crâne et rincez en faisant attention à ne pas projeter d'eau dans ses yeux.

Ne faites pas entrer d'eau dans les oreilles de Bébé. Pour cela, veillez à ce que celle de vos mains qui soutient sa tête ne s'enfonce pas trop dans l'eau.

> Ne laissez jamais un nourrisson sans surveillance dans une baignoire. Si vous avez oublié le savon, lavez Bébé à l'eau et pensez à tout la prochaine fois.

Préparez-vous à terminer le bain. De votre main libre, attrapez le peignoir ou la serviette ; tenez la capuche ou le coin de serviette entre vos dents et coincez les côtés sous vos bras.

Sortez Bébé. Redressez délicatement votre enfant en position assise, comme au début du bain. La plus grande partie de son poids doit reposer sur votre main droite tandis que vous soutenez son thorax de vos doigts écartés en ciseaux. Relevez-le, dos à vous, et placez sa tête au milieu de votre poitrine, dans la capuche ou sur le coin de la serviette. Refermez sur lui les bords de la serviette et laissez retomber sur sa tête le coin de serviette ou la capuche que vous teniez entre vos dents.

Portez-le sur la table à langer pour l'habiller. Et voilà ! C'est fini !

Les trois premiers mois, faites toujours exactement la même chose. La répétition a quelque chose de rassurant pour Bébé. En temps voulu, selon son tempérament, vous le masserez avant de lui mettre son pyjama, ce qui prolongera ce moment de détente.

Le massage, summum de la relaxation

Pratiquées tout d'abord sur des bébés prématurés, les recherches sur les effets du massage ont démontré que la stimulation tactile pouvait accélérer le développement du cerveau et du système nerveux, améliorer la circulation sanguine et le tonus musculaire, et réduire le stress et l'irritabilité. On en a tiré la conclusion logique que le massage devait être tout aussi bénéfique pour les bébés nés à terme. Et de fait, cela s'est révélé un merveilleux moyen de renforcer la santé et la croissance des enfants. Je suis bien placée pour dire que le massage apprend aux tout-petits à apprécier le contact et à se sentir plus à l'aise dans leur corps tout au long de leur croissance. J'enseigne cette pratique dans mon centre de Californie et je dois dire que c'est l'un de mes séminaires les plus courus. Le massage offre aux parents l'occasion de mieux connaître physiquement leur nourrisson, de l'aider à se détendre et d'établir avec lui des rapports d'harmonie.

Rappelez-vous le développement des sens chez le nouveau-né. À l'ouïe, apparue dans l'utérus, a succédé le toucher. Au cours de sa naissance, le bébé a ressenti des différences de milieu et de température. « Hé ! qu'est-ce qui se passe, c'est plus du tout comme avant ! » a-t-il crié pour nous le faire savoir. De fait, les sensations précèdent les émotions. Un bébé a chaud, froid, mal, faim, avant de comprendre ce que tout cela signifie réellement.

Des mamans massent leur bébé bien avant trois mois, qui est à mon sens l'âge idéal pour commencer. Faites-le sans précipitation. Choisissez un moment où rien ne vous presse ni ne vous préoccupe, de manière à vous consacrer cent pour cent à cette activité. Le massage n'est pas quelque chose qu'on fait à la va-vite ou à moitié. Cependant, n'attendez pas de Bébé qu'il reste tout mignon et tranquille pendant un quart d'heure, dès la première séance. Commencez par une séance de trois minutes et augmentez la durée progressivement. J'aime combiner bain du soir et massage, parce que ces deux activités détendent l'adulte autant que le bébé. Mais n'importe quel moment de la journée convient, du moment que rien ne vous presse.

Il va de soi que tous les nourrissons n'aiment pas d'emblée être massés. Les bébés irritables ou grincheux mettent plus de temps à s'adapter que les bébés angéliques, modèles et vifs, parce qu'ils doivent d'abord accepter qu'on les touche. À mesure qu'ils s'habituent, leur intolérance diminue et ils finissent par accepter d'être massés. Le bébé irritable y trouvera un soulagement à son hypersensibilité et le bébé grincheux apprendra à se détendre. Les nourrissons sujets aux coliques verront diminuer leur tension, souvent cause du malaise.

Une de mes plus belles réussites en matière de massage a été Timothy, un bébé si délicat qu'on pouvait à peine lui mettre sa couche. Il pleurait tant, quand sa mère et moi avons tenté de le faire entrer dans l'eau la première fois, qu'il n'a pas pris de bain véritable avant six semaines ou presque. Sa maman était épuisée. Le papa, Gregory, ne demandait pas mieux que de soulager Lana d'une partie du fardeau, une fois rentré de son travail. Il donnait déjà le biberon de onze heures du soir. Je lui ai proposé de donner le bain à son petit garçon. C'est un rôle que je confie souvent aux pères. Ça leur donne l'occasion de connaître vraiment leur bébé et d'être en phase avec leur propre côté « maternel », ce qui est important.

Gregory n'a pas cherché à aller plus vite que la musique. À force de lenteur, il a finalement réussi à faire entrer Timothy dans l'eau et à lui donner son bain. Je lui ai alors proposé de masser son bébé. Là encore, nous avons pris de grandes précautions. La première fois, Gregory m'a regardée faire attentivement, pendant que j'habituais Timothy au contact de mes mains. Puis, je lui ai cédé ma place.

Aujourd'hui, à près d'un an, Timothy est toujours un petit garçon d'une extrême sensibilité, mais il a accompli un grand bout de chemin. S'il supporte qu'on le touche, il le doit en partie aux bains du soir et aux massages de son papa. Il se serait aussi bien développé si c'était sa maman qui l'avait massé, cela va de soi, mais après une journée entière auprès de ce bébé hypersensible, Lana avait besoin de recharger ses batteries. De plus, il est bon que les enfants passent des moments privilégiés avec leur père, cela développe en eux une assurance très différente. Quant au papa, il a pu connaître grâce au massage et aux câlins l'intimité et la proximité qu'éprouvait la maman en allaitant.

Le massage : un bébé détendu en dix étapes

Le massage : accessoires indispensables

- Un oreiller.
- Une alèse imperméable.
- Deux serviettes-éponges.
- De l'huile pour bébé – végétale ou spéciale pour massages. Ne jamais utiliser d'huile aromatique, trop forte pour la peau d'un tout-petit et trop parfumée pour son odorat.

Mais, avant toute autre chose, trouvez une position confortable, que ce soit par terre ou sur la table à langer.

De même que pour le bain, ayez à disposition tous les accessoires cités dans l'encadré. Souvenez-vous d'agir avec lenteur, de prévenir votre tout-petit de ce que vous allez lui faire au fur et à mesure. Si, à un moment quelconque, Bébé vous paraît mal à l'aise, arrêtez tout immédiatement. Inutile d'attendre qu'il crie, ses gigotements vous indiquent déjà qu'il arrive à saturation. La première fois, ne vous attendez pas à ce qu'il reste gentiment étendu sous vos mains. Allez-y progressivement. Commencez par une session de deux ou trois minutes et augmentez peu à peu. En quelques semaines, il supportera des massages de quinze ou vingt minutes.

Assurez-vous que le lieu est propice. La pièce doit être chaude, dans les vingt-cinq degrés, et sans courant d'air. Mettez de la musique douce. Votre « table de massage » se composera d'une alèse imperméable, posée sur un oreiller et recouverte d'une serviette en éponge.

Préparez-vous. Demandez-vous : « Est-ce que c'est vraiment le bon moment pour moi d'être ici avec mon bébé ? Ne ferais-je pas mieux de reporter le massage à plus tard ? » Si vous êtes certaine de pouvoir lui donner le meilleur de vous-même, lavez-vous les mains et inspirez profondément plusieurs fois afin de vous relaxer. Étendez Bébé sur la serviette. Parlez-lui. Expliquez : « Je vais masser ton petit corps » et, tout en décrivant ce que vous vous apprêtez à lui faire, versez un peu d'huile dans vos mains (une ou deux cuillères à café) et frottez-les vigoureusement l'une contre l'autre pour réchauffer le produit.

Demandez-lui la permission de commencer. Avant de toucher Bébé, dites-lui : « Je vais prendre ton petit peton dans ma main et en frotter le dessous », car vous commencerez par le bas pour remonter jusqu'à la tête.

Les jambes et les pieds en premier. Sur les pieds, effectuez un mouvement pouce sur pouce, c'est-à-dire frottez la plante du pied avec un pouce en remontant du talon aux orteils et reprenez au départ avec le pouce de l'autre main. Appuyez légèrement tout du long. Rien ne vous empêche de chanter une comptine en même temps. Ensuite, massez le dessus du pied, des orteils jusqu'à la cheville ; arrivée là, faites de petits cercles tout autour. Quand vous remontez le long de la jambe, effectuez une légère torsion en procédant de la façon suivante : prenez dans vos mains une des jambes de Bébé, mais sans serrer. Tout en remontant la main du dessus vers la gauche, descendez la main du dessous vers la droite. La légère torsion que subissent la peau et les muscles a pour effet d'accélérer la circulation. Faites cela sur toute la longueur de la jambe, avant de passer à l'autre. Ensuite, glissez vos mains sous les fesses de Bébé et massez-les, puis redescendez vers les pieds.

Le ventre. Posez vos mains sur le ventre de Bébé et effectuez de légers mouvements circulaires vers l'extérieur. À l'aide de vos pouces, massez doucement autour du nombril, également vers l'extérieur. Puis remontez vers la poitrine.

Le thorax. Tout en disant à Bébé combien vous l'aimez, faites-lui une « lune et soleil » : Avec vos index, tracez un cercle – le soleil – englobant toute la poitrine jusqu'au nombril. Ensuite : de la main droite dessinez un C à l'envers – un croissant de lune – en haut de sa poitrine, et faites de même de la main gauche en sens inverse – autrement dit : un C à l'endroit. Répétez plusieurs fois. Puis, des deux mains, dessinez un cœur sur sa poitrine, en commençant au milieu du sternum et en finissant au nombril.

Les bras et les mains. Commencez sous les bras. Massez ensuite les bras en effectuant d'abord le même mouvement de torsion que sur les jambes, puis mains à plat et sans tourner. Prenez ses doigts l'un après l'autre et faites-les rouler entre les vôtres en vous aidant d'une comptine, si vous le voulez. Massez le dessus de la main en faisant de petits cercles autour du poignet.

Le visage. Soyez particulièrement douce. Commencez par le front et les sourcils, utilisez vos pouces autour des yeux. Descendez le long du nez et passez vos doigts sur les joues, des oreilles à la lèvre du haut puis du bas, dans les deux sens. Faites de petits cercles autour de la mâchoire et derrière les oreilles. Massez-lui les lobes et ensuite le dessous du menton. À présent, retournez Bébé sur le ventre.

La tête et le dos. Faites des cercles sur l'arrière de sa tête et de ses épaules. Massez son dos sur toute la longueur, en faisant des aller-retour. Dessinez des spirales de part et d'autre de la colonne vertébrale. Laissez vos mains se promener tout le long de son corps de la nuque aux chevilles, en passant par ses petites fesses.

Finissez le massage. Prévenez Bébé : « Voilà, c'est fini, mon chéri. Tu te sens bien maintenant, non ? »

Si vous suivez scrupuleusement les étapes ci-dessus, le massage sera un moment de bonheur pour Bébé. Mais encore une fois, respectez sa sensibilité. S'il pleure, arrêtez tout immédiatement. Vous reprendrez les massages dans quelques semaines, pour une séance plus courte. Si vous habituez votre enfant à la joie du contact, je vous garantis qu'il n'en tirera pas seulement un grand bénéfice plus tard – dès ce soir, il s'endormira beaucoup plus facilement. Au chapitre suivant, je vous apprendrai à créer les conditions optimales pour un sommeil paisible.

6

Le S de EASY : Sommeil ou Sanglot ?

Il n'y avait pas deux semaines que j'avais un bébé quand subitement l'idée m'est venue que c'en était à jamais fini de mon repos ! À jamais – peut-être pas, finalement, car subsistait le vague espoir de retrouver une nuit entière de sommeil quand le gamin aurait pris ses cliques et ses claques pour aller faire ses études dans quelque université lointaine. Mais jusque-là, inutile de me monter le bourrichon : sa petite enfance allait signifier pour moi une longue insomnie.

Sandi KAHN SHELTON,
Une nuit entière de sommeil et autres mensonges

Bon sommeil égale gentil bébé

Dormir est l'occupation principale des tout-petits au début de leur vie. Certains vont jusqu'à dormir vingt-trois heures sur vingt-quatre pendant leur première semaine sur terre, et c'est assurément une excellente chose. Si dormir est important à tout âge, pour les nourrissons c'est capital car, pendant le sommeil, leur cerveau travaille à fabriquer des cellules nouvelles, nécessaires à leur bon développement mental, physique et affectif. Après un bon moment de repos, la nuit ou pendant la sieste, les bébés sont exactement comme nous : vifs, concentrés et joyeux de vivre. Ils ont bon appétit, jouent gaiement, manifestent une belle énergie et ont des rapports faciles avec leur entourage.

En revanche, le bébé qui ne dort pas assez n'aura pas les forces neurologiques nécessaires pour fonctionner efficacement. Il risque d'être grognon, de mal coordonner ses mouvements, de ne plus prendre correctement le sein ou le biberon. Il n'aura pas d'énergie pour se lancer dans l'exploration du monde. Plus grave encore, l'accumulation de fatigue finira par détruire réellement son sommeil, et cela parce que les mauvaises habitudes se perpétuent d'elles-mêmes. On se retrouvera alors avec un bébé arrivé à un point de fatigue tel qu'il n'a plus la force de se détendre ou de se laisser aller au sommeil – un bébé qui ne s'endort plus que lorsqu'il est à bout de forces. C'est très douloureux de voir un tout-petit dans cet état d'épuisement, obligé de hurler au sens propre du terme pour s'endormir, pour se couper du monde extérieur. Et le pire, c'est que lorsqu'il dort enfin, c'est d'un sommeil agité et de courte durée, ne dépassant parfois pas plus de vingt minutes. Résultat : ce malheureux bébé est pratiquement grognon à longueur de temps.

Tout cela semble une évidence et, pourtant, bien des gens ne réalisent pas que *les bébés ont besoin d'être aidés par leurs parents* pour acquérir de bonnes habitudes de sommeil. En fait, ces troubles dits du sommeil sont très fréquents parce que beaucoup de parents ne se rendent pas compte que c'est à eux, et non à leur bébé, de décider de l'heure du coucher.

À cela vient s'ajouter la pression extérieure. « Il fait déjà sa nuit ? » s'entendent-ils demander plus souvent qu'à leur tour. C'est pratiquement la première question que tout un chacun leur pose, éventuellement remplacée par : « Il dort bien ? » quand l'enfant a plus de quatre mois. De quoi culpabiliser et angoisser de malheureux papas ou mamans qui, bien souvent, n'ont pas eu non plus leur compte de sommeil. Sur un site Internet une maman racontait qu'on lui demandait tant de fois si son bébé se réveillait la nuit qu'elle en avait fini par ne plus dormir du tout pour repérer les temps de sommeil de son bébé.

Il s'agit d'un phénomène typiquement américain. Dans aucune autre culture, je ne connais une telle abondance de mythes et d'idées fausses concernant le sommeil des tout-petits. Je vais donc m'attacher à vous exposer mes idées sur la question. Un bon nombre d'entre elles contrediront probablement ce que vous avez lu ou entendu ailleurs. Dans ce chapitre, je vous apprendrai surtout à repérer les signes de fatigue, avant que celle-ci ne dégénère en épuisement. Et je vous indiquerai comment remédier à la situation si par mégarde vous avez laissé passer la « fenêtre », le moment propice pour intervenir. Je vous enseignerai aussi comment aider Bébé à s'endormir et vous donnerai des trucs susceptibles d'éradiquer les problèmes de sommeil avant qu'ils ne deviennent récurrents et se transforment en habitudes dont on ne peut plus se défaire.

Renoncer aux manies : développer un sommeil intelligent

Chacun a son idée sur la meilleure façon d'endormir un bébé et sur les mesures à prendre quand on n'y parvient pas. Je n'entrerai pas dans le détail des modes qui se sont succédé au cours des décennies. De nos jours, je constate que deux écoles de pensée concentrent l'attention des parents (et des médias). L'une, généralement appelée la méthode Sears – du nom du pédiatre californien qui l'a popularisée –, prône « le partage du lit familial » ; l'autre, la méthode Ferber, du nom du Dr Richard Ferber, directeur du Centre des problèmes de sommeil au Children's Hospital de Boston, préconise de « désapprendre » à Bébé ses mauvaises habitudes de sommeil, partant du principe que celles-ci lui ont été inculquées.

À mes yeux, ces deux écoles ont l'une et l'autre leurs mérites. La méthode Sears, qui invite les parents à accueillir Bébé dans leur lit jusqu'à ce qu'il demande à avoir le sien, vise à développer chez l'enfant des associations positives à propos du coucher – idée à laquelle j'applaudis des deux mains. Sauf que... elle s'accompagne de moyens que je réfute absolument, à savoir : prendre Bébé dans ses bras, le câliner, le bercer et le masser jusqu'à ce qu'il s'endorme. « En vertu de quoi un parent devrait-il mettre son enfant dans une boîte avec des barreaux et l'y abandonner, tout seul dans le noir ? » s'offusque Sears, chantre de la

« couche commune », dans une interview au magazine *Child* en 1998. Et ses disciples de citer les pratiques d'autres cultures, comme la tradition balinaise où il est interdit qu'un enfant touche terre avant l'âge de trois mois. Mais, vivons-nous à Bali ? me permettrez-vous de demander. Quant à la *La Leche League*, elle exhorte la maman à accueillir Bébé dans le lit sous prétexte de renforcer les liens parents-enfant et de développer la confiance en soi des petits. Si l'enfant a eu une journée difficile, rester auprès de sa maman lui procurera le surcroît de chaleur et de protection dont il a besoin. Et tant pis si Papa-Maman n'ont plus qu'à mettre une croix sur leur vie personnelle et leur besoin de sommeil ! Aux parents qui pourraient en être contrariés, Pat Yearian – auteur cité dans *L'Art très féminin d'allaiter* – répond : « Si vous arrivez à vous ouvrir à une attitude de plus grande acceptation [comprendre : admettre que ce n'est pas demain la veille que votre bébé cessera de vous réveiller], vous apprécierez mieux ces moments de silence au milieu de la nuit, pendant que vous allaitez votre nourrisson ou serrez dans vos bras votre petit enfant en manque de présence rassurante. » Autrement dit : portez donc un regard positif sur la situation, vous qui êtes les parents !

Voyons maintenant ce que pensent les tenants de la méthode adverse, celle qui préconise d'observer un « temps de latence » avant de répondre au bébé. Si je suis d'accord avec le Dr Ferber quand il recommande de mettre dans son berceau le bébé encore éveillé afin de lui apprendre à s'endormir par lui-même, je ne partage pas ses positions quand il conseille de laisser l'enfant pleurer pendant des périodes de plus en plus longues – cinq minutes la première nuit, dix minutes la seconde et un quart d'heure la suivante. Pour moi, ces pleurs veulent dire : « Venez me chercher, faites-moi sortir d'ici ! » Mais le Dr Ferber ne s'arrête pas à cela. Voici l'explication qu'il donne dans une interview au magazine *Child* : « Quand un jeune veut jouer avec un objet dangereux, nous lui disons "Non", et cela ne lui fait pas forcément plaisir. Il en va de même pour le bébé : il doit apprendre dès son plus jeune âge qu'il existe des règles régissant la nuit, et qu'il est de son intérêt d'avoir une bonne nuit de sommeil. »

On voit que ces écoles ont toutes deux pour porte-parole des experts hautement qualifiés. Leurs positions font l'objet de débats passionnés dans la presse. En automne 1999, quand la Commission américaine sur la sûreté des produits de consommation a mis en garde les parents contre le danger de faire « couche commune » avec leur bébé, invoquant le risque élevé d'étouffement ou d'écrasement de l'enfant, le magazine *Mothering* a rétorqué par un éditorial de Peggy O'Mare intitulé : « Allez, ouste ! Hors de ma chambre ! », dans lequel la rédactrice exigeait qu'on lui livre des informations précises sur l'état d'intoxication ou d'ébriété de ces soixante-quatre pères et mères, censés avoir écrasé leur bébé dans leur sommeil. De même, quand la presse ou un éducateur renommé se permet de souligner l'insensibilité – pour ne pas dire la cruauté – de la méthode du « temps de latence », la levée de boucliers est immédiate. Des parents jurent leurs grands dieux que le Dr Ferber les a préservés du suicide et du divorce et qu'en plus leur enfant fait sa nuit.

Peut-être appartenez-vous déjà à l'un de ces camps. Si les pratiques qu'ils prônent marchent pour vous, pour votre bébé et pour votre style de vie, par pitié, n'en changez pas ! Pour ma part, je dirai seulement que les parents qui font appel à moi ont en général tâté des deux méthodes sans aucun résultat. Scénario typique : l'un des parents, attiré par l'idée de la « couche commune », réussit à convaincre son conjoint. Après tout, le concept a quelque chose de romantique, non ? un petit côté « retour à la terre, aux valeurs simples et vraies ». Et puis, se disent-ils, ce sera tellement plus facile pour la tétée du milieu de la nuit. Sans oublier qu'on va faire des éconocroques sur le berceau ! Banco, ça marche... Las, quelques mois plus tard, la lune de miel n'est plus qu'un souvenir. À force de se retenir de bouger de peur d'écraser le petit, Papa-Maman sont devenus insomniaques. Au mieux, ils ne dorment que d'un œil, se réveillant au moindre bruit de l'enfant dans son sommeil.

Or il est fréquent que les bébés se réveillent toutes les deux heures, les uns pour qu'on leur prête attention et, dans ce cas-là, une petite caresse suffit pour qu'ils se rendorment ; les autres pour jouer, croyant qu'on est le jour. Total : à force de faire lit commun avec l'enfant, les parents se retrouvent chacun dans une pièce – une nuit avec Bébé, une nuit tout seul sur le canapé du salon, histoire de récupérer. Si par malheur les deux parents ne sont pas intimement persuadés à cent pour cent que la couche commune est la panacée, celui dont la conviction flanche finit par en vouloir à l'autre. Stade auquel ils optent généralement pour la méthode Ferber.

Et voilà nos gentils parents en quête d'un berceau. Oui, il est grand temps que Bébé ait son lit ! Sauf que, pour le gamin, c'est une révolution. Il se dit : « Hier encore Papa-Maman m'acceptaient dans leur lit, me cajolaient, me roucoulaient mille et un mots d'amour, bref veillaient à mon bonheur. Et voilà qu'aujourd'hui ils me décrètent persona non grata et m'exilent au bout du couloir ! Que dois-je en conclure ? Bien sûr, je ne pense pas un instant à leurs concepts de prison et de noir qui me sont encore inconnus, mais je me demande quand même où ont bien pu disparaître ces deux grands corps bien chauds, jadis tout près de moi ? Et du coup je pleure. Je pleure parce que c'est ma façon à moi de demander : "Où êtes vous ?" Mais je pleure, je pleure, et personne ne vient ! Au bout d'une éternité, les voilà qui arrivent. Ils me tapotent gentiment, m'exhortent à être sage et vont se recoucher. Mais, moi, je ne sais pas comment on se rendort tout seul, personne ne me l'a jamais appris ! Je ne suis qu'un petit bébé ! »

Ce que je veux dire, c'est que les extrêmes sont loin de marcher avec tous les bébés – en tout cas, certainement pas avec ceux dont les parents m'appellent. C'est pourquoi je préfère dès le départ opter pour une voie du milieu fondée sur le bon sens et que j'appelle le « sommeil intelligent ».

Le sommeil intelligent

Disons-le tout de suite : il s'agit d'un point de vue anti-extrémiste et qui incorpore, comme vous le verrez, un peu des deux théories. Si celle du « laisser-pleurer » pèche parce qu'elle ne tient pas compte de Bébé et celle de la « couche commune » parce qu'elle ignore les besoins des parents, mon concept de « sommeil intelligent », lui, se veut une approche globale où les *besoins de toute la maisonnée* sont pris en considération. Cette approche vise à la fois deux objectifs qui, à mon sens, ne sauraient être dissociés l'un de l'autre. D'un côté, les bébés doivent apprendre à s'endormir par eux-mêmes, se sentir en sécurité et heureux dans leurs berceaux, c'est-à-dire certains de pouvoir compter sur leurs parents quand ils sont dans la peine ; de l'autre, les parents doivent être assurés d'obtenir le repos et les moments d'intimité qu'ils méritent – bref, les moyens de mener une vie qui ne soit pas entièrement soumise à la loi de Bébé, mais leur laisse le temps, l'énergie et le désir de continuer à s'intéresser à lui. Ces deux objectifs ne sont nullement contradictoires. Pour les atteindre, étudiez les principes énumérés ci-dessous. Ce sont les fondements du sommeil intelligent. Je vous expliquerai plus loin comment les traduire en pratique.

Prendre dès le départ la voie qu'on empruntera dans l'avenir. Si vous êtes tentée par l'idée de la couche commune, demandez-vous si vous voulez dormir ainsi jusqu'à ce que Bébé ait trois mois, six mois, voire plus. Dites-vous bien que tout ce que vous faites à Bébé est une leçon qu'il retient. Si vous le mettez au lit après l'avoir câliné sur votre sein ou bercé pendant quarante minutes, vous lui aurez appris : « Tu vois, mon lapinou, c'est comme ça qu'on s'endort. » Alors, si vous choisissez cette voie, mieux vaut être disposé à cajoler Bébé et à le bercer pendant très, très longtemps.

Développer l'indépendance de l'enfant dès le premier jour. Quand j'annonce à des parents tout neufs : « Le but est d'aider votre enfant à trouver son indépendance », ils me regardent souvent comme si j'étais tombée sur la tête. « Son indépendance, Tracy ? Il a à peine deux heures. » À quoi je réplique : « À quel âge faut-il commencer, selon vous ? » Pour ne rien vous cacher, personne n'a jamais répondu à cette question, pas même les scientifiques. Et cela, parce que nul n'a la moindre idée du moment précis où un nourrisson commence véritablement à comprendre le monde ou à développer les qualités nécessaires pour l'appréhender. Voilà pourquoi je dis : « Ne perdons pas de temps ! » Cependant, indépendance ne signifie pas négligence. Cela ne veut pas dire qu'il faille laisser Bébé hurler. Au contraire, il faut aller à sa rencontre et satisfaire ses besoins – y compris le prendre dans ses bras quand il pleure, parce qu'il essaie par là de nous transmettre quelque chose. Mais cela signifie aussi le reposer dès que son besoin a été satisfait.

Observer sans intervenir. Je vous l'ai déjà dit à propos du jeu, vous vous en souvenez probablement. Eh bien, cela s'applique également au sommeil. Les parents doivent savoir, mais aussi admettre, que les bébés passent par des cycles parfaitement répertoriés, chaque fois qu'ils s'endorment (*cf.* p. 208). Au lieu de se précipiter pour intervenir, interrompant par là un enchaînement naturel, ils doivent dominer leur impulsion et laisser Bébé se rendormir par lui-même.

Ne pas rendre l'enfant tributaire d'accessoires. J'entends par ce mot tout objet ou action humaine dont l'absence suscite du désarroi chez l'enfant. N'espérez pas que Bébé apprendra à s'endormir tout seul si vous l'habituez à croire qu'il aura toujours à disposition la poitrine de papa, le sein de maman ou une promenade de trente minutes dans l'appartement dès qu'il aura besoin d'être tranquillisé. Comme je l'ai déjà dit au chapitre 4 (p. 153) et comme je le répète plus loin dans ce chapitre-ci (p. 212), je suis tout à fait favorable aux tétines, du moment qu'on ne s'en sert pas pour museler l'enfant. D'abord, parce que c'est manquer de la considération la plus élémentaire que de réduire son bébé au silence en lui fourrant quelque chose dans la bouche ; ensuite parce que, ce faisant – de même qu'en berçant, portant ou cajolant sans fin Bébé pour l'endormir –, nous développons en lui une dépendance vis-à-vis de l'objet ou de l'action en question. Nous le privons d'une occasion de développer des stratégies d'apaisement personnelles et nous l'empêchons d'apprendre à s'endormir en ne comptant que sur lui-même.

Cela dit, ne confondons pas accessoire et objet transférentiel pour lequel le nourrisson marque un attachement passionné, tel que sa couverture ou son nounours. Dans la plupart des cas, l'objet transférentiel n'apparaît pas avant sept ou huit mois. Avant cela, ce sont généralement les parents qui décrètent que leur enfant fait une fixation sur un objet quelconque. Il va de soi que si votre petit semble soulagé par la présence de son joujou favori, permettez-lui de le prendre avec lui. Mais je m'oppose à ce que ce soit *vous* qui le lui donniez pour le tranquilliser. C'est à Bébé de découvrir par lui-même comment retrouver la sérénité.

Développer des rituels pour le coucher et pour la sieste. Le coucher et les siestes doivent être effectués chaque fois de la même façon. Comme je l'ai souligné tout au long de ce livre, les bébés sont des créatures d'habitude, qui aiment savoir ce qui va se produire. Les études ont démontré qu'à un âge très tendre les bébés conditionnés à voir apparaître un stimulus précis étaient capables de prévoir sa venue.

En dehors des trois étapes de l'endormissement, répertoriées plus bas dans l'encadré du même nom, il est important de savoir comment s'endort son enfant. Là aussi, on notera des différences selon les types de bébés (*cf.* chapitre 2, p. 80 et suivantes). Elles sont résumées dans l'encadré suivant.

Le sommeil selon les types de bébés

Les **bébés angéliques** et **modèles** s'endorment sans problème et tout seuls, si leur cycle n'est pas perturbé par l'ingérence d'un adulte.

Le **bébé irritable**, enclin aux colères, exige une attention soutenue de votre part, car si vous ratez le coche – la « fenêtre » –, il risque de s'enfermer dans l'énervement et vous aurez bien du mal à le tranquilliser.

Un **bébé vif** tend à gigoter beaucoup. Quand il est fatigué, il présente parfois un regard affolé et des yeux écarquillés, comme si ses paupières étaient maintenues ouvertes avec des allumettes. Pour l'apaiser, il vous faudra peut-être réduire les stimulations visuelles.

Un **bébé grincheux** est en général content d'avoir sa sieste, même s'il fait des manières.

Découvrir comment son bébé s'endort. Les recettes pour endormir un enfant ont toutes le même défaut : elles ne tiennent pas compte des particularités individuelles. Aucun truc ne marche pour tout le monde. C'est pourquoi, quand je donne aux parents toutes sortes de conseils, quand je leur explique le déroulement des trois étapes annonciatrices du sommeil (*cf.* l'encadré ci-dessous), je leur recommande toujours de bien connaître *leur* enfant – *le leur.*

Le meilleur moyen est encore de tenir le journal du sommeil de Bébé. Dès le matin, notez l'heure à laquelle il se réveille, puis celle de toutes ses siestes et de son coucher le soir, sans oublier son réveil au milieu de la nuit. Faites cela pendant quatre jours – la période est assez longue pour vous donner une idée générale de son sommeil, même si ses siestes vous paraissent irrégulières.

Les trois étapes de l'endormissement

Les bébés passent toujours par ces étapes. Le processus entier prend généralement vingt minutes.

Étape 1 : la fenêtre. Ne pouvant exprimer par des mots sa fatigue, Bébé l'indique entre autres par des bâillements (*cf.* p. 211). Au troisième, couchez-le, sinon il se mettra à pleurer au lieu de passer à l'étape suivante.

Étape 2 : la zone. Pendant trois ou quatre minutes, Bébé présente un regard fixe et lointain – son « regard sur la ligne bleue des Vosges ». Il a beau avoir les yeux ouverts, il ne voit pas vraiment : il est « ailleurs ».

Étape 3 : l'abandon. Bébé a tout du passager qui pique du nez dans le métro. Ses yeux se ferment, sa tête tombe sur sa poitrine ou roule sur le côté. Juste au moment où l'on croit qu'il va s'endormir, voilà qu'il rejette la tête en arrière avec une secousse de tout le corps et ouvre brusquement les paupières. Il referme ensuite les yeux. La chose se reproduit entre trois et cinq fois avant que Bébé ne pénètre enfin au pays des songes.

Marcy, par exemple, était persuadée qu'elle n'arriverait jamais à dresser une carte du sommeil de son petit Dylan âgé d'une semaine. « Il ne dort jamais au même moment, Tracy. » Néanmoins, au bout de quatre jours, elle a pu constater que son fils faisait toujours une courte sieste entre neuf et dix heures le matin, puis une autre de quarante-cinq minutes entre midi et demi et deux heures. Aux alentours de cinq heures du soir, il dormait encore pendant une vingtaine de minutes après avoir manifesté une grande nervosité. Le fait de connaître le rythme de Dylan a non seulement aidé Marcy à mieux programmer sa journée, mais aussi – ce qui n'est pas moins important – à instituer un emploi du temps qui tienne compte des biorythmes de son petit garçon, tout en lui procurant le temps de sommeil indispensable. Sachant à quel moment Dylan avait besoin de dormir, Marcy a mieux décodé ses humeurs ; elle a su déchiffrer ses énervements et prendre les mesures nécessaires avant qu'il ne soit trop tard.

La route menant au pays des songes

Rappelez-vous la Dorothy du *Magicien d'Oz*, cheminant le long de ce sentier dallé de carreaux jaunes dans l'espoir de rencontrer quelqu'un qui lui dira comment rentrer chez elle. Que découvre-t-elle au bout du compte, après bien des malheurs et des frayeurs ? Sa propre sagesse intérieure. En gros, c'est ce que je m'efforce de faire avec les parents quand je leur serine que les bonnes habitudes de sommeil commencent avec eux. Le sommeil est un processus acquis, qui débute à l'instigation des parents et se renforce sous leur égide. C'est pourquoi il est indispensable de l'enseigner à son enfant. Et maintenant voyons ce qu'implique le sommeil intelligent.

Pavez d'or le chemin qui mène au sommeil. Étant donné que les bébés sont avides de certitudes et apprennent par la répétition, il est important de toujours effectuer les mêmes gestes et de dire les mêmes mots avant les siestes ou au moment du coucher. Ainsi, l'enfant en conclut dans sa petite tête de bébé : « Tiens ! C'est l'heure de faire dodo ! » Établissez un rituel, faites les choses toujours dans le même ordre. Tandis que vous emportez Bébé dans sa chambre, dites-lui : « Mais oui, mon petit chaton, c'est dodo maintenant ! » ou bien « Il est temps d'aller retrouver ton berceau ! » Soyez paisible et sobre dans vos gestes. Vérifiez s'il a besoin d'être changé, vous voulez qu'il ait un sommeil confortable, n'est-ce pas ? Allez à la fenêtre et tirez les rideaux ou les stores. À ce moment-là, en général je dis : « Au revoir, monsieur Soleil, je vous reverrai après ma sieste » ou bien, si c'est la nuit et qu'il fait noir dehors : « Bonne nuit, madame la Lune. » Je ne suis pas partisane des siestes dans le salon ou la cuisine. À mes yeux, ce n'est pas respectueux. Vous aimeriez qu'on mette votre lit au milieu d'un grand magasin, avec une foule de gens qui s'agitent tout autour ? J'en doute. Eh bien, Bébé non plus n'aime pas ça.

Repérez les panneaux de signalisation. Comme nous, les bébés bâillent quand la fatigue se fait sentir. L'activité des poumons, du cœur et de tout le système sanguin étant moins efficace, l'apport en oxygène diminue. Pour compenser, le corps doit emmagasiner un supplément d'oxygène : c'est la fonction du bâillement. Bâillez, vous verrez que ce mouvement vous fait absorber plus d'air. Je conseille aux parents de s'efforcer d'agir dès le premier bâillement de l'enfant – au plus tard au troisième. En effet, si vous ratez le signal, certains bébés – ceux de type irritable, notamment – se mettront en colère et là, vous n'en avez pas fini !

Mon conseil : mettez en valeur les bienfaits du sommeil, en créant une atmosphère plaisante autour de l'événement. N'en faites ni une punition ni une bagarre. Si vous ordonnez à Bébé : « Dodo maintenant ! » sur le ton que vous prendriez pour l'expédier au bagne, quand il sera plus grand il pensera que la sieste est une chose néfaste et que dormir signifie : c'est toujours les autres qui rigolent !

Ralentissez au moment d'aborder le processus. Les adultes aiment lire ou regarder la télévision avant de s'endormir, cela les aide à passer la vitesse entre le jour et la nuit. Les bébés aussi ont besoin de débrayer. Avant le coucher, un bain et un massage aideront Bébé (s'il a plus de trois mois) à se préparer au sommeil, tout comme une berceuse apaisante. Même pour la sieste, je remonte la boîte à musique. Puis je fais un dernier câlin à Bébé pendant cinq minutes, assise sur une chaise à bascule ou à même le plancher. Si vous préférez lui raconter une histoire ou lui susurrer des mots doux, libre à vous. Toutefois, le but étant de tranquilliser Bébé, et non pas de l'endormir, j'interromps le câlin dès que je le vois prendre son regard lointain (étape n° 2 de l'endormissement) ou quand ses yeux se ferment (début de l'étape n° 3). Il n'est jamais trop tôt pour commencer à raconter des histoires à Bébé, mais il vaut mieux attendre qu'il sache se tenir assis et se concentrer un peu (vers six mois) pour lui montrer des images.

Mon conseil : éviter d'avoir des amis qui débarquent pile au moment de mettre Bébé au lit – ce n'est pas gentil pour lui. Il aimerait bien être de la partie, lui aussi. Il voit les invités et il se dit : « Mmm... De nouvelles têtes à regarder, de nouveaux visages auxquels sourire ! Si Papa-Maman croient que je vais manquer ça... ! »

Signes de sommeil

Comme les adultes, les tout-petits bâillent et perdent de leur concentration quand ils sont fatigués. À mesure qu'ils grandissent, ils trouvent de nouveaux moyens pour vous exprimer leur envie de dormir.

Quand ils peuvent tenir leur tête. Ils se détournent des choses et des personnes, comme s'ils voulaient se fermer au monde. Portés dans les bras, ils enfouissent leur visage dans votre poitrine. Leurs bras et leurs jambes ont des saccades involontaires.

Quand ils peuvent contrôler leurs membres. Ils se frottent les yeux, tirent sur leurs oreilles ou s'égratignent le visage.

Quand ils commencent à se mouvoir. Leur coordination est nettement moins bonne, ils se désintéressent de leurs jouets. Tenus dans les bras, ils se cambrent en arrière. Dans leur berceau, ils se blottissent parfois dans un coin, la tête tout contre les barreaux. Ou bien ils roulent sur le côté et se retrouvent coincés, ne sachant pas rouler en arrière.

Quand ils savent ramper ou marcher. La perte de coordination est le premier indice. Quand ils veulent se soulever, ils retombent ; s'ils marchent, ils trébuchent ou se cognent. Comme ils contrôlent bien leur corps, ils s'accrochent souvent à l'adulte qui veut les reposer par terre. Ils peuvent se lever dans leurs berceaux, mais ne savent plus se rasseoir sans se laisser choir, ce qu'ils font le plus souvent.

Déposez Bébé dans son berceau quand il est encore éveillé. Beaucoup de gens pensent qu'on ne peut pas mettre un bébé dans son berceau tant qu'il n'est pas complètement endormi. C'est archifaux. L'y déposer au début du stade n° 3 est le meilleur moyen de l'aider à développer les qualités nécessaires pour apprendre à s'endormir tout seul. Mais il y a aussi une autre raison : si Bébé s'endort dans vos bras ou dans un siège à bascule et se réveille dans son berceau, il sera désorienté. Comme vous-même le seriez si j'avais transbahuté votre lit dans le jardin pendant votre sommeil. Vous vous demanderiez : « Comment ai-je fait pour aboutir ici ? » C'est pareil avec les bébés, sauf qu'ils n'ont pas les capacités d'en déduire qu'une tierce personne les a transportés là où ils sont pendant qu'ils dormaient. Résultat, ils sont inquiets, effrayés même, et finissent par ne plus se sentir en sécurité dans leur berceau.

Quand je couche un bébé, je lui répète toujours les mêmes phrases : « Je te mets dans ton lit pour la sieste. Tu sais comme tu te sens bien après ! » Et je le regarde. Parfois, il s'agite un peu avant d'entrer dans le sommeil, surtout s'il est du genre à sursauter quand il en est au stade n° 3. Or c'est justement à ce stade-là qu'on voit le plus souvent les parents se précipiter. Erreur, car certains bébés s'apaisent naturellement. Si l'enfant pleure, il faut le rassurer bien sûr, lui faire comprendre par un petit tapotement régulier dans le dos qu'il n'est pas tout seul. Mais surtout, cesser de le tapoter dès qu'il est calmé, sinon il risque d'associer sommeil et tapotement, et il ne pourra plus s'en passer.

Mon conseil : de préférence, étendez Bébé sur le dos. Vous pouvez toutefois l'installer sur le côté pour dormir, à condition de le bloquer à l'aide de deux serviettes roulées ensemble ou d'un coussin spécial. Veillez à le changer de côté.

Utilisez une tétine quand la route vers le pays des songes est un peu cahoteuse. J'aime bien utiliser les tétines au cours des trois premiers mois, le temps que la routine se mette en place. Ça évite à la maman de tenir ce rôle. Mais attention : ne l'employez qu'à des moments précis, pour qu'elle ne devienne pas un accessoire sans lequel votre enfant ne peut plus s'endormir.

Au début, pendant six ou sept minutes, les bébés la tètent avec voracité, puis ils ralentissent peu à peu et ensuite la recrachent : ils ont expulsé leur trop-plein d'énergie et s'engagent maintenant sur le chemin qui mène au pays des songes. Comme de juste, c'est le moment que choisit une grande personne bardée de bonnes intentions pour s'exclamer : « Pauv' p'tit chou qu'a perdu sa tétine !... » Et de s'évertuer à la lui remettre en bouche. À cela je dis : « Stop ! Pas touche ! » Si Bébé avait besoin de sa sucette, il vous le ferait savoir par des bruits de déglutition et des gigotements.

Quincy ou de l'usage abusif des sucettes

Comme je l'ai précisé au chapitre 4 (p. 153 et suivantes), la ligne de démarcation entre le bon usage et l'abus d'une tétine est très ténue. S'il est normal de retirer la tétine de la bouche d'un bébé de moins de six ou sept semaines s'il ne l'a pas recrachée automatiquement au moment de s'endormir, il est en revanche abusif qu'à trois mois et plus, un bébé pleure pour avoir sa sucette dès qu'il ouvre l'œil. Cela me rappelle l'histoire du petit Quincy (six mois) dont les parents m'avaient appelée parce qu'il se réveillait au milieu de la nuit et que seule sa tétine le calmait. Deux ou trois questions bien ciblées m'ont révélé ce que je craignais : les parents s'évertuaient à remettre la tétine dans la bouche de leur enfant, chaque fois qu'il la laissait tomber. Résultat : Quincy en était devenu tributaire. Ne pas l'avoir en bouche perturbait son sommeil. J'ai dit aux parents de la supprimer. Cette nuit-là, quand Quincy l'a réclamée en pleurant, je l'ai gentiment tapoté au lieu de la lui donner. La deuxième nuit, je n'ai pas eu besoin de le tapoter aussi longtemps. En trois nuits, le problème était réglé : Quincy avait trouvé une solution tout seul – il suçait sa langue. Son sommeil était bien meilleur. Au début, la nuit, il faisait des bruits de canard, mais dans la journée, c'était un petit garçon beaucoup plus heureux.

Dans bien des cas, si vous suivez systématiquement le chemin indiqué quand Bébé en est à l'étape sommeil de la routine, vous arriverez à bon port sans encombre. Par des associations heureuses, vous l'aurez aidé à se forger une idée positive du sommeil.

Le côté répétitif du cheminement aura ancré en lui un sentiment de sécurité et d'attente comblée. Vous serez stupéfiée de voir la vitesse à laquelle votre tout-petit développe les aptitudes requises pour avoir un sommeil intelligent. Dormir sera pour lui un moment attendu, une expérience fortifiante et agréable. Bien sûr, il passera par des périodes de mauvais sommeil – quand il fera ses dents ou aura de la fièvre (*cf.* p. 221-223), mais ce seront là des exceptions.

Gardez à l'esprit qu'il faut vingt minutes à Bébé pour s'endormir profondément. Aussi, n'essayez jamais de précipiter les choses, sinon il s'énervera et l'enchaînement naturel des trois étapes en sera perturbé. Supposons qu'un bruit fort et soudain – chien qui aboie ou porte qui claque – vienne troubler votre petite fille alors qu'elle en était au troisième stade de l'endormissement. Résultat, elle se réveille au lieu de glisser dans le sommeil, et il vous faut tout recommencer au début. Vous connaissez ce désagrément pour l'avoir subi vous-même, j'imagine. Qui n'a pas été réveillé par une sonnerie de téléphone au moment de s'endormir ? On s'agace, on s'énerve, on a parfois du mal à se rendormir. Eh bien, il en va de même pour votre petite fille. Elle aussi s'énerve, et le cycle doit reprendre au début. Ce qui peut signifier vingt minutes supplémentaires pour l'endormir.

Que faire, quand on a raté la « fenêtre » ?

Au début, quand vous ne connaissez pas bien les cris et le langage corporel de Bébé, il se peut que vous laissiez passer ses trois bâillements sans les voir. C'est bien compréhensible. Si vous avez un bébé angélique ou modèle, cela ne sera pas bien grave ; une petite réassurance viendra généralement à bout du problème en un temps assez court. Mais que vous ayez un bébé vif ou un bébé grincheux – pire, un bébé irritable –, vous avez intérêt à avoir plusieurs tours dans votre sac, car Bébé n'est pas loin d'être épuisé. S'il est très perturbé, il ne s'endormira pas sans votre aide.

Avant tout, voici ce qu'il ne faut *jamais* faire pour endormir un bébé, quel que soit son type : le secouer ou le faire sauter ; le bercer fort ou le promener. Dites-vous bien qu'il est déjà

Principales causes des problèmes de sommeil

• **Avant d'être couché dans son berceau** Bébé a été :
– tenu dans les bras ;
– promené dans la pièce ;
– bercé ou balancé ;
– autorisé à s'endormir sur la poitrine d'un adulte.
• **Dans son sommeil** Bébé pleurniche et les parents se précipitent au lieu de le laisser se rendormir. Cette interférence bien intentionnée le réveille. À présent, il a pris l'habitude d'être secouru au moindre problème.

surexcité. S'il pleure, c'est qu'il en a assez du monde extérieur et tente de faire barrage au son et à la lumière. N'en rajoutez pas ! D'autant qu'en agissant de la sorte vous lui inculquez de mauvaises habitudes. Exemple : Maman ou Papa promène (berce) son nouveau-né pour l'endormir. Mais le tout-petit devient grand et quand il se met à peser dans les sept kilos, ce n'est plus aussi charmant. Et les voilà qui décident de l'endormir sans les « accessoires » dont il a l'habitude. Comme de juste, Bébé pleure. « Hé, vous autres ! Ça se fait pas, ces choses-là ! D'habitude, vous me bercez ou me promenez pour m'endormir ! » On comprend qu'il soit fâché.

Pour éviter ce scénario et aider Bébé à retrouver son calme et bloquer le monde extérieur, voici quelques conseils.

Langez Bébé. Le nouveau-né tout juste sorti du ventre de sa maman n'est pas habitué aux grands espaces. À l'intérieur, il était replié en position fœtale. De plus, il ne sait pas que ces bras et ces jambes-là lui appartiennent. Quand il les voit s'agiter tout près de lui, il prend peur et cela procure un surcroît de stimulation à ses sens déjà débordés par tout ce qu'ils doivent assimiler. Par conséquent, immobilisez-le. Langer les bébés est l'une des techniques les plus anciennes pour les aider à s'endormir. La méthode peut paraître désuète, mais ses bienfaits ont été confirmés par la recherche moderne. La technique est toute simple : prenez un lange carré et pliez-le en triangle, pointe en bas. Étendez Bébé dessus, la tête dépassant du tissu. Repliez délicatement un bras à angle droit sur sa poitrine et passez une pointe du lange autour de son corps sans trop serrer. Faites la même chose avec l'autre côté. Emmaillotez Bébé pendant les six premières semaines. Après, quand il en est à vouloir monter ses mains à sa bouche, pliez ses bras plus haut, en laissant ses mains sorties du lange, près de son visage.

Rassurez Bébé. Faites-lui savoir que vous êtes là pour l'aider. Tapotez-lui doucement le dos, régulièrement, comme si vous reproduisiez le battement de votre cœur. Éventuellement, dites : « Ch... ch... ch... » Cela lui rappellera le chuintement rythmé qu'il entendait dans votre ventre. Prenez une voix toute douce et apaisante pour lui chuchoter au creux de l'oreille : « Tout va bien, tout va bien » ou « Tu vas seulement faire dodo ». Ne cessez pas de le tapoter pendant que vous le déposez dans son berceau et continuez à faire « Ch... ch... », cela contribuera à rendre la transition plus douce.

Faites barrage aux stimuli visuels. Les stimuli visuels, tels que la lumière ou un mobile, sont une agression pour des nouveau-nés fatigués, surtout s'ils sont de type irritable. C'est pourquoi il faut faire la pénombre dans leur chambre avant de les coucher. Pour certains, ce n'est pas suffisant. Quand Bébé est dans son berceau, placez votre main au-dessus de ses yeux sans toucher ses paupières, afin de bloquer les excitations visuelles. Si vous le portez dans vos bras, tenez-vous dans l'ombre et s'il est vraiment très agité, enfermez-vous dans le noir – dans un cagibi sans fenêtre ou dans un grand placard.

Résistez coûte que coûte à ses pleurs. Un bébé épuisé est épuisant. Ses parents doivent déployer une patience et une détermination inouïes pour résister, surtout si l'enfant a déjà pris de mauvaises habitudes. Bébé pleure, on le tapote. Ses cris haut perchés ne font qu'augmenter. Ils signifient : « Je suis épuisé ! » Les bébés surexcités ont tendance à pleurer sans discontinuer. Leur cri monte crescendo jusqu'à un plafond et cesse brusquement. Las, le répit est de courte durée, ça repart bientôt de plus belle. En général, il faut trois crescendo avant que le bébé finisse par se calmer. Mais la plupart du temps, la résistance des parents ne survit pas au second crescendo et ils retournent à leur méthode antérieure – promenade, sein ou cet abominable bercement.

Le problème, c'est que si vous ne résistez pas, Bébé continuera de réclamer votre aide pour s'endormir. Il ne faut pas longtemps à un nourrisson pour qu'une habitude s'ancre en lui et devienne dépendance – tout au plus quelques fois – parce que sa mémoire est vierge. Si vous avez démarré du mauvais pied, chaque fois que vous répéterez votre erreur, vous renforcerez sa mauvaise habitude. Le plus souvent, on m'appelle quand l'enfant pèse dans les neuf kilos, autant dire des tonnes, et que le promener pour l'endormir n'est plus du tout une partie de plaisir. Les problèmes les plus graves se manifestent aux alentours de six à huit semaines. Comme je le dis toujours aux parents : « Comprenez que vous avez semé le vent, ne vous étonnez pas de récolter la tempête. Sans une conviction inébranlable et sans persévérance, vous ne ferez jamais perdre ses mauvaises habitudes à Bébé. » (Au chapitre 9, j'expose ma méthode pour corriger les erreurs.)

Je ne le répéterai jamais assez :
INDÉPENDANCE NE SIGNIFIE PAS NÉGLIGENCE !

Je n'abandonne jamais un bébé qui pleure, bien au contraire. Je me considère comme sa voix. Si je ne lui viens pas en aide, qui traduira ses demandes ? Mais cela ne veut pas dire que j'approuve ceux qui gardent leur enfant dans leurs bras et persistent à le consoler alors que son besoin a été satisfait.

En déposant votre bébé dans son berceau à la minute même où il a retrouvé le calme, vous lui offrirez le plus beau des cadeaux : l'indépendance.

Bébé fait sa nuit

Il est difficile de clore le chapitre du sommeil sans s'arrêter un instant sur le moment où Bébé « fait sa nuit ». En conclusion de ce chapitre, vous trouverez un résumé des événements censés se produire aux divers stades de sa croissance. Notez bien qu'il ne s'agit que de grandes lignes, fondées sur des probabilités statistiques. Seuls les bébés modèles se conforment exactement aux pronostics (d'où leur nom). Si le vôtre manifeste d'autres préférences, il n'y a rien de « mal » à cela. C'est simplement le signe de sa différence.

Tout d'abord, laissez-moi vous rappeler que la « journée » de Bébé dure vingt-quatre heures. En effet, l'enfant ne distingue pas la nuit du jour et l'idée de dormir la nuit ne signifie rien pour lui. En revanche c'est quelque chose que, *vous*, vous aimeriez qu'il fasse. Comme cela ne lui vient pas naturellement, c'est à vous de le former – lui apprendre qu'il y a une différence entre le jour et la nuit. Voici certains points qui méritent d'être rappelés.

Usez du principe « Déshabiller Pierre pour habiller Paul ». Il n'y a aucun doute : avoir instauré la routine EASY permet au Bébé de « faire sa nuit » plus tôt. Et ce, parce que cette méthode allie structure et flexibilité. J'ose espérer que vous gardez trace des temps où il se nourrit, joue et dort. Grâce à quoi, désormais, vous déchiffrez correctement ses besoins. Par exemple, s'il a eu une matinée particulièrement agitée, vous le laissez dormir une demi-heure de plus. Tant pis si cela décale son heure de repas (chose que vous ne pourriez réaliser avec un programme plus strict). Cela dit, faites preuve de bon sens. Dans la journée, ne laissez jamais Bébé dormir plus longtemps qu'un cycle de tétée – trois heures – sinon il vous privera de sommeil, la nuit venue. Je peux vous jurer qu'aucun bébé ayant dormi six heures d'affilée le jour ne dormira plus de trois heures, la nuit suivante. Si les siestes de votre Bébé se prolongent comme cela, vous pouvez vous dire sans erreur qu'il a interverti la nuit et le jour. Le seul moyen de l'obliger à faire marche arrière, c'est de le réveiller – de retirer à Pierre les heures employées à dormir dans la journée pour les offrir à Paul, autrement dit : à la nuit.

Laissez Bébé « s'éclater la sous-ventrière », si vous me pardonnez l'expression. Lui remplir la panse est un bon moyen de l'aider à faire sa nuit. Pour l'y préparer, je préconise deux pratiques à mettre en œuvre dès l'âge de six semaines : la tétée en chapelet – laquelle consiste à nourrir Bébé toutes les deux heures avant de le coucher pour la nuit – et la tétée des rêves – point d'orgue à sa journée, qui consiste à le nourrir juste au moment où vous vous couchez vous-même. Explication : une tétée (sein ou biberon) à six heures du soir, une autre à huit heures, et une ultime à dix heures et demie, onze heures, destinée, celle-ci, à faire glisser Bébé dans le sommeil au sens le plus littéral du terme, puisqu'il s'agit de *ne pas le réveiller*. Tout le truc est là. Vous prenez délicatement votre enfant endormi, vous placez le biberon ou votre sein sur sa lèvre inférieure et vous le laisser téter à sa faim. Quand il a fini, vous le remettez dans son berceau sans lui faire faire son rototo. Les nouveau-nés sont généralement si détendus pendant cette tétée-là qu'ils n'avalent pas d'air en mangeant. Quant à vous, ne lui parlez pas et ne changez pas sa couche, à moins qu'elle ne soit vraiment trempée ou sale. Grâce à cette méthode, Bébé « fait le plein ». La quantité de calories emmagasinées lui permet de tenir cinq ou six heures – et il ne se réveille pas au milieu de la nuit.

Mon conseil : si la tétée des rêves est au biberon, laissez Papa la donner, la plupart des pères adorent ça.

Employez une tétine. La sucette est un autre moyen efficace d'habituer Bébé à sauter la tétée du milieu de la nuit, à condition qu'il ne la prenne pas pour un accessoire de sommeil. Si un bébé de cinq kilos absorbe dans la journée entre sept cents et huit cent cinquante grammes au biberon ou s'il a entre six et huit tétées (quatre ou cinq dans la journée, plus deux ou trois en chapelet le soir), il est correctement nourri : il n'a aucun besoin d'un repas supplémentaire la nuit. S'il continue à se réveiller, c'est qu'il s'exerce à la stimulation orale. Et c'est là qu'intervient la tétine. La méthode est payante, mais la plus grande prudence est de mise. Si Bébé a l'habitude de prendre ses repas en vingt minutes et qu'il ne tète pas plus de cinq minutes ou prend à peine trente grammes quand il réclame à manger la nuit, supprimez ce repas et donnez-lui sa tétine à la place. La première nuit, il restera probablement réveillé à sucer sa tétine pendant les vingt minutes de sa tétée habituelle avant de se rendormir. La nuit suivante, il est fort possible qu'il ne reste éveillé que dix minutes. La troisième nuit, il se contentera de gigoter un peu à l'heure de son repas, mais sans se réveiller. S'il se réveille quand même, donnez-lui sa tétine. En d'autres termes, le truc consiste à substituer un stimulus à un autre – à remplacer biberon ou sein par la tétine. Dans quelque temps, Bébé ne se réveillera plus, n'en ayant plus besoin.

C'est exactement ce qui s'est passé avec Cody, le petit garçon de Julianna. Il pesait sept kilos et demi quand sa maman, qui l'observait attentivement, s'est rendu compte que ses trois tétées du petit matin étaient en fait une habitude. Cody se réveillait, tétait son biberon dix minutes et puis se rendormait. Elle m'a appelée pour me demander de passer la voir. En premier lieu, elle voulait s'assurer qu'elle ne se trompait pas dans ses estimations – ce qui était peu probable, compte tenu de ses descriptions. En second lieu, elle voulait aider Cody à ne plus se réveiller à cette heure. J'ai passé trois nuits chez elle. La première, j'ai sorti Cody de son berceau et lui ai donné sa sucette au lieu du biberon. Il l'a sucée dix minutes sans noter la différence. La nuit suivante, je lui ai donné sa tétine, mais je ne l'ai pas sorti de son berceau. Cette fois, il ne l'a sucée que trois minutes. La troisième nuit, comme je m'y attendais, il a laissé échapper de petits bruits fâchés à trois heures et quart du matin, mais ne s'est pas réveillé pour autant. C'est tout. Depuis, Cody dort jusqu'à six ou sept heures du matin.

X *Ne vous précipitez pas.* La sagesse exige de ne pas réagir au premier bruit entendu car, dans le meilleur des cas, le bébé dort à poings fermés. C'est pourquoi je conseille souvent aux parents de jeter à la poubelle ces saletés de moniteurs : ils amplifient tellement gazouillis et pleurnichements que les malheureux s'alarment et paniquent ! Comme je l'ai dit et redit tout au long de ce chapitre, il ne faut pas confondre réponse et sauvetage. Un bébé auquel les parents « répondent » devient un enfant sûr de lui, qui n'a pas peur d'aller de l'avant. Alors qu'un bébé continuellement « sauvé » par ses parents doute de lui et ne développe jamais la force et les capacités indispensables pour se lancer à la découverte du monde ou s'y sentir en sécurité.

Le sommeil du bébé

Comme les adultes, les bébés passent par des cycles du sommeil d'environ quarante-cinq minutes. Ils entrent d'abord dans un sommeil profond, puis dans un sommeil plus léger où se produisent les rêves et, enfin, reviennent à l'état conscient. Chez la plupart des adultes, ces cycles se succèdent sans qu'ils en aient véritablement conscience (à moins qu'un rêve trop vif ne les réveille) : ils se retournent alors et se rendorment, sans même se rendre compte qu'ils s'étaient réveillés.

Certains bébés font plus ou moins la même chose : ils poussent de petits bruits grognons – des cris de « bébé fantôme » – et, si personne ne les dérange, ils repartent pour le pays des rêves.

D'autres nourrissons ne sont pas capables de se rendormir aussi facilement, une fois qu'ils ont émergé du sommeil paradoxal. La cause en est bien souvent leurs parents, qui se précipitent depuis le premier jour : « Oh, Bébé est réveillé... » Résultat : l'enfant n'a pas appris à passer les vitesses au moment de glisser d'un cycle du sommeil à l'autre.

Problèmes de sommeil inévitables

Nonobstant ce que j'ai exposé plus haut, je tiens à terminer ce chapitre en signalant que les perturbations du sommeil sont inévitables. Les bébés qui dorment bien passent eux aussi par des périodes d'agitation qui peuvent avoir parfois des répercussions sur leur sommeil. Les raisons en sont souvent les suivantes.

Premières bouillies. Bébé vient de passer un cap. Les aliments solides peuvent lui provoquer des gaz qui le réveillent. Cherchez-en la cause avec votre pédiatre et vérifiez qu'il ne s'agit pas d'une réaction allergique. Tenez le registre de tous les aliments introduits dans son régime. Cela aidera le médecin à dépister les problèmes éventuels.

Premiers mouvements. Les bébés qui viennent tout juste d'apprendre à se mouvoir éprouvent souvent des picotements dans les membres et les articulations. Cela vous est certainement arrivé un jour, après une séance de gymnastique, si vous ne vous étiez pas entraînée depuis un certain temps. En effet, le niveau d'énergie reste élevé et le sang continue de circuler plus vite, après l'exercice. Les bébés éprouvent la même sensation quand ils commencent tout juste à remuer : ils prennent une position et ne savent pas en changer ensuite. Cela aussi peut perturber leur sommeil. Ou bien il leur arrive de se réveiller, interloqués de ne pas se découvrir dans la position dans laquelle ils s'étaient endormis. Il suffit alors de les rassurer en leur chuchotant régulièrement : « Ch… ch… ch… tout va bien. »

Poussées de croissance. Pendant les poussées de croissance, qui peuvent durer deux jours, les bébés se réveillent parfois affamés (*cf.* chapitre 4, p. 142). Nourrissez le vôtre mais, le lendemain, donnez-lui davantage à manger dans la journée. Le fait d'augmenter les calories suffit d'ordinaire à régler le sommeil.

Dents. Signe indubitable : Bébé bave et a les gencives rouges et enflées. Il a parfois un peu de fièvre. Un de mes remèdes favoris consiste à mouiller le coin d'une lingette et à la mettre au congélateur. Quand elle est dure comme du bois, je la donne à Bébé pour qu'il la suce. Personnellement, je n'aime pas beaucoup tous ces objets à congeler qu'on vend pour les bébés. On ne sait jamais de quoi ils sont remplis. En Angleterre, nous avons les biscottes Farley, des biscuits durs, spécialement faits pour les dents et qui fondent complètement. Ils sont super, sans danger et se vendent partout dans le pays. Contre la douleur, je conseille le paracétamol.

Le gros popo. La plupart des nourrissons se réveillent quand cela se produit. Parfois même, ils sont effrayés. Changez Bébé dans la pénombre pour l'empêcher de « lancer le moteur ». Rassurez-le et remettez-le dans son berceau.

Le sommeil dont Bébé a besoin (ce que vous pouvez attendre de lui)

Âge	Mobilité volontaire	Temps de sommeil nécessaire par jour	Modèles de sommeil typiques
Naissance	Contrôle uniquement ses yeux	16-20 h	Jour : 1 sieste de 1 h toutes les 3 h Nuit : 5-6 h
1-3 mois	Contrôle sa tête. Plus vif, plus conscient de l'environnement	5-18 h jusqu'à 18 mois	Jour : 3 siestes de 1 h 30 chacune Nuit : 8 h
4-6 mois	Mobilité croissante		Jour : 2 siestes de 2 ou 3 h chacune Nuit : 10-12 h
6-8 mois	Capable de s'asseoir et de ramper		Jour : 2 siestes de 1 ou 2 h chacune Nuit : 12 h
8-18 mois	Toujours en mouvement		Jour : 2 siestes de 1 ou 2 h chacune ou 1 sieste de 3 h Nuit : 12 h

Mon conseil : quand Bébé se réveille au milieu de la nuit et ce, quelle qu'en soit la raison, ne soyez jamais trop joyeuse. Affectueuse, uniquement. Réglez le problème en faisant attention à ne pas lui donner d'idée fausse. Sinon, il risque de se réveiller demain, prêt pour une partie de jeux nocturne.

Maman et Papa, laissez-moi vous rassurer : quelles que soient leurs causes, les problèmes de sommeil ne dureront pas éternellement. Prenez de la distance, vous serez moins catastrophés. Finalement, ce ne sont jamais que quelques nuits sans sommeil. Bien sûr, il vaudrait mieux avoir tiré au loto un bébé qui dort comme un sonneur, mais enfin !... Le plus important, c'est que vous soyez, vous, suffisamment reposés pour résister au choc. Au chapitre suivant, je vous en parlerai et vous montrerai comment prendre soin de vous-même.

7

Le Y de EASY : Y êtes-vous ? À vous maintenant !

Maintenant, allongez-vous vite, et faites-le chaque fois que vous prendrez ce livre. Le conseil le plus important que nous puissions vous donner aujourd'hui est tout simple : ne restez pas debout quand vous pouvez vous asseoir ; ne restez pas assise quand vous pouvez vous allonger ; ne restez pas éveillée quand vous pouvez dormir.

Vicki IOVINE,
Le Guide des copines ou comment survivre à la première année de maternité

Pensez à vous de temps en temps. Ne vous offrez pas en pâture à vos enfants sans rien conserver pour vous-même. Connaissez-vous, il en est grand temps. Découvrez sur vous-même des choses que vous ignoriez, écoutez-vous, observez-vous et... grandissez !

Anonyme,
Réponse à un sondage publié dans *The Motherhood Report*

Mon premier bébé à moi

Si les parents me font confiance, c'est parce que je partage avec eux mes premières expériences de maman. « Il faut être passé par là pour savoir à quoi ça ressemble. » Croyez bien que j'en ai éprouvé, des craintes et des déceptions, quand j'ai eu ma première fille. Des inquiétudes aussi. Étais-je suffisamment préparée, saurais-je être une bonne mère ? Et pourtant, j'étais loin d'être esseulée. J'avais autour de moi Nan qui m'a pratiquement élevée, ma mère, un réseau compact de parents, d'amis et de voisines – tous prêts à voler à mon secours. Et malgré tout, j'ai eu un choc quand le bébé est né.

Bien sûr, ma mère et ma grand-mère se sont extasiées sur la beauté de Sara. Moi, j'étais plus réservée. Elle n'était pas du tout comme dans mes rêves. En la voyant, je me rappelle m'être dit : « Beurk, elle est toute rouge et plissée ! » Je garde de ce moment un souvenir si vif qu'à dix-huit ans de distance je ressens encore mon accablement : sa lèvre supérieure n'était pas exactement conforme à mes critères de beauté. Elle me fixait en poussant de petits bêlements. Nan s'est tournée vers moi et m'a dit : « Voilà, Tracy ! Ton travail d'amour vient de débuter. À partir de maintenant, tu seras maman jusqu'à ton dernier soupir ! » Mère, moi ?... J'ai cru qu'elle venait de me déverser un seau d'eau froide sur la tête. L'envie m'a saisie de m'enfuir ventre à terre, d'annuler tout ça !

Les jours suivants, si j'en crois mes souvenirs, ont été un amalgame de maladresses, de larmes et de douleurs. À force d'être restée, les genoux pliés comme une grenouille et la tête violemment poussée en avant par la sage-femme, j'avais les épaules en marmelade et les cuisses endolories. J'en avais encore mal derrière les yeux d'avoir poussé sans relâche. Et ma mère disait : « Tu dois donner la tétée à Sara tout de suite, il ne faut pas attendre », alors que mes seins étaient au bord d'exploser ! Je ne vous dis pas ma terreur. Nan m'a bien aidée à trouver une position confortable, il n'en demeure pas moins que j'ai dû me débrouiller toute seule. Et pas seulement pour nourrir Sara, mais pour la changer, la réconforter, être vraiment avec elle. Et aussi pour tenter de me retrouver, moi. Bref, tout cela m'a pris la plus grande partie de la journée.

Aujourd'hui, dix-huit ans plus tard, la plupart des jeunes mamans passent plus ou moins par la même expérience (laquelle, dix-huit ans avant mon tour, ne devait pas avoir été bien différente, j'imagine). Ce qui est accablant, ce n'est pas seulement le choc physique – qui pourtant suffirait à terrasser n'importe qui –, c'est l'épuisement mental, le déferlement d'émotions et le sentiment de sa propre nullité qui s'abattent sur vous en même temps. Sachez, jolie maman, que c'est tout à fai normal. Je ne vous parlerai pas de la dépression *post-partum*, que j'aborderai dans un autre chapitre, mais de ce moment offert par dame Nature pendant lequel vous allez rester chez vous pour vous soigner et faire ami-ami avec votre bébé. Le problème, c'est que certaines femmes prennent à peine le temps de se nourrir, une fois que l'enfant est né, et c'est une attitude défaitiste, pour ne pas dire dangereuse.

Deux mamans : deux histoire

Pour illustrer mon propos, je ais vous présenter Connie et Daphné, des mamans dont je e suis occupée. Toutes deux avaient la trentaine ; toutes d ux avaient débuté au bas de l'échelle et dirigeaient à présent entreprise qu'elles avaient l'une et l'autre fondée ; toutes deux, enfin, avaient eu un accouchement naturel sans complication et la chance de donner naissance à un bébé angélique. Ce qui les distinguait – et la différence était de taille – c'était que Connie avait admis que l'arrivée du bébé allait bouleverser sa vie alors que Daphné refusait d'envisager quelque changement que ce soit.

Connie. Architecte d'int´rieur, elle avait trente-cinq ans quand sa fille est née. Très organisée de nature (elle devait coter 4 sur l'échelle de l'organisation écrite au chapitre 2, p. 74), elle s'était donné pour but d'avoir la chambre fin prête pour accueillir Bébé, dès la fin de son sixième mois de grossesse. Objectif atteint, comme j'ai pu le constate : en me rendant chez elle pour une visite prénatale. Ne manquait plus que le poupon. Pressentant qu'une fois sa fille arrivée elle 'aurait plus le temps ou l'envie de faire la cuisine, occupation à laquelle elle s'adonnait volontiers d'ordinaire, Connie avait bourré son congélateur de délicieux potages nourrissants, de ragoûts, de sauces et de bien d'autres plats qu'il ne restait plus qu'à passer au four. À l'approche de la date fatidique, elle a appelé tous ses clients pour les prévenir. « Il y aura *quelqu'un* en cas d'urgence. Mais, pour les deux mois à venir, ne comptez pas sur moi : mon bébé et moi passons avant tout ! » Il ne s'est trouvé personne pour émettre une objection. En fait, tout le monde a apprécié sa façon claire et nette d'exposer le problème, on l'a même trouvée originale et parfaite.

Comme elle avait la joie d'entretenir des relations étroites et affectueuses avec sa famille, il était clair que dès l'arrivée du bébé tout le monde entrerait en action. Et, de fait, sa mère et sa grand-mère ont pris sur elles la cuisine et les courses, tandis que sa sœur se chargeait des coups de téléphone professionnels et des visites au bureau indispensables.

La semaine qui a suivi son retour de la maternité, Connie est restée au lit pratiquement toute la journée à examiner sa fille pour bien la connaître. Elle a ralenti son rythme, naturellement rapide, et s'est donné le temps de bien aborder l'allaitement. Bref, elle a accepté le fait qu'elle devait prendre soin d'elle-même. Puis sa maman est partie, lui laissant un congélateur rempli de nourriture et une foison de menus provenant de restaurants livrant à domicile, pour le cas où chauffer un plat sorti du frigidaire lui semblerait un travail de titan.

Connie a su enrôler son mari dans le partage des tâches sans le tarabuster, comme je vois tant de femmes le faire. Ne doutant pas de son amour pour Annabelle, elle ne lui a pas fait de scène à Buzz quand la couche n'était pas assez serrée, mais l'a encouragé dans son rôle de père. Ils se sont réparti le travail, et ni l'un ni l'autre n'a empiété sur le territoire du voisin. Résultat : le papa s'est senti véritablement associé dans l'entreprise parentale, et non relégué à un poste subalterne.

Faire suivre une routine structurée à sa petite a permis à Connie de mieux planifier son temps, même si ses matinées continuaient de filer sans qu'elle les voie passer, comme c'est le cas pour la plupart des nouvelles mamans. Le temps qu'elle se lève, s'occupe d'Annabelle, prenne sa douche et s'habille, c'était déjà l'heure du déjeuner. Mais l'après-midi, entre deux et cinq, elle s'allongeait – que ce soit pour faire la sieste, lire ou simplement rassembler ses pensées, peu importe. Connie avait besoin de ce moment de solitude. Plutôt que de s'en priver, elle a privilégié les tâches hautement prioritaires, laissant de côté la majeure partie de son courrier et des coups de fil à passer : ça pouvait attendre.

Après mon départ, Connie a continué d'observer sa routine de repos et récupération. Elle avait prévu la chose, comme tout le reste, et s'était organisée en conséquence. Des semaines auparavant, elle avait passé en revue les amies susceptibles de venir chaque jour à tour de rôle pour surveiller le bébé pendant qu'elle ferait la sieste. Et elle avait déjà entamé des recherches pour trouver une nounou pour l'époque où elle retournerait au bureau.

Quand Annabelle a eu deux mois, Connie a progressivement repris son travail. Au début, elle a travaillé à mi-temps, ne passant au bureau que pour contacter les clients et s'assurer que tout était en ordre, refusant tous les nouveaux projets qui se présentaient. Quand Annabelle a eu dans les six mois, Connie a pu augmenter son temps de présence au bureau : elle connaissait sa fille, elle avait passé assez de temps avec la nounou pour être sûre d'avoir choisi la personne qui convenait, elle ne doutait pas de ses capacités en tant que mère et se sentait reposée, épanouie et en bonne forme physique dans son nouvel état, à défaut d'avoir retrouvé l'ancien.

Maintenant, Connie a repris son travail à plein temps. L'après-midi, elle s'octroie systématiquement une très courte sieste au bureau. « Vous savez, Tracy, m'a-t-elle avoué récemment, la maternité a été la meilleure chose qui pouvait m'arriver. Entre autres choses, ça m'a forcée à ralentir mon rythme. »

Daphné. Si seulement Daphné, avocate de trente-huit ans à Hollywood, spécialisée dans l'industrie du spectacle, avait pu suivre l'exemple de Connie ! Las, elle n'était pas rentrée de l'hôpital depuis une heure qu'elle était déjà pendue au téléphone et que des nuées de visiteurs faisaient le pied de grue dans sa maison. Une chambre ravissante et parfaitement équipée attendait le bébé, mais rien n'avait été sorti des emballages. Dès le deuxième jour, j'ai surpris Daphné proposant son salon comme lieu de réunion pour un important rendez-vous d'affaires. Le troisième jour, elle m'annonçait son intention de retourner au bureau.

Entre les amis et les relations professionnelles, Daphné connaît une foule de gens. Une semaine ne s'était pas écoulée que son agenda était bourré. À croire qu'il lui fallait prouver au monde entier qu'un bébé n'avait aucune incidence sur sa vie. Elle en était presque provocatrice dans son comportement. « À déjeuner ? Pas de problème, Tracy est là et j'ai une nurse. » Inquiète de ne pas retrouver sa ligne, elle picorait au lieu de se nourrir et fixait des rendez-vous avec son entraîneur pour faire des exercices sur son appareil en forme de marches d'escalier – parfaite métaphore de son existence agitée d'avant le bébé, où gravir les échelons est le seul mode de vie.

À se demander si elle était au courant qu'elle avait eu un enfant ! Comment lui jeter la pierre quand, dans son métier, tant de gens disent « mon bébé » à propos de leurs projets ? Pour Daphné, l'accouchement n'avait été finalement qu'un projet parmi d'autres, du moins voulait-elle s'en persuader. Tomber enceinte, ce qui n'avait pas été si simple, avait correspondu à l'étape dite « de développement » dans son industrie du film. Et maintenant que « le produit » – le bébé – était « dans la boîte », il était temps de passer au projet suivant.

Que Daphné saute sur toutes les occasions de quitter la maison n'étonnera personne. Dès qu'il y avait une course à faire, si futile soit-elle, elle répondait « Présente ! ». Au retour, elle avait chaque fois oublié quelque chose sur la liste. Belle excuse pour s'échapper encore.

Ces premiers jours chez elle m'ont donné l'impression de vivre avec une tornade. Elle voulait nourrir son bébé. Mais quand elle s'est rendu compte qu'il lui faudrait consacrer quarante minutes à l'affaire – au début tout du moins –, elle a déclaré forfait. « Je crois que je devrais essayer le lait de substitution. » Vous avez certainement compris, depuis que vous lisez ces pages, que je ne suis pas du genre psychorigide. J'admets sans problème que la maman opte pour le sein ou le biberon, selon ce qui l'arrange. Mais, pour faire un choix, encore faut-il prendre tous les facteurs en considération (*cf.* chapitre 4, p. 116 et suivantes). Et pour Daphné, un seul comptait – sa liberté. « Je veux redevenir comme avant. »

Avec son mari, elle était si confuse dans sa façon d'exprimer ses désirs que le malheureux Dick n'y comprenait plus rien. En papa plein de bonne volonté, il se réjouissait de prendre la relève.

Mais voilà, tantôt Daphné lui lançait d'une voix pleine de confiance, un pied déjà dehors : « Je sors, je te laisse Cary, d'ac ? » ; tantôt elle l'accablait de ses sarcasmes, en détaillant son gamin : « On peut dire que tu as choisi le jour, pour lui mettre ces oripeaux ! Ma mère vient déjeuner. » On ne s'étonnera pas que Dick se vexe et finisse par se désintéresser de la situation.

J'ai tout essayé pour forcer Daphné à freiner son tempo. D'abord, j'ai confisqué le téléphone, mais ça n'a rien donné. Il y avait des appareils dans toute la maison et, de plus, elle avait un portable. Puis, je lui ai ordonné de s'allonger trois heures l'après-midi. Invariablement, elle en profitait pour passer des coups de fil, inviter des amis ou organiser des réunions d'affaires. « Venez entre deux et cinq, disait-elle, je n'ai rien à faire à ce moment-là. » Un jour, Dick et moi avons caché ses clefs de voiture. Elle est devenue folle au point de nous crier, quand nous avons refusé de les lui rendre : « Puisque c'est comme ça, j'irai au bureau à pied ! »

Attitude de déni classique, qui aurait pu s'éterniser si la nounou engagée pour me remplacer n'était tout simplement pas venue. Et moi, je n'avais plus que deux jours à consacrer à Daphné. Brutalement, la réalité a dégringolé sur sa tête comme une montagne de briques. Épuisée, à bout de nerfs, elle s'est écroulée en larmes.

Je me suis employée à lui faire prendre conscience que son activité incessante ne servait qu'à cacher son insécurité. Je l'ai rassurée : bien sûr qu'elle serait une bonne mère, mais cela allait prendre du temps. Si elle se sentait à plat en ce moment, c'était parce qu'elle avait laissé passer l'occasion d'apprendre à connaître son fils et à discerner ses besoins. Mais cela ne voulait pas dire qu'elle était nulle – elle était tout simplement épuisée, ne s'étant accordé aucun temps pour récupérer. « Je ne sais rien faire de bien ! sanglotait-elle. Pourquoi est-ce que j'échoue, alors que tout le monde a l'air de si bien réussir ? »

N'allez pas croire que je cherche à dépeindre Daphné sous les couleurs les plus noires, au contraire. J'avais de la pitié pour elle. J'ai souvent été témoin de ce scénario. Bien des mamans se réfugient dans le déni, celles qui abandonnent une carrière prestigieuse et prospère notamment, ou celles qui sont des maniaques de l'organisation. Dès que Bébé est là, leur vie est

Excuses, excuses... et solutions

- **Je ne peux pas laisser mon bébé seul.** Demandez à un parent ou à une amie de venir pendant une heure.
- **Mes amies ne connaissent strictement rien aux bébés.** Montrez-leur quoi faire, et comment.
- **Je n'ai pas une minute à moi.** Apprenez à sérier les problèmes, ménagez-vous des plages de temps, branchez le répondeur au lieu de répondre au téléphone.
- **Personne ne s'occupe de mon bébé aussi bien que moi.** Balivernes ! En fait, vous voulez tout contrôler mais, un jour, vous serez à bout de forces. Que ferez-vous, alors ?
- **Que se passera-t-il si je ne suis pas là ?** Le monde ne cessera pas de tourner. Vexant, non ?
- **Je me reposerai quand le bébé sera un peu plus vieux.** Si vous ne vous octroyez pas de temps pour vous-même dès à présent, vous finirez pas ne plus vous sentir importante. Vous perdrez votre identité propre, celle qui était la vôtre avant d'être maman.

Pour résumer, dès l'instant où Bébé vient au monde, demandez-vous chaque soir : « Qu'est-ce que j'ai fait pour moi-même, aujourd'hui ? »

désynchronisée. Voulant croire que tout sera pareil, elles minimisent l'événement au lieu d'admettre leurs frayeurs et de donner libre cours à leurs émotions, comme le font les mamans plus jeunes. « C'est dur comme quoi, d'avoir un bébé ? C'est plus dur que quoi, d'allaiter ? » me demandent souvent les futures mères habituées à commander. Rentrées de l'hôpital, ces femmes qui brassent quotidiennement des millions de dollars, qui supervisent des programmes complexes et siègent dans toutes sortes de comités, se découvrent soudain confrontées à des défis qu'elles n'avaient pas imaginés. Forcées de constater leur impuissance, elles se réfugient de toute urgence dans des activités familières où leur savoir-faire n'est plus à démontrer. Les rendez-vous d'affaires ou les déjeuners entre copines sont pour elles une détente, comparé à tout ce qu'elles ont dû accomplir d'inconnu, depuis l'instant fatidique où elles ont franchi leur seuil, un bébé dans les bras.

Notez que l'on rencontre aussi l'attitude diamétralement opposée, qui n'est en rien meilleure – je veux parler des mères qui veulent tout faire toutes seules. Comme Joan, qui m'a déclaré d'emblée, le jour où nous avons fait connaissance : « Je tiens à tout découvrir par moi-même. » Elle a essayé. Elle a tenu deux semaines. Désespérée, elle m'a appelée : « Je n'en peux plus, je n'arrête pas de me battre avec mon mari. Tout le temps. Si au moins j'étais douée pour m'occuper de mon bébé, mais même pas ! C'est tellement plus dur que prévu ! » Le problème n'est pas la difficulté, lui ai-je expliqué, mais le surcroît de travail auquel vous ne vous attendiez pas. Je l'ai obligée à faire la sieste l'après-midi. Ce qui a donné à Barry l'occasion de passer du temps avec sa fille.

Octroyez-vous un répit !

Assurément, l'un des conseils les plus importants que je donne aux nouveaux parents, c'est de se rappeler qu'ils sont bien meilleurs maman et papa qu'ils ne le pensent. La plupart d'entre eux ne se rendent pas compte qu'être de bons parents est un art qui s'apprend. Ils ont lu tous les livres et vu toutes les émissions possibles et imaginables et ils *croient* savoir ce qui les attend. Arrive le bébé et ils sont convaincus d'être nuls, désespérément nuls, alors qu'ils n'en sont encore qu'au tout début de l'apprentissage. Au chapitre 4, j'avais déjà évoqué le problème à propos des mères qui allaitent, et proposé d'observer une règle de quarante jours. La vérité, c'est que *toutes les nouvelles mamans ont besoin de prendre du temps pour se remettre*. En dehors du traumatisme physique de l'accouchement qu'on doit surmonter, il faut encore régler mille et un détails pratiques qu'on n'avait pas le moins du monde envisagés. Et voilà nos mamans confrontées à un surcroît de fatigue, alors qu'elles sont déjà chamboulées par tant d'émotions. Pour celles qui nourrissent, les difficultés liées à l'apprentissage de la tétée et à d'éventuels problèmes d'allaitement viennent aggraver la situation (*cf.* p. 140).

Même une femme comme Gail, pourtant puéricultrice dans une crèche, a été abasourdie par la quantité de travail et de responsabilités. Aînée de cinq enfants, elle s'était occupée de ses frères et sœurs et avait souvent aidé ses amies qui avaient des bébés. Mais quand Lily est née, elle s'est effondrée. Comment expliquer cela ? Tout d'abord, c'était *son bébé à elle* et *son corps à elle* – raide et douloureux. Faire pipi était un calvaire. Quant à ses hormones, elles semblaient prises de folie, ce qui n'allait pas sans avoir de répercussion sur son humeur. Un toast trop grillé ou une chaise déplacée la faisait grimper aux rideaux ; un bouchon impossible à dévisser, et c'était la crise de larmes. « Ce n'est pas possible, je n'y arrive pas ! » se lamentait-elle. Le cas est fréquent.

Marcy, elle, m'avait accueillie sur le pas de la porte, avec une liste de trois pages dans les mains – les questions à me poser. « Les premiers jours, c'était pire que dans un mauvais film, dit-elle aujourd'hui. Je me revois, assise à la table de la salle à manger, nue jusqu'à la taille car je ne pouvais même pas supporter le poids d'une chemise sur la poitrine. De mes seins s'écoulaient des litres de lait et, de mes yeux, des torrents de larmes. Mon mari et ma mère me regardaient pétrifiés. Et moi, tout ce que je trouvais à dire, c'était : "Fait chier !"

Pour récupérer, rien ne vaut le sommeil. Les six premières semaines, j'expédie mes mamans au lit tous les jours entre deux et cinq heures. Si cela leur est impossible, je leur dis de prendre au moins trois petites siestes d'une heure, et je les exhorte à ne pas dilapider ce précieux moment en passant des coups de fil, en frottant les carreaux ou en répondant à une pile de courrier. Comment voulez-vous être opérationnelle à cent pour cent si vous n'avez que cinquante pour cent du sommeil nécessaire ? Que vous ayez de l'aide ou non, que vous vous sentiez fatiguée ou non, il n'en demeure pas moins que vous avez une blessure énorme à l'intérieur du corps. Si vous ne vous reposez pas suffisamment, dans six semaines vous aurez l'impression d'avoir été percutée de plein fouet par un autobus, je vous le garantis. Je ne veux pas avoir à vous dire : « Je vous avais prévenue ! »

Chères mamans, parlez avec vos amies qui sont passées par là, avec votre mère si vous vous entendez bien avec elle. Ça soulage de s'entendre dire que c'est normal d'être fatiguée. En revanche, chers papas, discuter avec vos copains n'est peut-être pas une aussi bonne idée. À en juger d'après vos interventions à mes réunions de groupe, vous aimez faire assaut d'horreurs. « Je n'ai pas fermé l'œil la moitié de la nuit », dites-vous. À quoi l'ami rétorque : « Moi, avec dix minutes de sommeil, je m'estimais verni. »

Pour un sexe comme pour l'autre, il est essentiel d'aller à petits pas, en s'autorisant les erreurs. Connie, qui se dorlotait et usait de patience envers elle-même, avait su reconnaître l'importance de l'organisation et de l'aide extérieure. Elle ne s'est pas précipitée pour acheter des machines de gym sophistiquées, non, à la place, elle a fait de longues promenades. Moyennant quoi, elle a amélioré sa circulation tout en prenant l'air. Le plus important, c'est qu'elle avait compris qu'avec le bébé sa vie serait définitivement changée. Pas pire, différente.

Faites les choses par étapes, ça aide. Que vous ayez une montagne de linge à laver ne signifie pas que vous deviez en venir à bout d'un coup. Idem pour le courrier. Les gens qui vous ont fait des cadeaux comprendront très bien de ne pas recevoir dans la semaine un petit mot de remerciement.

La vérité, c'est que tout change quand vous avez un bébé – vos habitudes, vos priorités et vos rapports avec les gens. Les femmes et les hommes qui refusent d'accepter le fait sont partis pour avoir des problèmes. Prendre du recul, prendre du recul, prendre du recul, voilà la condition sine qua non d'un bon rétablissement. Le premier mois ne doit être consacré à rien d'autre. Les trois premiers jours ne sont que les trois premiers jours ; le premier mois ne dure jamais que quatre semaines. Une longue route vous attend. Vous aurez une journée super et une autre carrément impossible. Préparez-vous aux deux.

Les humeurs de Maman

Bien souvent, je peux déterminer l'état émotionnel de la maman à la façon dont elle m'accueille. Francine, par exemple. Elle m'avait appelée pour une consultation en allaitement. En la voyant sur le pas de la porte dans son T-shirt froissé parsemé de

Mémento pour bien récupérer

Ceci peut paraître élémentaire, mon cher Watson, mais vous n'imaginez pas le nombre de mamans qui ne tiennent pas compte de ces principes de base.

- **Bien s'alimenter.** Suivez un régime équilibré d'au moins mille cinq cents calories par jour, deux mille si vous allaitez. Ne focalisez pas sur les kilos. Ayez des plats tout prêts au congélateur ou des menus de restaurants livrant à domicile.
- **Dormir.** Faites une sieste tous les après-midi, plus souvent si possible. Donnez au papa l'occasion de s'impliquer.
- **Marcher.** Laissez de côté équipements et salles de gym pendant six semaines au moins.
- **Se donner congé de temps en temps.** Demandez au papa ou à une amie de vous remplacer, pour que vous n'ayez rien à faire.
- **Ne rien promettre qu'on ne soit sûr de tenir.** Faites savoir autour de vous que vous ne serez pas disponible pendant deux mois (un, au minimum !). Libérez-vous des obligations prises antérieurement : « Je suis navrée, j'avais sous-estimé le temps et le travail que représente un bébé. »
- **Sérier les problèmes.** Barrez de votre liste tout ce qui n'est pas hautement prioritaire.
- **Planifier.** Interviewez plusieurs baby-sitters longtemps à l'avance ; composez vos menus pour n'avoir à faire les courses qu'une fois par semaine. Reprenez progressivement vos activités, coordonnez-vous avec le papa, un parent ou une amie.
- **Connaître ses limites.** Quand vous êtes fatiguée, allongez-vous ! Quand vous avez faim, mangez ! Quand vous êtes irritée, quittez la pièce !
- **Réclamer de l'aide.** Personne ne peut tout faire tout seul.
- **Ne pas borner sa vie à Bébé.** Passez du temps avec des amis ou des collègues.
- **Se faire de menues gâteries.** Offrez-vous un massage le plus régulièrement possible (par quelqu'un connaissant le corps des parturientes), un soin du visage, des mains ou des pieds.

crachats blancs, j'ai tout de suite compris que le problème était plus vaste. Remarquant mon regard, elle s'est excusée, bien inutilement : « Il a fallu que tout aille de travers, juste le jour où je tenais à être prête de pied en cap pour vous recevoir. » Elle a poursuivi sur le ton de l'aveu :

« J'ai l'impression d'être un Dr. Jekyll et Mr. Hyde en jupon. Tantôt je suis la plus formidable des mamans, la plus gentille au monde, tantôt j'ai envie de prendre mes jambes à mon cou en abandonnant sur place mon bébé de deux semaines. Et dans l'intervalle deux minutes ne se sont pas écoulées !

– Ne vous en faites pas, ma petite, ai-je répondu avec le sourire, vous êtes comme toutes les jeunes mamans.

– Vous dites ça pour de vrai ? Je commençais à croire que je ne tournais pas rond. »

Je l'ai rassurée. Cela m'arrive souvent avec les mamans toutes neuves. Les six premières semaines, elles passent par des hauts et des bas tels qu'elles se croient frappées de schizophrénie. La seule chose à faire, c'est de boucler sa ceinture et de s'accrocher, comme pour un tour de montagnes russes.

Dites-vous bien qu'il ne s'agit que de *sautes d'humeur*. C'est l'amplitude entre les extrêmes au cours d'une seule journée, et plus encore au cours d'une semaine, qui soudain vous fait croire qu'une foule de gens tous différents ont établi leur camp à l'intérieur de vous et martèlent tous une partition différente.

« Simple comme bonjour ! » Dans ces moments-là, la maternité est exactement ce pour quoi vous étiez faite. Vous pigez tout dans l'instant, vous faites confiance à votre jugement, vous êtes sûre de vous et ne vous laissez guère influencer par une mode ou une autre en matière d'éducation. Vous savez rire de vous-même et comprenez que vous ne serez pas la mère idéale, tous les jours de votre vie. Vous n'avez pas peur de poser des questions et, quand vous le faites, vous vous souvenez des réponses qu'on vous donne et savez les adapter à votre cas. Bref, vous nagez dans une mer d'équilibre et de sérénité.

« Je dois encore me gourer quelque part ! » Vous passez par une crise d'angoisse. Vous vous sentez inapte, vous

voyez tout en noir. Vous n'osez pas retourner votre bébé de peur de le casser. Un problème insignifiant, et qui peut-être ne s'est même pas produit, suffit à vous chambouler. Pour peu que vos hormones s'en mêlent, vous imaginez le pire.

« Je suis nulle. Pire, y a pas ! » Dans ces moments d'abattement, vous vous plaignez de tout : de votre accouchement, épouvantable ; de la maternité, une saga atroce et qui ne fait que commencer ; de votre césarienne, une abomination. Si les autres femmes en avaient bavé autant que vous, il y a beau temps que l'humanité se serait éteinte ! Vous prenez un malin plaisir à décrire vos insomnies, le bébé qui n'arrête pas de pleurer, votre mari qui ne tient jamais ses promesses ! Et quand une bonne âme vous propose ses services, vous jouez les martyrs : « Laisse, va. J'arriverai bien à me débrouiller. »

« En deux coups de cuiller à pot, tout sera rentré dans l'ordre ! » La battante parle en vous. Persuadée qu'un problème ne saurait résister à vos talents d'organisatrice, vous tombez des nues, vous désespérez ou tempêtez quand vous n'arrivez pas à imposer vos vues à un petit bébé. Ouvrez vos yeux, petite maman ! Dorénavant, la vie n'est plus la même, à quoi bon le nier ?

« Mais le livre disait... » Dans les moments de doute et de confusion, vous potassez tous les bouquins et tentez aussitôt d'appliquer à Bébé les conseils qu'ils préconisent. Dans l'espoir de contenir le chaos, vous rédigez liste sur liste, remplissez des tableaux, reportez tout sur votre organiseur. Je vous entends déjà m'expliquant qu'il vous est impossible de suivre le séminaire « Maman et moi » de dix heures trente, parce que cet horaire ne correspond pas à la routine que vous avez établie. Si la structure a du bon, point trop n'en faut cependant. Qu'elle soit pour vous un guide, et non un tyran !

Bien sûr, ce serait formidable si la voix de la sérénité dominait en permanence et si l'état de mère vous était naturel vingt-quatre heures sur vingt-quatre, sept jours sur sept, mais c'est rarement le cas. Le mieux à faire, c'est de noter toutes ces voix. Tenez le journal de vos humeurs si vous ne pouvez vous les rappeler toutes, et tâchez de vous adapter aux changements. Si une voix vous crie constamment que vous ne serez jamais une bonne mère, il est peut-être temps de reconsidérer la situation.

Baby-blues ou dépression ?

Je ne le dirai jamais assez : un certain pessimisme est *normal*. Durant le *post-partum*, les femmes ont des bouffées de chaleur, des maux de tête et des étourdissements. Les unes perdent tout enthousiasme et pleurent pour un oui ou pour un non, les autres doutent d'elles-mêmes et s'inquiètent. D'où vient ce baby-blues ? De ce que les taux d'hormones comme l'œstrogène et la progestérone chutent radicalement dans les heures qui suivent la naissance, de même que les endorphines qui avaient contribué à votre sentiment de joie et de bien-être pendant la grossesse. C'est cela qui fait passer vos émotions d'un extrême à l'autre. Le stress causé par ce nouvel état de maternité doit lui aussi être pris en compte, c'est évident. Si vous êtes sujette au syndrome prémenstruel – autrement dit : si vos hormones vous font passer par des changements d'humeur brutaux – il est à craindre que vous aurez tendance à déprimer après l'accouchement.

Le baby-blues se manifeste d'habitude par vagues successives d'une violence telle que je leur donne le nom de « tsunami intérieur ». Ce raz de marée peut ravager votre équilibre mental et votre bien-être physique pendant une heure, comme pendant un ou deux jours. Et cette succession de calmes et de tempêtes peut se prolonger de trois mois à un an. Les jours de baby-blues, vous voyez tout en noir, votre enfant y compris. Dans votre tête, toutes les voix négatives s'unissent pour sonner le tocsin : « Comment ai-je pu me mettre dans cette galère ? » ou « Comment voulez-vous qu'au milieu de la nuit je sois d'attaque pour… ! » (Donner le sein, changer Bébé ou faire autre chose encore. Remplir les pointillés selon les cas.)

Mon conseil : si vous êtes seule et ne pouvez plus supporter d'entendre pleurer votre enfant, pire, si vous êtes au bord

d'exploser, déposez immédiatement Bébé dans son berceau et quittez sa chambre pour n'y revenir qu'une fois calmée ! Un bébé n'est jamais mort d'avoir pleuré. Si trois grandes respirations ne vous apaisent pas, appelez de toute urgence à l'aide – sœur, amie, voisine.

Quand votre tsunami intérieur vient s'écraser sur la berge de votre psyché, prenez du recul. Ce qui se produit est normal, laissez-vous aller. Restez au lit si cela vous fait du bien. Pleurez, élevez la voix contre votre mari au besoin. Surtout, dites-vous que cela va passer.

Mais comment savoir si cet accès de peur ou de doute n'est pas le signe d'un début de dépression ? La déprime de l'accouchement est un déséquilibre bien connu – une maladie – qui affecte le mental. Elle débute souvent le troisième jour après l'accouchement et, dit-on, se prolonge jusqu'à la quatrième semaine. À l'instar de nombreux psychiatres qui se sont penchés sur la question, je pense que cette durée présumée ne correspond pas du tout à la réalité. En effet, certains symptômes, comme la tristesse profonde et persistante, les pleurs fréquents et le désespoir, l'insomnie, l'apathie, les crises d'inquiétude et de panique, l'irritabilité, les pensées obsessionnelles, le manque d'appétit, d'amour-propre ou d'enthousiasme, l'indifférence pour le conjoint ou le bébé et le désir de se faire mal à soi-même, voire au bébé, subsistent parfois de longs mois. Forme grave du baby-blues, ces symptômes doivent être pris au sérieux.

On estime qu'entre dix et quinze pour cent des nouvelles mamans sont atteintes de baby-blues et une sur mille de psychose *post-partum*, laquelle est la rupture totale avec la réalité. Mis à part la variation des taux hormonaux et le stress provoqués par ce nouvel état de maternité, les scientifiques connaissent mal les raisons pour lesquelles certaines femmes tombent dans une dépression grave et d'autres pas. Ce qui est sûr, c'est qu'une tendance au déséquilibre hormonal est un facteur de risque. Une femme sur trois ayant déjà souffert de dépression sera atteinte de dépression *post-partum*. Et la moitié de celles qui sont passées par une dépression après leur premier bébé feront une rechute lors d'un prochain accouchement.

Malheureusement, il arrive que des médecins ne soient même pas informés du danger. Quant aux femmes, elles n'ont souvent aucune idée de ce qui leur arrive quand la dépression les frappe. Avec une meilleure information, le problème aurait pu être évité. C'est le cas d'Yvette. Soignée au Prozac pour sa dépression, elle a interrompu le traitement quand elle est tombée enceinte, ignorant totalement que son état dépressif s'aggraverait sérieusement après l'accouchement. Et, de fait, au lieu d'éprouver de l'amour et de la compassion quand son bébé pleurait, elle courait presque se cacher dans la salle de bains. Elle avait beau répéter à tout le monde qu'elle n'était pas dans son état normal, personne ne l'écoutait. « C'est juste ce truc de *post-partum* », disait sa mère, refusant d'admettre les sentiments de plus en plus négatifs de sa fille. Et sa sœur de renchérir : « Reprends-toi, on est toutes passées par là. » Même sa meilleure amie y allait de son couplet : « Ce que tu vis est tout à fait normal. »

En désespoir de cause, Yvette a fait appel à moi. « Le seul fait de sortir la poubelle ou de prendre ma douche me laisse sans forces, m'a-t-elle confié. Mon mari essaie bien de m'aider, le pauvre, mais dès qu'il me parle, je l'agresse. » J'ai tout de suite compris que l'humeur d'Yvette ne devait pas être prise à la légère. « Quant au bébé, je ne supporte pas de l'entendre pleurer, poursuivait-elle. Quand il braille, je lui hurle : “Tu vas la fermer ? Qu'est-ce que tu veux de moi à la fin ?” L'autre jour, je me suis surprise à balancer le berceau juste un peu trop fort. Un peu plus et je l'envoyais valdinguer contre le mur, tellement j'en avais marre ! Si vous saviez comme je comprends les mères qui en arrivent à secouer leurs bébés ! » Là, j'ai commencé à m'inquiéter.

C'est vrai qu'un jour ou l'autre les pleurs ininterrompus d'un bébé peuvent vous taper sur les nerfs. Ça arrive à tout le monde, mais l'exaspération d'Yvette dépassait nettement la normale. Son obstétricien avait eu raison d'interrompre son traitement quand elle était tombée enceinte, car le tranquillisant aurait pu avoir des effets sur le fœtus. De plus, les femmes atteintes de dépression se passent souvent très bien de médication pendant la grossesse, en raison de leur taux élevé d'hormones et d'endorphines. Dans le cas présent, l'erreur et le danger étaient qu'apparemment personne n'avait prévenu Yvette de ce qui risquait de lui arriver *après* l'accouchement, quand ces mêmes hormones, qui lui avaient permis neuf mois durant de garder le nez hors de l'eau, seraient redescendues à leur taux habituel.

Chez Yvette, les symptômes dépressifs étaient réapparus multipliés par dix après l'accouchement, et elle avait sombré dans une dépression si grave que je lui ai conseillé d'aller voir son psychiatre sans plus attendre. Il l'a remise sous traitement. Son regard sur la situation a aussitôt changé du tout au tout et elle s'est sentie heureuse d'être maman. Comparé au bonheur d'avoir retrouvé la paix et la confiance en elle, le fait de ne pas pouvoir allaiter Bobby ne lui a pas semblé un trop gros sacrifice.

Si vous vous croyez atteinte de dépression *post-partum*, consultez votre médecin habituel ou un psychiatre.

En Amérique, les psychiatres se réfèrent souvent au *Diagnostic and Statistical Manual* pour déterminer le type de dépression dont souffrent leurs patients. Cependant, jusqu'en 1994, cette bible de la profession, bien que régulièrement mise à jour, ne mentionnait même pas la dépression *post-partum*. Dans la version IV, la plus récente, un paragraphe précise que « certains "désordres d'humeur" pourraient avoir pour origine la dépression *post-partum* ». Pour déterminer la gravité de l'état, les médecins utilisent des tableaux d'évaluation psychiatrique. L'un des plus employés est l'échelle de dépression d'Hamilton qui comporte vingt-trois critères, mais aucun d'eux n'a été établi dans le but spécifique de diagnostiquer la dépression *post-partum*. C'est pourquoi, pour les accouchées, on lui préfère parfois l'échelle d'Édimbourg, en dix points celle-là et beaucoup plus simple. Établie en Écosse, il y a quelque vingt ans, elle a donné la preuve d'une fiabilité à quatre-vingt-dix pour cent dans le dépistage des mères à risques. Ces deux échelles, conçues à l'intention des professionnels, ne doivent pas être utilisées en tant que tests à effectuer soi-même. Comme elles répertorient des situations auxquelles vous êtes peut-être confrontée, je reproduis dans l'encadré ci-dessous quelques points mentionnés pour que vous puissiez vous en faire une idée.

Aux États-Unis, la plupart des professionnels en conviennent, la dépression *post-partum* est sous-diagnostiquée. Deux étudiants à l'école de médecine Mayo de Rochester, dans le Minnesota,

Échelle de dépression d'Hamilton

Agitation
0 = aucune.
1 = gigotement.
2 = joue avec ses mains, ses cheveux, etc.
3 = bouge sans arrêt, ne tient pas en place.
4 = se tord les mains, se ronge les ongles, se tire les cheveux, se mord les lèvres.

Anxiété psychique
0 = aucune.
1 = tension subjective et irritabilité.
2 = inquiétude à propos de sujets mineurs.
3 = signes d'appréhension manifestes (visage/discours).
4 = craintes exprimées sans qu'on s'interroge sur leur réalité.

Échelle de dépression postnatale d'Édimbourg *

Je suis noyée
0 = non, je réagis aussi bien que d'habitude.
1 = non, la plupart du temps je me débrouille très bien.
2 = oui, parfois je me débrouille moins bien que d'habitude.
3 = oui, la plupart du temps je n'arrive pas à assumer.

Je me sens si malheureuse que j'ai du mal à dormir
0 = non, pas du tout.
1 = pas très souvent.
2 = oui, parfois.
3 = oui, la plupart du temps.

---

* Reproduit avec l'autorisation du Royal College of Psychiatrists.

l'ont démontré sur la base des dossiers médicaux de toutes les accouchées d'un comté donné, pendant l'année 1997-1998. Si en 1993 – année où le dépistage de la dépression *post-partum* n'a été effectué que sur les accouchées mères pour la première fois – le taux a été de trois pour cent seulement, il s'est élevé à douze pour cent en 1997-1998 – année où toutes les femmes se rendant à leur première visite postnatale ont été priées de répondre au questionnaire d'Édimbourg, qu'elles soient mères pour la première fois ou qu'elles aient déjà des enfants.

Si votre baby-blues se prolonge ou si les mauvais jours se succèdent sans beaucoup de répit, adressez-vous immédiatement à un professionnel. Il n'y a pas de honte à souffrir de dépression. C'est une maladie biologique. Cela ne signifie en aucun cas que vous soyez une mauvaise mère, seulement que vous avez une maladie pas très différente d'une grippe, mais qui doit être traitée. Il est très important que vous puissiez bénéficier d'une assistance médicale et du soutien de femmes qui sont passées par là.

La réaction du papa

Les pères se sentent souvent tenus à l'écart pendant le *post-partum*. La maman et le bébé concentrent sur eux la plus grande partie de l'intérêt et de l'énergie du foyer. C'est ainsi qu'il doit en être, naturellement, mais les pères sont des hommes comme les autres, et les études ont démontré qu'ils pouvaient eux aussi présenter des symptômes de stress et de dépression. Le papa ne peut s'empêcher de réagir en voyant qu'on ne s'intéresse qu'au membre le plus récent de la famille ou quand on l'envoie balader. Comme il doit subir les sautes d'humeur de la maman, il s'agace d'entendre tout le monde chanter ses louanges à elle, sans jamais célébrer les siennes. En fait, de même que les mamans ont « leurs voix dans la tête », de même les papas expriment leur « sentiment de père » de plusieurs façons.

« Laisse ça, je vais le faire. » Papa est du genre aidant, surtout dans les premières semaines. Très impliqué pendant la grossesse, puis lors de l'accouchement, il se donne à fond dans tout ce qui concerne Bébé. Il a envie d'apprendre et de s'entendre dire qu'il fait du bon travail. Il a un instinct sûr qui lui vient naturellement et on peut lire sur son visage qu'il est ravi de passer du temps avec son enfant. Si votre compagnon est ainsi, maman chérie, bénissez le ciel. Avec de la chance, il le restera jusqu'à ce que Bébé entre à l'université.

« C'est pas mon boulot ! » Réaction jadis considérée comme normale. Pour rien au monde, ce père ne mettra la main à la pâte. Bien sûr qu'il aime son bébé, mais pas quand il faut changer les couches ou donner le bain. Ça, c'est le travail d'une femme. À la naissance du bébé, il va parfois jusqu'à se noyer dans le travail pour qu'on ne fasse pas appel à lui. Peut-être craint-il de ne pouvoir assumer les besoins financiers de sa famille maintenant agrandie. Quoi qu'il en soit, il se trouvera toujours une excuse imparable pour ne pas s'occuper des besognes sales et ennuyeuses en rapport avec son enfant. Avec le temps, quand Bébé sera plus amusant, Papa se laissera peut-être attendrir. Ce qui est sûr, c'est qu'en pointant du doigt tout ce qu'il ne fait pas ou en le comparant à d'autres pères, vous ne le convaincrez pas de vous prêter la main. Inutile, donc, de lui seriner : « Le mari de Leila change bien les couche de Mackenzie, lui ! »

« Zut ! Encore quelque chose qui cloche ! » Ce papa-là est raide et tendu au début, quand il a son bébé dans les bras. Il a beau avoir suivi avec vous la préparation à l'accouchement et à l'arrivée de Bébé, il est toujours aussi terrifié. Quand il donne le bain, il se ronge les sangs à l'idée d'ébouillanter le petit ; quand il le dépose dans son berceau, il ne pense plus qu'à la mort subite du nourrisson ; et quand tout va pour le mieux dans le meilleur des mondes, il se demande s'il aura les moyens de payer les études du gamin. Le fait de réussir quelque chose dans un domaine lié à l'enfant vient d'ordinaire à bout de ces sentiments-là. Les encouragements et les applaudissements de la mère aideront le père à prendre confiance en lui.

« Regardez-moi ce malabar ! » Voilà un papa fier comme Artaban ! Bébé est son trophée, il le montre à tout le monde en se vantant de ses efforts. « La nuit, je ne laisse jamais ma femme se lever. » Exaspérée, vous levez les yeux au ciel dans son dos. S'il a déjà un enfant d'un précédent mariage, c'est lui l'expert pour toutes les questions, quand bien même vous savez de source sûre qu'à l'époque il était de ces pères qui n'en fichent pas une rame. Quand il corrige vos erreurs, il n'a de cesse de vous rabaisser : « Voilà comment je m'y prenais, moi ! » Un conseil, petite

maman : rendez à César ce qui est à César, surtout si papa a l'air de savoir ce qu'il fait. Mais ne le laissez pas étouffer votre instinct.

« Un bébé ? Quel bébé ? » Si des mamans se réfugient dans le déni, certains papas le font aussi à leur manière. L'autre jour, à l'hôpital où j'étais venue voir Nell, trois heures après son accouchement, j'ai demandé innocemment où était le papa. « Il finit de semer le gazon », m'a-t-elle répliqué, comme si c'était la chose la plus évidente du monde. Tom n'est pas de ces pères qui considèrent indigne de s'occuper du bébé, il est plutôt de ceux qui refusent de voir qu'un bébé va modifier leur vie. S'il s'en rend compte, il préfère se plonger dans des activités où il n'a pas à prouver son talent. Ce qu'il lui faut, c'est tâter à la réalité sans se faire houspiller. S'il ne participe pas ou ne reçoit jamais de compliments, il sera bientôt un téléspectateur vissé à son fauteuil, aveugle à ce qui se passe à deux mètres de lui. Et quand, du fond de la cuisine, le téléphone dans une main, la cuiller en bois dans l'autre, Nell lui demandera sur un ton accablé s'il veut bien aller prendre le bébé, il lui faudra bien cinq minutes pour répondre : « Qu'est-ce que tu disais ? »

Qu'importe la façon dont réagissent les papas au début car, la plupart du temps, les hommes finissent par changer… quoique ce ne soit pas toujours dans le sens espéré par les mamans. Et celles-ci me demandent : « Comment faire pour qu'il participe davantage ? » Je suis bien obligée de les décevoir. Voyez-vous, il n'y a pas de solution miracle. L'expérience m'a appris que les hommes s'intéressaient au bébé à leur rythme et à leur façon. Un enragé du bain peut du jour au lendemain jeter l'éponge, et un indifférent se ruer sur le biberon dès l'instant où Bébé lui aura adressé son premier sourire.

J'ai remarqué aussi que la plupart des pères effectuaient plus volontiers les tâches pour lesquelles ils se sentaient doués. Voilà pourquoi j'ai suggéré à Angie de laisser Phil définir lui-même les besognes dont il voulait bien se charger. Elle a poussé les hauts cris :

« C'est injuste ! Comme si moi, je ne faisais que ce que j'aime !

– C'est vrai, ai-je admis, mais comme vous ne pouvez pas changer Phil, mieux vaut faire avec. S'il refuse de donner le bain au bébé, peut-être acceptera-t-il de faire la vaisselle après le dîner. Et pour vous, ce sera toujours ça de gagné ! »

Le « secret », en l'occurrence, c'est de respecter l'autre, thème fondamental de ce livre. Quand un homme juge que ses besoins et ses désirs sont reconnus, il est porté à respecter ceux des autres, les vôtres en l'occurrence. Mais, au début, vous devrez jongler entre vos desiderata et les siens, le temps que chacun s'y retrouve.

Et notre vie de couple ?

Avec l'arrivée d'un bébé, les relations bilatérales deviennent triangulaires et la réalité est rarement aussi belle que le rêve qu'on s'en faisait. En général, ce sont les problèmes intimes qui font craquer le couple. Voici les plus communs.

La frousse des débutants. Maman est débordée, Papa ne sait pas très bien que faire pour l'aider. Quand il intervient, elle s'impatiente : « Ah là là ! Pas fichu de mettre la couche correctement ! » Évidemment, Papa abandonne.

Je dis à la maman : « Donnez-lui sa chance, ma chère. Il faut bien qu'il apprenne. » À vrai dire, dans la situation, Maman n'est pas plus chevronnée que Papa : l'un et l'autre se situent sur la partie ascendante de la courbe d'apprentissage. Dans mes entretiens avec le couple, j'évoque les premiers temps de leur vie en commun. Ne leur a-t-il pas fallu du temps pour se connaître ? Leur compréhension mutuelle n'a-t-elle pas grandi avec les années ? Et je leur dis que c'est pareil entre eux et leur nouveau bébé.

J'aime attribuer des tâches spécifiques à Papa : faire les courses, donner le bain ou le biberon du rêve – toutes choses qui lui donnent l'impression d'être de la partie. Je rappelle à Maman qu'elle n'est pas en état de refuser l'aide qu'on lui propose, d'où qu'elle vienne. Je pousse les papas à être les oreilles et la mémoire de leur femme. Bien souvent, en effet, les nouvelles accouchées souffrent d'amnésie *post-partum* – état provisoire, mais qui les

Il dit/elle dit

La maman veut que je dise au papa :
- Accoucher est très douloureux.
- Votre femme est fatiguée.
- Donner le sein est épuisant. (Un jour, pour me faire bien comprendre du père, j'ai dû aller jusqu'à lui pincer les mamelons en disant : « Maintenant, je ne vous lâche plus pendant vingt minutes. »)
- Votre femme n'a rien contre vous. Ce sont ses hormones qui déclenchent ses cris et ses pleurs.
- Votre femme est tout simplement incapable de vous expliquer pourquoi elle pleure.

Le papa veut que je dise à la maman :
- Arrêtez de critiquer tout ce que fait votre mari.
- Le bébé n'est pas en porcelaine, il ne va pas se casser.
- Votre mari fait de son mieux.
- Vous blessez votre mari quand vous ne voulez même pas écouter ce qu'il dit à propos du bébé.
- Votre mari s'inquiète pour l'avenir de la famille, maintenant que vous êtes trois.
- Votre mari aussi est épuisé et déprimé.

exaspère. Or il y a parfois un besoin spécifique à remplir et le père, justement, peut se révéler la personne idéale. Prenons le cas de Lara, que nous avons rencontrée au chapitre 4, p. 115, et dont l'enfant ne prenait pas le sein correctement. Duane, son mari, se sentait complètement inutile… jusqu'à ce que je lui montre à quoi ressemblait un enfant qui tétait comme il faut. Je lui ai demandé d'intervenir gentiment auprès de sa femme quand les choses ne marchaient pas. Cela lui a donné le sentiment de participer à l'action. J'en ai profité pour le charger aussi de veiller à ce que Lara boive ses seize verres d'eau par jour.

Les différences de réaction selon les sexes. Quelle que soit la nature des conflits entre la maman et le papa au cours de ces premières semaines, je leur rappelle qu'ils sont embarqués ensemble dans l'aventure, quand bien même divergent-ils sur tout.

Comme je l'ai mentionné au chapitre 2 (p. 66), le papa a souvent tendance à jouer les « réparateurs », alors que la maman a seulement besoin d'une oreille bienveillante, d'une épaule sur laquelle pleurer et de deux bras solides où se réfugier. Les problèmes de couple viennent souvent de la façon d'appréhender les problèmes, selon que l'on est un homme ou une femme. Voilà pourquoi je me retrouve à jouer les traducteurs de l'ONU – à traduire à Vénus ce que Mars a en tête, et vice versa. (*cf.* l'encadré suivant). Dans les couples, Maman et Papa doivent apprendre à interpréter ce que dit l'autre et à ne pas se sentir attaqués si le conjoint n'a pas la même opinion. Les dissemblances doivent être pour eux source de force, car elles leur offrent un nombre de solutions beaucoup plus vaste.

Appel à tous les compagnons !

À faire

• Prendre une semaine ou plus de congé. Si cela vous est impossible, économisez pour vous offrir une domestique quelque temps.

• Écouter la maman sans lui fournir d'emblée une solution.

• Lui offrir votre aide affectueusement et sans commentaires.

• Accepter qu'elle refuse. N'insistez pas si elle dit « Non ».

• Faire les courses, le ménage et la lessive sans attendre qu'elle vous le demande.

• Admettre une fois pour toutes qu'elle a de bonnes raisons de dire : « Je ne me reconnais plus. »

À ne pas faire

• « Réparer » ses problèmes émotionnels ou physiques au lieu de les supporter patiemment.

• Être boute-en-train ou condescendant. Évitez les « Beau boulot ! », accompagnés d'une tape sur les fesses, comme si votre femme était un petit chien.

• Entrer dans la cuisine en soupirant à la cantonade : « Où est-ce qu'elle a encore pu fourrer la casserole ! »

• Rester dans son dos à surveiller ses faits et gestes.

• L'appeler de chez le boucher pour dire qu'il n'y a plus de dinde. Imaginez tout seul ce que vous devez acheter à la place !

Quelques mots de sagesse à l'intention de ceux qui n'ont pas enfanté et ne passent pas la journée entière enfermés chez eux avec un nouveau-né :

Les changements dans le style de vie. Pour certains couples, modifier leur programme pour y inclure un troisième paramètre est une pierre d'achoppement. Ils ont beau avoir une foule de cousins et d'amis prêts à les aider et une nounou à plein temps, ils ne savent pas aménager leur emploi du temps personnel. Pourquoi ? Parce que cela ne leur est jamais arrivé. Michael et Denise, deux battants d'une trentaine d'années, étaient mariés depuis quatre ans quand ils ont fondé une famille. Lui était haut responsable d'une grosse société et un sportif confirmé – tennis trois fois par semaine, football le week-end –, elle occupait un poste important dans un grand studio de cinéma. Mais si elle passait souvent treize heures par jour au bureau, elle trouvait quand même le temps d'aller à sa gym quatre fois par semaine. On ne s'étonnera pas qu'ils prennent la plupart de leurs repas au restaurant, ensemble ou séparément.

Nous nous sommes rencontrés pour la première fois alors que Denise était dans son neuvième mois. Quand ils m'ont tout à tour exposé en détail une semaine de leur vie, je leur ai dit : « Mettons-nous bien d'accord : vous allez tous les deux être obligés d'abandonner certaines activités. Pas toutes, mais plusieurs. Si vous voulez continuer à mener la même vie, une fois que le bébé sera là, vous allez devoir apprendre à projeter. »

Portons au crédit de Michael et Denise qu'ils ont pris chacun le temps d'établir la liste des activités sur lesquelles ils étaient prêts à mettre une croix les premiers mois, le temps de s'habituer à leur nouvelle condition de parents. Mais il y en avait d'autres qu'il n'était pas question pour eux d'abandonner pour des raisons d'équilibre émotionnel. Par exemple, Denise voulait reprendre son travail après un mois de repos. Face à sa détermination, Michael a promis de demander un congé à sa boîte. Au début, ils ont pris plus d'engagements qu'ils ne pouvaient en tenir – c'est difficile de sabrer dans un emploi du temps chargé. Un mois a passé, Denise a pris conscience de sa fatigue et elle a prolongé d'un mois son congé de maternité.

Compétition entre parents. C'est, de loin, l'un des problèmes de couple les plus ardus. Prenez George et Phyllis, tous deux la quarantaine quand ils ont adopté leur petite May-Li, âgée d'un mois. Entre eux, c'était à qui lui ferait boire le plus grand biberon, à qui saurait mieux la consoler quand elle pleurait. Quand George changeait les couches de May-Li, Phyllis s'écriait : « Laisse-moi faire, va. Tu la mets toujours trop bas ! » Quand Phyllis lui donnait son bain, George ne pouvait s'empêcher de lancer du banc de touche où il était relégué : « Attention, tu lui mets du savon dans l'œil ! » L'un et l'autre avaient lu des livres sur les soins à donner aux enfants et ils s'en récitaient mutuellement des paragraphes entiers, davantage guidés par la volonté de clouer le bec au conjoint que de veiller au bien-être de l'enfant.

Résultat : May-Li passait son temps à hurler. Ils m'ont appelée. D'après eux, la petite avait des coliques et ils n'arrivaient pas à se mettre d'accord sur le traitement à suivre. Quand l'un tentait quelque chose, l'autre le critiquait immédiatement. J'ai commencé par leur expliquer qu'à mon sens le problème était ailleurs. Si May-Li pleurait, c'était parce que personne n'écoutait ce qu'elle disait, chacun étant bien trop occupé à tendre un piège à l'autre. Je leur ai suggéré d'appliquer la méthode EASY – de mettre en place une routine adaptée à l'enfant. Puis je leur ai donné des trucs pour qu'ils ralentissent chacun leur rythme et soient plus à l'écoute de leur fille (*cf.* chapitre 3). Enfin, je leur ai attribué des tâches précises, ce qui était peut-être le plus important dans leur cas. « Maintenant que chacun a son domaine, leur ai-je dit, interdiction de surveiller, commenter ou critiquer ce que l'autre fait dans le sien. »

Quelles qu'en soient les causes, si les difficultés ne sont pas très vite aplanies, tous les aspects de la vie du couple risquent de s'en trouver contaminés. Papa-Maman n'en resteront pas aux discussions sur les soins à donner à Bébé, ils refuseront de coordonner leurs actions et de coopérer l'un avec l'autre. De là à ce que leur vie sexuelle, interrompue depuis plusieurs semaines, se détériore complètement, il n'y a qu'un pas.

Le mémento du couple

- Se réserver du temps ensemble – promenades, sorties, virées chez le pâtissier.
- Programmer dès maintenant des « vacances » sans enfant, même si cela n'a pas lieu avant longtemps.
- Cacher des mots doux à l'intention de son compagnon.
- Lui offrir un cadeau.
- Lui envoyer une lettre d'amour au bureau, pour lui dire combien vous l'adorez et l'appréciez.
- Être toujours aimable et respectueux l'un envers l'autre.

La vie sexuelle du couple et le conjoint épuisé

Parmi les thèmes abordés dans la liste des revendications qu'on me charge de traduire, la question des rapports sexuels vient en première place dans la rubrique « À faire » quand ce sont les pères qui l'établissent, et en dernière quand ce sont les mères. « Le gynéco a donné le feu vert ? » demande le papa, à peine la maman est-elle rentrée de sa première visite médicale après l'accouchement.

La question fait bouillir madame au plus profond d'elle-même. Comment son mari ose-t-il s'inquiéter de l'opinion d'une tierce personne au lieu de lui demander directement *à elle* comment elle se sent ou de lui faire la cour en lui offrant des fleurs ! Comme si l'avis d'un étranger allait influencer sa décision ! Pauvre papa… Si votre compagne était déjà peu encline à reprendre les rapports sexuels, vous pouvez être sûr qu'à présent toute envie lui est passée !

Elle prend une profonde inspiration et lâche :« Non, pas encore. » Sous-entendu : c'est le docteur qui l'a dit. Mais en vérité, c'est sa propre opinion qu'elle exprime. Certaines femmes prendront prétexte du bébé qui dort dans le lit conjugal ; d'autres hisseront le vieux « J'ai mal à la tête » à des hauteurs nouvelles : « Je suis épuisée… Je souffre… Je suis moche, je ne veux pas que tu me voies dans cet état… » Excuses qui recèlent toutes une part de vérité, bien sûr, mais la femme phobique de l'amour s'en fait une armure.

À mes séminaires et dans mes tournées à domicile, je rencontre bien des pères désespérés. « Que faire, Tracy ? J'ai l'impression que nous ne ferons plus jamais l'amour. » Certains me supplient d'intervenir auprès de leur femme. Je leur explique alors que ce chiffre de six semaines n'a rien de magique – il correspond à la première visite chez l'obstétricien après l'accouchement. C'est en général le temps nécessaire pour qu'une épisiotomie ou une césarienne cicatrise, mais cela ne signifie pas que toutes les femmes aient totalement récupéré au bout de ce laps de temps ou qu'elles soient prêtes à faire l'amour sur le plan émotionnel.

Gymnastique postnatale

J'ai dit plus haut : « Pas d'exercices pendant six semaines ! », c'est vrai. Néanmoins, il en est un que vous pouvez pratiquer dès la quatrième semaine et c'est celui-ci : serrer puis retenir en comptant un, deux, trois !

Les exercices du plancher pelvien – souvent appelés exercices de Kegel du nom du docteur qui a identifié les tissus fibreux du vagin – visent à renforcer les muscles soutenant l'urètre, la vessie, l'utérus et le rectum, et à tonifier le vagin, ce qui n'est pas accessoire. Ils consistent à faire comme si vous uriniez et tentiez d'interrompre le flot. Les muscles qui se tendent et se détendent sont ceux qu'il faut faire travailler.

Pratiquez l'exercice trois fois par jour. Au début, vous aurez l'impression qu'il n'y a pas de muscle à cet endroit-là. Peut-être même aurez-vous une légère sensation de brûlure. Commencez lentement, genoux serrés. Pour vous assurer que les bons muscles travaillent, introduisez le doigt dans votre vagin et sentez les muscles se contracter. Quand vous saurez bien les différencier, faites l'exercice, jambes écartées.

Et puis, il faut bien le dire, l'amour est différent après un accouchement. C'est faire injustice aux parents que de ne pas les prévenir. Bien souvent, les hommes qui veulent faire l'amour tout de suite ne réalisent pas à quel point le corps de leur femme s'est transformé. Ses seins lui font mal ; son vagin, distendu, présente parfois des lèvres étirées, ou bien il n'est pas lubrifié en raison de son taux d'hormones moins élevé. Et si elle allaite, la situation peut encore se compliquer, car une femme qui jadis aimait être stimulée au niveau des seins peut à présent trouver cela pénible, voire répugnant si elle considère que sa poitrine appartient désormais à Bébé.

Étant donné tous les changements survenus dans son corps, il serait bien étonnant que les sensations éprouvées pendant l'amour restent inchangées. Outre la peur de souffrir, elle craint d'être « trop étirée » pour tirer du plaisir ou pour en donner. Elle peut même s'angoisser à l'idée que des jets de lait s'échappent de ses seins au moment de l'orgasme et que son mari en soit dégoûté. Cela arrive parfois. Il y a plus érotique que de se retrouver inondé de lait maternel.

De son côté, l'homme peut être gêné de voir sa femme dans son nouveau rôle de mère, et même être un peu dégoûté à l'idée de la toucher. Des maris m'ont dit que la vue de leur femme dans la salle de travail, puis donnant le sein la première fois, avait été pour eux un véritable tue-l'amour. Tous ces sentiments dépendent de la façon dont l'homme considérait sa femme avant sa grossesse.

Face à cela, comment doit réagir le couple ? En fait, il n'y a pas de solution miracle, mais je crois que certaines des suggestions énumérées ci-dessous peuvent soulager les deux parties.

Parler du problème ouvertement. Plutôt que de bouillir dans votre for intérieur, admettez vos sentiments. Si vous avez du mal à trouver les mots qui conviennent, reportez-vous à la section « L'amour après l'accouchement », plus loin dans ce chapitre. Certains des problèmes mentionnés vous concernent peut-être. Prenons l'exemple d'Irene. Elle m'a appelle un jour en larmes de sa voiture :

« Je sors de chez le gynéco pour mon contrôle des six semaines et il m'a dit que je pouvais recommencer à avoir des relations sexuelles. Gil attendait tellement l'autorisation du docteur. Maintenant que j'ai le feu vert, je ne peux pas le décevoir, il est si gentil avec le bébé. Je lui dois tant. Qu'est-ce que je peux lui dire ?

– La vérité, pour commencer. (Je savais qu'Irene avait eu un accouchement particulièrement pénible et subi une grande épisiotomie.) Tout d'abord, comment vous sentez-vous physiquement ?

– J'ai peur que ce soit douloureux. Mais, pour ne rien vous cacher, Tracy, je ne peux pas supporter l'idée qu'il me touche là en bas. »

Irene s'est sentie bien soulagée quand je lui ai dit que beaucoup de femmes éprouvaient les mêmes sentiments. « Vous devez absolument lui faire part de vos angoisses, ma chérie, lui ai-je dit. Je ne suis pas sexologue, mais votre impression de lui devoir quelque chose ne me paraît pas bonne. »

Ce qui est intéressant dans cette histoire, c'est que Gil, le mari, suivait un de mes séminaires « Papa et Bébé ». Le sexe y est toujours un sujet torride, si vous me permettez le calembour. Quelques jours auparavant, j'avais justement expliqué aux pères que, s'ils devaient toujours exprimer leurs désirs franchement, ils devaient également s'efforcer de comprendre les positions de leur femme. Et j'avais insisté sur le fait que, pour une femme, être prête sur le plan physique et l'être sur le plan émotionnel étaient deux choses différentes. Gil m'avait paru tout à fait compréhensif. Il était prêt à parler à Irene, à admettre ses réticences, à l'emmener dîner quelque part – non pas pour atteindre son but mais pour lui prouver son appréciation, son amour et son désir d'être avec elle, ce qui était bien plus important. C'est cela se soucier véritablement de l'autre. Les femmes trouvent ces façons de faire beaucoup plus érotiques qu'un long plaidoyer.

Prendre en compte sa vie sexuelle avant la naissance de l'enfant. Ce point m'est venu à l'esprit, un jour que j'allais voir Midge, Keith et Pamela, leur petite fille de presque trois mois dont je m'étais occupée pendant les deux premières semaines de sa vie.

Profitant que Midge préparait le thé dans la cuisine, Keith m'a prise à part.

« Je n'en peux plus, Tracy, Midge et moi n'avons pas fait l'amour depuis que Pam est née.

– Je peux vous poser une question, Keith ? Est-ce que vous aviez une vie sexuelle intense avant la naissance du bébé ?

– Pas vraiment.

– Vous savez, mon vieux, si elle n'avait rien de glorieux avant le bébé, elle ne va certainement pas s'améliorer après. »

Cette conversation m'a rappelé la vieille plaisanterie de l'homme qui demande au chirurgien s'il pourra jouer du piano après l'opération. « Naturellement ! répond le docteur. – Super, s'écrie le patient, parce que avant je ne savais pas en jouer. » Blague à part, les couples doivent cesser de croire au Père Noël, mais il est clair que l'abstinence après la naissance de l'enfant affecte davantage ceux qui faisaient l'amour trois fois par semaine et pour qui l'interruption a été brutale, que ceux qui n'avaient de relations qu'hebdomadaires ou mensuelles.

Évaluer ses priorités. Décidez *ensemble* de ce qui est important pour vous maintenant, tout en vous laissant la possibilité de redéfinir les choses d'ici quelques mois. Si vous décidez tous deux que faire l'amour est important, organisez-vous en conséquence. Un soir par semaine, faites venir une baby-sitter et sortez. Comme je le rappelle toujours à mes élèves papas, l'idée qu'une femme se fait du romantisme n'a souvent rien à voir avec le sexe. « Vous avez peut-être envie de faire des galipettes dans le foin, dis-je, alors qu'elle préférerait bavarder avec vous, dîner aux chandelles et vous voir participer plus efficacement aux tâches de la maison. Ce qu'elle trouvera sexy, c'est que vous fassiez la lessive sans qu'elle ait besoin de vous le demander ! Comme Nan aime à répéter : on obtient davantage avec du miel qu'avec du fiel. Achetez-lui des fleurs ; ne la braquez pas, prenez des gants quand il y va de ses émotions. Si vous sentez qu'elle n'est pas prête, laissez tomber. La pression n'est guère aphrodisiaque.

Mon conseil : Maman, quand vous sortez avec Papa, évitez de le bassiner avec Bébé. Vous avez laissé physiquement ce cher petit chez vous, là où il doit être, laissez-le également là-bas émotionnellement. À moins que vous ne teniez à développer un ressentiment inconscient chez Papa.

Ne pas attendre l'impossible. Si l'amour appartient au domaine de l'intime, tout ce qui est intime ne se traduit pas par une partie de jambes en l'air. Si vous n'êtes pas prête à faire l'amour, trouvez d'autres moyens d'exprimer votre désir – emmenez votre mari au concert, par exemple, et tenez-lui la main. Ou passez une heure entière à l'embrasser – le simulacre vous remettra sur la voie. J'exhorte les hommes à la patience, à ne pas prendre le manque d'enthousiasme de leur femme pour un rejet. Les femmes ont besoin de temps. Pour que les maris le comprennent, je leur dis d'essayer d'imaginer leurs réactions si c'étaient eux qui avaient porté un petit être à l'intérieur de leur corps et l'en avaient chassé. Combien de temps leur faudrait-il pour qu'ils aient à nouveau envie de faire l'amour ?

L'amour après l'accouchement	
La réaction des femmes	**La réaction des hommes**
Fatiguée : Et allez donc, une corvée de plus !	**Frustré** : Je vais devoir attendre encore longtemps ?
Épuisée : Pas un pour me laisser tranquille !	**Rejeté** : Tout simplement, elle ne veut plus de moi !
Coupable : Ce n'est pas gentil de lui refuser encore…	**Jaloux** : Elle préfère le bébé !
Honteuse : Avec le bébé dans la chambre d'à côté, j'ai l'impression de faire des choses en douce.	**Fâché** : Y a plus que le bébé qui compte !
Indifférente : C'est la dernière chose qui me vienne à l'esprit.	**Irrité** : Quand est-ce qu'on va revivre normalement ?
Gênée : Je me sens grosse… Et mes seins… berk ! Je ne veux pas les lui montrer !	**Confus** : C'est mal de vouloir faire l'amour ?
Méfiante : Il suffit qu'il me fasse un baiser ou qu'il me dise « je t'aime » pour que je le voie venir avec ses gros sabots.	**Trompé** : Elle m'a dit qu'elle attendait le feu vert du docteur, mais ça fait des semaines de ça !

Reprendre son travail, mais sans culpabiliser

Quand une femme quitte une belle carrière, un travail agréable ou même un passe-temps bénévole pour avoir un bébé, il vient toujours un temps – pour les unes un mois après l'accouchement, pour les autres des années après – où la question « Et moi, dans tout ça ? » commence à les tarabuster. Qu'elles aient programmé de longue date leur retour au travail ou qu'elles aient préféré attendre pour décider, elles devront de toute façon affronter deux sentiments : la culpabilité et l'inquiétude pour Bébé laissé à une tierce personne. Commençons par traiter le premier point, le plus simple à mes yeux.

La culpabilité est la malédiction de la maternité. Comme mon grand-père le disait : « La vie n'est pas un petit tour d'échauffement, les linceuls n'ont pas de poches ! » En d'autres termes : comme vous ne pouvez pas emmener Bébé avec vous, ne perdez pas un temps précieux à culpabiliser. Je ne sais pas quand, où ni pourquoi vous, les Américains, avez inventé la culpabilité, mais c'est une épidémie chez vous ! Peut-être cela vient-il de votre perfectionnisme. Ce que je vois, moi, c'est que vous vous croyez damnés, quel que soit le choix que vous faites. Prenons les mamans qui assistent à mes cours. Les unes, femmes au foyer, se sentent coupables de n'être « que des mamans » ; les autres, celles qui travaillent – qu'elles aient des carrières impressionnantes ou juste un boulot pour payer les factures –, ne sont pas plus contentes de leur sort, mais pour des raisons différentes. « Parce que ma mère ne cesse de me critiquer d'avoir repris du service et me répète sur tous les tons que je perds les meilleures années de mon bébé », dira l'une d'entre elles.

Les femmes qui décident de travailler doivent prendre en compte un grand nombre d'éléments avant de faire leur choix – l'amour qu'elles portent à leur enfant, leur situation financière, leur satisfaction et leur vanité. Certaines clament qu'elles deviendraient « dingo » si elles n'avaient pas quelque chose qui leur appartienne en propre, travail salarié ou occupation bénévole. Pour ma part, si je les encourage à aimer leur bébé et à s'en occuper, je ne leur interdis pas de poursuivre leurs rêves. Travailler ne fait pas d'elles de mauvaises mères, cela fait d'elles des femmes suffisamment solides pour décider de leur vie et affirmer : « Il en sera ainsi ! »

Il est clair que pour certaines mamans le choix ne se pose pas : il faut faire bouillir la marmite. Pour d'autres, la satisfaction personnelle sera l'élément déterminant. Quoi qu'il en soit, toutes ces femmes accomplissent des choses qui nourrissent leur ego d'adultes, qu'il y ait ou non un salaire à la clef. Pourquoi devraient-elles s'en excuser ?

De même, la maman qui est ravie de rester chez elle n'a aucune raison de se déprécier. Je l'ai compris au regard agacé que m'a jeté ma mère, le jour où je lui ai demandé : « Tu n'as jamais eu envie de faire *quelque chose*, n'importe quoi ? », elle m'a rétorqué : « *Faire* quelque chose ? Je dirige la maison, c'est ça mon métier. Qu'est-ce que tu entends par “faire n'importe quoi” ? » Je n'ai jamais oublié la leçon.

Le problème est que, s'il existe des papas qui mettent la main à la pâte, dans la plupart des cas c'est quand même la maman qui effectue la plus grande partie du travail en ce qui concerne l'éducation de l'enfant. Je ne parle même pas des mères célibataires, qui n'ont pas le luxe d'avoir un compagnon le soir pour leur prêter la main. Il n'y a rien de mal à vouloir bavarder au téléphone tranquillement, sortir de temps en temps déjeuner avec des amis, se prouver à soi-même qu'on n'est pas seulement une mère et rien d'autre. Mais entre les avis qu'on vous assène, le poids des responsabilités et toutes les tâches à accomplir, on tombe facilement dans le piège de la culpabilité. J'entends à longueur de temps des mamans se plaindre d'être tiraillées. « J'adore mon bébé, et c'est vrai que je veux être pour lui la meilleure des mamans. Mais dois-je absolument renoncer à ma vie entière pour cela ? »

Mon conseil : chaque fois que vous sentez poindre la culpabilité, répétez vingt fois de suite, comme un mantra : « Prendre du temps pour moi-même ne fait pas de mal à mon bébé ! »

Si vous ne prenez pas le temps de faire ce qui nourrit votre âme, votre vie se réduit à votre bébé. Or un nourrisson n'est jamais qu'un nourrisson, même s'il vous procure des joies immenses. Bavarder avec lui risque de vous laisser sur votre faim, sur le plan intellectuel. Par conséquent, au lieu de vous user à combattre votre culpabilité, employez votre énergie à inventer des solutions susceptibles d'améliorer la situation. Si vous travaillez à l'extérieur douze heures par jour, que ce soit de plein gré ou par nécessité, tâchez de faire quelque chose de significatif du temps que vous passez chez vous : ne répondez pas au téléphone quand vous êtes avec Bébé, décrochez l'appareil ou branchez le répondeur. Le week-end, n'épluchez pas vos dossiers. Laissez de côté les problèmes du bureau et concentrez-vous sur votre petite famille. Les bébés sentent très bien quand on est véritablement avec eux et quand on ne l'est pas.

Ce point de culpabilité étant résolu, passons maintenant au second, tout aussi essentiel : « Qui s'occupera du bébé en votre absence ? » La question appelle deux réponses : soit un bénévole que vous ne paierez pas ; soit quelqu'un à qui vous verserez un salaire. J'étudie ci-dessous les deux cas.

Le cercle de soutien – voisins, amis, parents

Je viens d'un endroit où la tradition veut que la maman reste allongée quarante jours après l'accouchement. Dans mon cas, cela a signifié qu'à la naissance de Sara une seule et unique chose a été attendue de moi pendant presque six semaines : prendre soin de mon bébé. Entourée comme je l'étais de Nan, de ma mère et d'une flopée de cousines et de voisines, je n'avais à m'occuper de rien : le ménage était fait, la cuisine itou. Je ne me suis jamais sentie obligée de prouver à quiconque de quoi j'étais capable. Après, quand j'ai eu Sophie, le même cercle s'est reconstitué pour s'occuper de Sara, alors âgée de trois ans, et j'ai eu tout mon temps pour connaître sa petite sœur.

Cette façon de faire est très typique de l'Angleterre. Chez nous, avoir un bébé est considéré comme l'affaire de tous. Chacun apporte son écot – grand-mères, tantes et voisines. Et puis, nous disposons aussi d'un système de santé où des assistantes sociales se déplacent à domicile – avantage qui n'existe pas en Amérique. Tout ce réseau de femmes s'unit pour venir en aide à la nouvelle maman. Elles connaissent la chanson et tiennent chacune à révéler leurs trucs. Ces dames sont qualifiées, ne sont-elles pas toutes passées par là ?

On trouve des cercles de soutien similaires dans de nombreuses cultures. Il y a des rituels pour la grossesse et l'accouchement, et d'autres pour honorer la fragilité de la mère pendant cette période de transition vers son nouvel état de mère. Les mamans sont soutenues de façon concrète aussi bien sur le plan physique que sur le plan émotionnel : on leur mitonne des petits plats, on les dorlote, on leur interdit de toucher au ménage, bref on s'ingénie à leur procurer toute la liberté nécessaire pour qu'elles puissent observer leur bébé et récupérer de la fatigue de l'accouchement. Parfois, comme dans les pays arabes, c'est la mère du mari qui est désignée pour nourrir la nouvelle maman et veiller sur elle.

Malheureusement, peu de femmes en Amérique ont la chance de vivre dans des communautés où de telles traditions se pratiquent. Chez vous, les mamans reçoivent rarement de l'aide de leurs voisines, et bien souvent la famille est éparpillée dans tout le pays. Si une femme a de la chance, ses parents feront le voyage pour la voir et quelques bonnes amies voudront bien passer un jour, lestées d'une tourte ou d'un plat chaud. Si elle fait partie d'une communauté religieuse ou d'une association quelconque, des membres se relayeront près d'elle. Quoi qu'il en soit, vous devez tenter de créer un cercle de soutien autour de vous, quitte à ce qu'il ne comporte qu'une seule personne si vous ne pouvez en rameuter davantage. L'important, c'est que vous ayez près de vous quelqu'un qui vous remontera le moral quand le besoin s'en fait sentir et empêchera que vous ne vous surmeniez.

Considérez vos rapports avec votre famille. Êtes-vous proche de votre mère ? Si oui, tant mieux, car personne ne vous connaît mieux qu'elle, et il y a fort à croire qu'elle adore déjà son petit-fils. Elle veillera jalousement à son bien-être et à sa sécurité. Et puis, elle a de l'expérience. Personnellement, j'aime beaucoup me rendre dans les familles où vit une grand-mère ou un grand-père avide de coopérer. Je leur confie mille tâches, passer l'aspirateur, coller les timbres sur les enveloppes – toutes choses auxquelles la maman ne devrait même pas penser en ce moment.

Toutefois, ce tableau idyllique peut virer au cauchemar, pour peu que les rapports ne soient pas harmonieux. La génération du dessus peut critiquer celle du dessous ou vouloir se mêler de tout. L'allaitement est souvent la pierre d'achoppement, même lorsque la grand-mère n'est pas plus expérimentée que la maman. Les critiques peuvent être subtiles : « Pourquoi tu le gardes au sein si longtemps ? » ou « Moi, je ne faisais pas comme ça… » À quoi bon, dans ce cas, demander son aide à quelqu'un, si ce n'est pour le plaisir d'augmenter votre stress ? Je ne dis pas que vous deviez interdire la porte de chez vous à votre mère, simplement de ne pas vous mettre en situation de dépendre d'elle. Mieux vaut connaître les limites de chacun.

Comment tirer le meilleur parti du cercle de soutien

- N'attendez pas qu'on lise vos pensées. Exprimez clairement vos désirs.
- Les six premières semaines, surtout, demandez de l'aide pour les choses de la maison – courses, cuisine, ménage, lessive – de façon à pouvoir vous consacrer entièrement à Bébé.
- Ayez les pieds sur terre. Ne demandez aux gens que ce qu'ils sont capables de faire. N'envoyez pas un papa rêveur faire le marché sans liste ; ne demandez pas à votre mère de garder Bébé, juste à l'heure où vous savez qu'elle a sa partie de tennis.
- Notez par écrit l'emploi du temps de Bébé. Ainsi les autres auront une idée de ce qui les attend et pourront s'organiser.
- Excusez-vous quand vous leur criez dessus… car ça vous arrivera !

Les nouvelles mamans m'interrogent souvent sur la façon de répondre aux conseilleurs à qui elles n'ont pas demandé leur avis, surtout quand les rapports sont tendus. Ma recommandation : prendre du recul. La période est critique. Vous commencez à peine à prendre le rythme. Quand on vous suggère une méthode différente de la vôtre, vous avez tendance à prendre la mouche, même si le conseil ne visait qu'à vous venir en aide. Avant de vous croire attaquée, considérez la personne qui parle : il y a des chances pour qu'elle soit sincère et qu'elle ait aussi un bon truc à partager. Ce serait idiot de ne pas en profiter. Écoutez tous les avis, qu'ils viennent de votre mère, de votre sœur, de votre tante, de votre grand-mère, de votre pédiatre ou de toute autre femme d'expérience. Après, faites-en ce que vous voulez. Personne ne vous oblige à les suivre. Rappelez-vous seulement ceci : la façon d'élever son enfant ne doit pas être sujette à débat. *Rien ne vous force à discuter pied à pied, ni à vous défendre.* Quoi que vous fassiez, votre façon d'élever votre enfant ne ressemblera jamais à la mienne, et c'est cela qui rend chaque famille unique.

Mon conseil : trouvez une réponse du genre : « C'est formidable. Ça a l'air d'avoir drôlement bien marché pour toi ! » Et gardez pour vous les remarques du genre : « Avec le sale moutard que tu as, plutôt crever ! »

Engager une nounou, pas une nunuche

Je n'aime pas passer pour chauvine, mais le fait est qu'en Amérique on n'entend parler que de problèmes avec les nounous, ce qui n'est pas le cas chez nous. En Angleterre, être nounou – ou gouvernante, comme nous disons souvent – est un métier reconnu et régi par une législation stricte. Tout d'abord, la nounou fait trois années d'études dans un institut spécialisé. (J'ai été bien ébahie d'apprendre qu'en Amérique il fallait un diplôme pour limer les ongles, mais rien de rien pour s'occuper d'enfants !) Le tri est donc laissé aux parents ou aux agences de recrutement. Comme je travaille surtout les premières semaines qui suivent la naissance du bébé, je me trouve souvent impliquée dans le choix de la nounou. Je peux donc dire en connaissance de cause que c'est une tâche ardue et particulièrement stressante.

Mon conseil : donnez-vous au moins deux mois – dans l'idéal trois – pour mener à bien vos recherches. Si vous projetez de reprendre votre travail quand Bébé aura entre six et huit semaines, commencez avant même d'avoir accouché.

Dénicher la nounou qui convient est un processus laborieux. Mais cet enfant est votre bien le plus précieux, irremplaçable. Engager quelqu'un pour s'occuper de lui doit compter au nombre de vos priorités absolues. Déployez toutes vos réserves de perspicacité et d'énergie. Et prenez en considération les critères ci-dessous.

Déterminez précisément vos besoins. La première étape consiste évidemment à évaluer la situation. Voulez-vous une nounou à demeure ou à temps partiel ? Et, dans ce cas, une nounou qui vienne sur une base régulière ou seulement quand vous avez besoin d'elle ? Pensez aussi à vos frontières. Si la nounou vit en permanence chez vous, y a-t-il des parties de la maison que vous ne voulez pas la voir utiliser ? Comment se passeront ses repas – à la table familiale ou « dans son coin » ? Voulez-vous la voir « disparaître », une fois le bébé endormi ? Aura-t-elle une chambre à part, la télé, la possibilité d'utiliser sans compter le téléphone et la cuisine, la piscine, la salle de gymnastique ? Doit-elle se charger aussi des travaux domestiques ? Si oui, lesquels, très précisément ? Bien des nounous hautement qualifiées ne feront pas davantage que de laver les vêtements de Bébé, et certaines refuseront même de le faire. Aura-t-elle besoin de savoir parfaitement lire et écrire ? Il faudra bien qu'elle soit capable de lire des notices, de prendre des messages au téléphone et de tenir le « carnet de bord » quotidien de Bébé (*cf.* la fin du chapitre). Mais voulez-vous qu'elle sache aussi se servir d'un ordinateur (pour vous envoyer des e-mails si vous êtes en voyage) ? Avez-vous besoin qu'elle sache conduire ? Dans ce cas, devra-t-elle utiliser sa voiture ou pourra-t-elle prendre la vôtre ? Voulez-vous qu'elle ait un diplôme de secourisme, qu'elle soit au fait des questions alimentaires ? Bref, plus vous vous concentrez sur les détails avant de commencer les recherches, mieux vous serez armée pour mener l'entretien.

Mon conseil : faites une liste détaillée de tout ce que vous voulez que la nounou accomplisse. Ainsi, vous saurez clairement ce que vous désirez et, quand vous lui ferez passer l'examen, vous pourrez non seulement lui décrire par le menu

les tâches à remplir auprès du bébé et dans la maison, mais aussi l'informer du montant de son salaire et de ses primes, du paiement ou de la récupération de ses heures supplémentaires, définir ses congés et vacances et stipuler toute restriction la concernant.

Les agences de recrutement. Il en existe un bon nombre d'honorables et qui peuvent se révéler utiles, mais elles prennent habituellement un pourcentage élevé du salaire annuel de la nounou. Les meilleures agences examinent soigneusement les employées qu'elles proposent et cela peut être un gain de temps pour vous : vous n'aurez pas à éliminer des kyrielles de personnes qui ne font pas l'affaire. Sachez cependant que certaines agences font plus de mal que de bien – soit qu'elles ne vérifient pas soigneusement les références, soit qu'elles mentent délibérément sur les qualifications et le CV de la nounou.

Le bouche-à-oreille est encore le meilleur moyen de tomber sur une bonne agence. Interrogez vos amies. Si personne autour de vous n'en connaît, consultez les magasines pour parents. Quand vous parlez au responsable, questionnez-le sérieusement : combien de nounous place-t-il chaque année ? Une bonne agence répondra entre mille et quinze cents. Interrogez-le sur la façon dont il mène les enquêtes, mais aussi sur les honoraires de l'agence. Demandez à combien se monte l'acompte ; si vous serez remboursée au cas où la nounou ne vous donne pas satisfaction ; s'il existe des garanties, au cas où l'agence ne trouverait personne à votre convenance. Dans ce cas, vous ne devriez pas avoir à débourser un centime.

Soyez particulièrement vigilante pendant l'entretien avec la nounou. Découvrez ce qu'elle attend du travail chez vous, et si cela correspond exactement à vos besoins à vous. Si ce n'est pas le cas, discutez des différences qui vous séparent. Interrogez-la sur sa formation. Faites-la parler de ses emplois précédents. Pourquoi les a-t-elle quittés (*cf.* l'encadré : « Méfiez-vous de la nounou qui… », p. 267). Quelles sont ses opinions sur les câlins, la discipline, les visites ? Essayez de deviner si elle est du genre à attendre vos instructions ou à tout régimenter dans la vie de Bébé. L'un et l'autre se valent, tout dépend de ce que vous attendez d'une nounou. Vous serez bien déçue si vous vous retrouvez face à un dictateur alors que vous ne recherchiez qu'une petite main. Enquérez-vous de sa santé, surtout si vous avez des animaux – elle pourrait être allergique aux poils ou aux plumes. Au-delà des soins à donner au bébé, la nounou a-t-elle toutes les qualifications indispensables dans votre cas précis – permis de conduire, par exemple – et les qualités personnelles laissant augurer des relations harmonieuses entre vous ?

Nounou est-elle bien la personne qu'il vous faut ? Ne négligez pas la « chimie entre les gens ». Une nounou adorée par votre amie peut vous laisser de marbre. Demandez-vous si vous avez en tête un type de caractère précis. Dites-vous bien que personne n'est parfait, sauf peut-être la mythique Mary Poppins. L'âge et l'agilité sont aussi des facteurs à prendre en considération si vous habitez un quatrième sans ascenseur et qu'en plus du bébé, vous avez un bambin de deux ans. Pour une foule de raisons, vous préférez peut-être une nounou plus âgée, installée dans la vie. Avez-vous en vue un certain type ethnique, similaire ou différent du vôtre ? Rappelez-vous que les nounous apportent avec elles leurs traditions culturelles, et que cela concerne la nourriture et la discipline comme la façon de manifester son affection – toutes choses qui peuvent différer grandement de vos habitudes personnelles.

Faites les vérifications vous-même. Demandez à chaque candidate de vous fournir au moins quatre références et de produire son permis de conduire. Les points en moins vous donneront une idée de son degré de responsabilité. Appelez tous ses employeurs et rencontrez-en deux personnellement. Si l'un d'eux se lance dans des dithyrambes, mieux vaut le rencontrer aussi.

Rendez visite à la nounou chez elle. Quand il ne reste plus qu'une ou deux candidates en lice, débrouillez-vous pour les rencontrer chez elles et faire éventuellement connaissance avec leurs enfants. Cela ne vous donnera pas forcément une indication sur la

Méfiez-vous de la nounou qui...

- **A multiplié les emplois, récemment**. Peut-être n'est-elle pas capable d'assumer les emplois à long terme ; peut-être a-t-elle du mal à s'entendre avec ses employeurs. À l'inverse, si, en trois ans, la nounou n'a eu qu'un ou deux emplois à long terme, on peut la supposer compétente et responsable.
- **N'a pas été employée récemment**. Était-elle malade ? Ne sait-elle pas garder un emploi ?
- **Parle mal des mamans chez qui elle a travaillé**. L'une d'elles s'est plainte que son dernier employeur rentrait trop tard tous les soirs, allant jusqu'à la traiter de mauvaise mère. Visiblement, la question des horaires n'avait pas été débattue. Pourquoi ? Cela me dépasse.
- **A elle-même des enfants en bas âge**. Attention aux microbes qui entreront chez vous ! De plus, elle vous laissera tomber, le jour où son bébé sera malade.
- **A besoin d'une carte de séjour**. Un beau jour, votre nounou chérie risque de se voir expulser !
- **Que vous ne « sentez pas »**. Faites confiance à votre instinct. N'engagez pas quelqu'un si vous avez des doutes.

façon dont la nounou se comportera avec le vôtre – surtout si les siens sont plus âgés –, mais vous aurez une petite idée de sa chaleur humaine et de ses exigences en matière de propreté et de soins aux enfants.

N'oubliez pas vos responsabilités. La nounou n'est pas votre esclave mais, en quelque sorte, une partenaire de travail. Décrivez rigoureusement le travail que vous attendez d'elle. La règle fonctionne dans les deux sens : de votre côté, ne lui imposez pas constamment de nouvelles tâches. S'il n'a pas été convenu au préalable qu'elle effectue des travaux domestiques, ne vous attendez pas à ce qu'elle s'en charge. Donnez-lui tous les moyens de remplir sa tâche correctement – des instructions claires, de l'argent de poche, des numéros de téléphone où vous appeler en cas d'urgence. Rappelez-vous qu'elle aussi a une vie privée. Elle a besoin de repos et de détente. Donnez-lui des congés. Si elle est d'une autre ville, aidez-la à se créer une vie sociale en l'informant sur les associations de quartier, les églises ou les clubs de gym. Inutile qu'elle se sente seule et abandonnée. Si vous n'êtes pas faite pour vous occuper de votre enfant vingt-quatre heures sur vingt-quatre, la nounou aussi a besoin de contact avec des adultes.

Vérifiez son travail régulièrement et corrigez immédiatement les erreurs. Sincérité et clarté sont les meilleurs garants d'une relation harmonieuse. C'est vrai avec tout le monde, c'est essentiel avec une nounou. Demandez-lui de tenir le « carnet de bord de Bébé », c'est-à-dire le compte rendu quotidien de ce qui se passe en votre absence. Ainsi, quand votre enfant aura un comportement inhabituel la nuit ou une brusque réaction allergique, vous saurez mieux en deviner les causes. Optez pour la franchise. Soyez directe quand vous faites une suggestion, sans pour autant vous montrer cassante. Au lieu d'assener un « Ce n'est pas comme ça que je vous avais dit de faire ! », formulez votre message de façon positive : « Vous savez, je préfère que vous changiez la couche de Bébé de telle façon. » Et faites vos remarques en privé !

Dominez vos émotions. La jalousie peut vous faire prendre en grippe la nounou. C'est normal que vous n'aimiez pas que quelqu'un d'autre s'occupe de votre bébé, vous n'êtes pas la seule. J'ai moi-même éprouvé ce sentiment quand ma mère s'est occupée de Sara. Bien des mamans qui travaillent et s'estiment ravie de leur nounou – une perle adorable, en qui elles ont toute confiance –, sont blessées à l'idée que c'est elle, Nounou, qui recevra le premier sourire de Bébé ou sera témoin de ses premiers pas. Mon conseil est de vous ouvrir de vos sentiments à votre conjoint ou à une bonne amie. Sachez qu'il n'y a pas de honte à avoir. Quelle mère n'est pas passée par là ? Dites-vous que c'est vous la maman, et que rien au monde ne pourra changer ce fait.

Le carnet de bord de Bébé

Demandez à Nounou de garder quotidiennement la trace de tout ce qui se passe en votre absence. Vous trouverez un modèle ci-dessous. Le tableau doit être détaillé mais concis, pour que Nounou puisse le remplir en un clin d'œil. Modifiez-le si besoin est, pour l'adapter à votre style de vie. Enregistrez-le dans votre ordinateur, vous pourrez ainsi le modifier à mesure que Bébé grandit.

Carnet de bord de Bébé

Alimentation
Heures des biberons : ....
Nouvel aliment introduit : ....
Réaction :
Gaz ☐ Hoquet ☐ Vomissement ☐ Diarrhée ☐
Détails : ....

Activités
Dedans : (en minutes) Youpala .... Parc ....
Dehors : Promenade .... Gymnastique .... Piscine ....
Autres :

Étapes importantes
Sourit ☐ Lève la tête ☐ Se retourne ☐
S'assied ☐ Se met debout ☐ Premiers pas ☐
Autres : ....

Rendez-vous
Docteur : ....
Jeux : ....

Événements exceptionnels
Accident : ....
Mauvaise humeur : ....
Autres : ....

8

De grandes espérances : circonstances particulières et imprévus

Les urgences et les crises nous font découvrir que nos ressources vitales sont bien supérieures à ce que nous supposions.

William JAMES

Les plans les mieux échafaudés…

Quand nous projetons de fonder une famille, nous voudrions toutes pouvoir compter sur une conception facile, une grossesse sans problème, un accouchement sans effort et un bébé en bonne santé. Hélas, ce n'est pas toujours ce que mère Nature nous réserve.

Vous pouvez être confrontée à un problème de stérilité et être obligée de recourir à l'adoption ou à la procréation médicalement assistée – termes sous lesquels on regroupe une variété de solutions visant à faciliter ou à suppléer à la conception traditionnelle. L'adoption – que l'enfant soit ou non originaire du même pays que les parents adoptifs – est une pratique plus répandue que le recours à la mère porteuse. Personnellement, je n'ai connu que huit couples dans ce cas depuis que je vis aux États-Unis.

Une fois enceinte, vous pouvez vous retrouver plongée dans des circonstances que vous n'aviez pas prévues – découvrir que vous attendez des jumeaux ou des triplés (une bénédiction certes, mais aussi une perspective angoissante), ou bien être obligée de garder le lit pour un problème ou un autre. Si vous avez plus de trente-cinq ans, et surtout si vous avez suivi des traitements contre la stérilité, vous devrez vous montrer plus prudente qu'une mère plus jeune. Une maladie préexistante, telle que le diabète, peut vous faire basculer dans la catégorie des grossesses à risques.

Enfin, l'accouchement peut s'accompagner de complications – soit que le ou les bébés naissent avant terme, soit que se produise pendant l'accouchement un événement qui nécessite l'hospitalisation de votre enfant, ce qui vous empêchera de le tenir tout de suite dans vos bras. C'est ce qui est arrivé à Kayla. Sa minuscule Sacha, née avec trois semaines d'avance, avait dû être gardée six jours en réanimation néonatale car elle avait inhalé du liquide amniotique. Kayla est rentrée chez elle, les bras vides. En sportive accomplie, elle m'a confié : « C'est comme si au moment de disputer un match, on venait vous annoncer qu'il a été annulé. »

Des livres entiers ont été écrits sur la stérilité, l'adoption, les naissances multiples et les complications liées à l'accouchement. Ce qui m'intéresse, ici, n'est pas la façon dont vous avez conçu et mis au monde votre enfant, c'est votre capacité à mettre en pratique les concepts développés tout au long de ces pages.

Problèmes annexes découlant d'autres problèmes

Bien que les circonstances particulières comme celles mentionnées ci-dessus soient à la base de scénarios très différents – et qui seront étudiés dans les pages suivantes –, toutes ces situations présentent un certain nombre de traits communs. Votre réaction face à l'événement peut influer sur vos décisions, modifier la perception que vous avez de votre enfant, affecter votre capacité à instaurer une routine. Quels que soient la situation et les problèmes qui en découlent, il y a bien des chances pour que vous reconnaissiez les états décrits ci-dessous si vous les avez vécus. Savoir à l'avance ce qui vous guette peut aider à éviter les pièges.

Anxiété et fragilité émotionnelle dues à un surcroît de fatigue. Si vous êtes passée par une grossesse difficile ou un accouchement à risques, vous êtes épuisée avant même l'arrivée du bébé. Plus encore, si vous accouchez de jumeaux ou de triplés. De même, un problème survenu pendant l'accouchement peut déclencher des ondes de choc qui se répercuteront en vous tout au long des jours et des semaines à venir, vous laissant encore plus affaiblie. Enfin, des efforts continus peuvent affecter non seulement vos capacités à vous occuper de votre enfant, mais aussi les relations avec votre conjoint.

Il n'existe pas de pilule miracle pour régler ces problèmes. Toute crise s'accompagne d'une émotivité exacerbée (*cf.* l'encadré « L'adaptation face à un accouchement à haut risque », p. 285). Le seul antidote est le repos. Acceptez sans rechigner toute aide qui vous est proposée. Prenez conscience de ce qui vous arrive et sachez que ça finira par passer.

Angoisse de perdre le bébé, même après qu'il est né. Si votre grossesse ou votre accouchement a été difficile, si vous avez tenté pendant des années de concevoir et avez finalement adopté un bébé, votre inquiétude, maintenant que l'enfant est là, peut brouiller votre vision des choses et vous faire prendre de petites misères pour des catastrophes. Ou bien vous tendez constamment l'oreille vers le moniteur et sursautez au moindre soupir ou craquement provenant de la chambre de Bébé ; ou bien vous êtes persuadée que vous allez « mal faire ». Comme Kayla et son mari, vous êtes peut-être terrifiée à l'idée de « tuer le bébé ». Au début, leur petite Sacha avait pris le sein sans problème. Mais voilà que, trois semaines plus tard, elle ne savait plus téter ! On la mettait au sein et, très vite, elle restait sans rien faire. Kayla avait aussitôt conclu à un « problème ». En réalité, Sacha était devenue une mangeuse chevronnée qui avalait sa ration plus vite, tout simplement.

Une fois de plus, le remède est d'avoir conscience de son état physique et émotionnel. Sachez voir que vous êtes à bout de forces et donc incapable de porter un regard clair sur la situation. Au lieu de sauter d'emblée aux conclusions les plus sinistres, appelez le pédiatre, les infirmières du service de réanimation postnatale ou des amies ayant des bébés plus âgés, afin de déterminer ce qui est « normal » et ce qui ne l'est pas. Une pointe d'humour ne fait pas de mal, non plus. « Je sortais des phrases complètement dingues à Paul, se rappelle Kayla, du style : "Comment oses-tu lui mettre sa couche comme ça !" ou "Il faut que je nourrisse Sacha dans l'instant", alors qu'elle n'avait pas faim le moins du monde et ne pleurait même pas. Et lui, il me disait : "Fais gaffe, chérie. Tu vires à la mère Michu !" En général, ça me calmait. » Il a fallu trois bons mois à Kayla pour considérer sa maternité avec un peu plus de détachement. C'est un laps de temps courant chez les mamans sujettes à l'angoisse. Mais il est des symptômes pour lesquels il convient de s'inquiéter et de consulter le pédiatre (*cf.* l'encadré ci-dessous).

Symptômes inquiétants

- Bouche sèche, absence de larmes, urine foncée (signe de déshydratation éventuelle).
- Pus ou sang dans les selles ; persistance de selles vertes.
- Diarrhée se prolongeant plus de huit heures ou accompagnée de vomissements.
- Fièvre élevée.
- Douleur abdominale grave.

Doutes et inquiétudes constants. Bien des choses que vous avez faites pour avoir un enfant ont été voulues, certes, mais ô combien pénibles. Si vous avez essayé vainement de concevoir pendant des années, si vous êtes passée par un processus d'adoption interminable et avez rencontré déception sur déception tout au long du chemin, vous vous demandez peut-être si tous ces efforts en valaient la peine quand vous vous retrouvez enfin Maman – surtout si vous découvrez que vous attendez des jumeaux ou des triplés, ce qui est souvent le cas à la suite d'un traitement contre la stérilité. N'ai-je pas eu les yeux plus gros que le ventre ? vous demandez-vous. Sophia, qui avait eu son bébé grâce à une mère porteuse, avait beau reconnaître que toute l'affaire s'était déroulée sans la moindre anicroche – à savoir : trouver Magda, la mère biologique, implanter en elle le sperme de Fred, suivre neuf mois durant l'évolution de la grossesse –, il n'empêche qu'en se retrouvant en face du bébé, elle s'est effondrée. Pourtant, *ses* hormones *à elle* n'avaient pas subi le stress de la grossesse, et elle avait éprouvé une grande joie à la naissance de Becca. « Sur le plan émotionnel, se rappelle-t-elle, je suis passée par une période de revirements et de doutes incessants sur moi-même. »

Ces sentiments sont plus courants que la plupart des mères veulent bien l'admettre. Gênées, honteuses, elles se refusent à en parler et, de ce fait, ne se rendent pas compte combien ces émotions sont fréquentes. Au fond de leur cœur, aucune ne voudrait rendre son bébé, bien sûr, pourtant, elles sont souvent accablées. Derrière son mur de silence, la maman isolée a peine à croire que ses frayeurs et ses sentiments négatifs ne sont que transitoires. Ce fut le cas pour Sophia. En progressant à petits pas, un jour après l'autre, elle a fini par glisser dans un état de maternité confortable. Cela lui a pris trois mois.

Si votre histoire ressemble à la sienne, prenez courage : comme elle, vous saurez chasser ces sentiments. Dites-vous bien qu'ils ne sont pas éternels. Recherchez l'aide d'un psychothérapeute, de parents qui sont passés par là, d'un groupe de soutien. Que vous ayez un enfant adopté, des triplés inattendus ou un bébé de constitution fragile, il y a des gens pour vous aider.

Perte de confiance en soi, recherche de validation extérieure. Si vous avez été traitée pour la fertilité, vous avez probablement établi des relations de confiance avec des membres de l'équipe soignante. De même, si vous avez accouché d'un bébé trop fragile. Habituée aux pratiques des infirmières, vous continuez peut-être, comme bien des femmes, à vous soumettre aux diktats de l'horloge et de la balance. Rentrée chez vous avec votre enfant, vous chronométrez chaque tétée, inquiète de ne pas allaiter suffisamment longtemps pour donner à Bébé la nourriture dont il a besoin ; vous mesurez ses progrès au gramme près. Vous appelez constamment médecins et infirmières. Bref, vous vous sentez abandonnée, perdue en pleine mer.

Je ne dis pas que vous devriez envoyer promener spécialistes et instruments de mesure – au début, il est capital de mettre Bébé sur la bonne voie –, mais les parents ont tendance à se défausser sur des appuis extérieurs bien après que leur enfant est tiré d'affaire. Dès que vous voyez votre petite fille prendre du poids régulièrement, ne la pesez plus qu'une fois par semaine. Continuez bien sûr à demander des conseils, mais avant de vous jeter sur le téléphone, prenez un instant pour vous représenter ce qui, *à votre avis*, ne fonctionne pas et ce qui, *à votre avis*, pourrait être une bonne solution. L'opinion des experts ne doit pas être pour vous une bouée de sauvetage, mais la *confirmation* que vous ne vous trompiez pas. C'est cela qui vous redonnera confiance en vous.

Difficulté à considérer son enfant comme l'individu unique qu'il est. Parfois les parents se transforment inconsciemment en Papa-Maman-d'un-bébé-malade. Craintes et inquiétudes obscurcissent leur horizon, ils ne voient pas au-delà de leurs émotions personnelles ou des difficultés rencontrées par leur enfant pour venir au monde. Si vous vous surprenez à parler de votre tout-petit en disant « le bébé » au lieu de l'appeler par son nom, cela indique peut-être que vous ne le considérez pas comme un être humain. Rappelez-vous que s'il a dû lutter pour arriver sur terre, il n'est pas moins un individu à part entière. Évidemment, ce n'est pas facile de s'en convaincre quand on a sous les yeux une petite chose d'à peine un kilo et demi, emprisonnée sous une cloche et hérissée de tuyaux. Cependant, il est indispensable d'entamer le dialogue au plus vite. Parlez avec votre bébé, notez ses réactions, essayez de cerner sa personnalité. De retour chez vous, continuez à l'observer avec soin, lentement, surtout après la date à laquelle il aurait dû naître (que l'on prend généralement comme base pour définir « l'âge véritable » d'un prématuré).

Ce penchant à faire abstraction de l'individualité du bébé peut également se produire avec des jumeaux, des triplés ou des quadruplés, qui deviennent une sorte de tout dénommé « les bébés ». Les études montrent d'ailleurs que les parents d'enfants multiples ont tendance à regarder « entre » leurs bébés. Jolie maman, faites attention à considérer chacune de vos petites merveilles comme des personnes distinctes. Regardez-les droit dans les yeux. Je vous assure qu'ils auront chacun leur personnalité propre et des besoins différenciés.

Résistance à l'idée d'instaurer une routine. Il va de soi qu'un bébé né prématuré ou trop faible doit être nourri plus souvent et dormir plus longtemps qu'un bébé normal, et aussi prendre des médicaments si son état l'exige. Après tout, nous ne visons qu'un but : que sa santé s'améliore. Mais vient un moment, en général quand il atteint les deux kilos huit cents, où il est non seulement possible mais recommandé de faire suivre au nouveau-né une routine adaptée à son cas. Or il se peut que vous continuiez à le prendre pour un anorexique et que, des mois après sa naissance, vous ne voyiez toujours pas qu'il a récupéré et se trouve à présent au même niveau que ses petits amis nés à terme.

Les parents de bébés adoptés peuvent eux aussi tomber dans ce piège et manifester une forte résistance à l'idée de mettre en place une routine structurée. Cela, parce qu'ils craignent de « traumatiser » encore leur petit enfant tout neuf en lui faisant subir un surcroît de changements. Ils risquent alors de s'en remettre à lui au lieu de prendre les rênes en main. Invariablement, cela mène la famille au bord du chaos. Comme je l'ai dit plus haut, Bébé est un bébé, nom d'une pipe ! En vertu de quoi devriez-vous le laisser diriger les opérations ? Mais voilà, dans votre souci de protéger votre enfant, vous le révérez, tel un monarque. Attention, vous risquez de vivre sous le règne de « Bébé-Roi », pour reprendre l'expression ironique d'un couple de ma connaissance. Loin de moi la volonté de vous convaincre de ne pas chérir votre enfant. Bien au contraire, vous vous en doutez. Simplement, je déteste voir l'équilibre familial chamboulé au point que le nouveau-né en vienne à faire la loi.

Toutes les familles au monde doivent naviguer entre des écueils similaires, bien sûr, mais le risque de naufrage est plus élevé si l'enfant a fait ses débuts dans la vie dans des « circonstances extraordinaires ». J'entends par là : s'il est arrivé dans la famille par « livraison spéciale » ; s'il est né prématuré ou atteint de malformation ; ou s'il est venu au monde accompagné de petits frères ou sœurs. Voyons maintenant les particularités propres à chacun de ces cas.

Le bébé arrivé par livraison spéciale

« Livraison spéciale », c'est bien le terme qui convient pour les bébés adoptés ou nés de mère porteuse, puisque Maman-Papa vont réceptionner Bébé dans un hôpital, une agence, un bureau d'avocat ou un aéroport. Bien souvent, le moment survient à la fin d'un parcours long et pénible, au cours duquel il vous a fallu remplir des dizaines de formulaires, passer des heures au téléphone et visiter des orphelinats, ou alors rencontrer des mères biologiques putatives et vous heurter à de nombreuses déceptions de dernière minute.

Une femme enceinte a neuf mois pour se préparer à l'arrivée de son enfant. Si des doutes ou des regrets l'assaillent, cette période de gestation lui procure le temps nécessaire pour s'accoutumer à l'idée d'être mère. Tel n'est pas le cas pour les parents adoptifs, parfois prévenus à la dernière minute de l'arrivée de la « commande ». Le moment où ils se retrouvent avec un bébé dans les bras peut être un choc pour eux. « Je me souviens, raconte une mère adoptive, qu'en voyant toutes ces femmes franchir la porte, chacune un bébé dans les bras, je me suis dit : "Mon Dieu, un de ceux-là est le mien." Ajoutez à cela le fait que les parents adoptifs doivent souvent aller chercher leur petit à des centaines de kilomètres de chez eux. Ils ont donc un double ajustement à faire : surmonter le choc de la première rencontre et ramener l'enfant à bon port – expérience plutôt ahurissante.

Si la mère adoptive ne subit pas le contrecoup physique de la grossesse et de l'accouchement ; si elle peut continuer à mener une vie normale et faire du jogging ou n'importe quoi pour se détendre, il n'en demeure pas moins qu'un poids s'abat sur ses épaules quand l'enfant débarque dans sa vie – un poids parfois écrasant sur le plan émotionnel. Ce fut le cas pour Charlotte, courtière en immobilier, quand elle s'est retrouvée face à face avec ses jumeaux nés de mère porteuse. Elle qui courait comme un lapin la minute d'avant, voilà qu'elle ne pouvait plus faire un geste.

Si toutes les « livraisons spéciales » ont pour traits communs que l'enfant est porté par quelqu'un d'autre que sa future mère et qu'il doit être adopté légalement, les arrangements présidant à la situation peuvent être très différents. Disons-le tout de suite : le recours à la mère porteuse peut se révéler un processus beaucoup plus complexe que la simple adoption, pratiquée depuis des décennies. Pour commencer, vous mettez tous vos œufs dans un seul panier – au sens le plus littéral du terme puisque vous ne comptez que sur une seule femme. Ensuite, la mère porteuse fait neuf fois sur dix une fausse couche. Avec l'adoption sous X, au contraire, vous disposez de tout un éventail de mères : vous pouvez traiter avec des agences de votre pays comme avec des organismes étrangers. De plus, les honoraires versés pour les formalités sont généralement inférieurs aux frais engagés lorsqu'on recourt à une mère porteuse – surtout si la fécondation est effectuée en laboratoire. Ce qui n'a rien d'obligatoire, sachez-le ! Sophia et Magda, par exemple, se sont retrouvées dans un grand hôtel en bord de mer. Après avoir pris le thé en grignotant des biscuits, Sophia a elle-même fécondé Magda à l'aide d'un bâtonnet imbibé du sperme de Fred !

Des motivations très diverses peuvent être à l'origine de la décision d'abandonner son enfant à la naissance. Pour les mères porteuses, c'est le désir de dépanner un couple stérile. Ce choix est consenti en toute conscience et connaissance de cause et, bien souvent, la mère biologique participe autant que le couple adoptif à la sélection de l'embryon. Parfois, il y a même un lien de parenté entre la mère porteuse et la mère adoptive, si une sœur ou une tante se propose comme mère biologique. Mais il y a aussi l'abandon pur et simple : la mère qui donne naissance à l'enfant mais ne veut pas le garder pour des raisons X ou Y – généralement parce qu'elle est trop jeune ou qu'elle n'a pas les moyens de l'élever. Cette mère-là peut connaître les parents adoptifs et avoir eu des liens avec eux dans le passé, comme elle peut aussi bien ignorer totalement de qui il s'agit.

Dans les cas de mère porteuse, les parents adoptifs sont souvent impliqués dans la grossesse. Ils savent exactement quand naîtra le bébé. Certaines mamans, comme Sophia, se lient avec la mère biologique et connaissent sa famille, au point que la mère porteuse peut finir par faire partie de la leur. « C'est moi qui ai tenu la première Becca dans mes bras, se rappelle Sophia, qui avait assisté à l'accouchement, et cette nuit-là, c'est moi qui ai ramené Magda à l'hôtel et qui ai dormi dans sa chambre. »

Des relations harmonieuses entre les deux parties – biologique et adoptive – peuvent donner à tout ce processus de mère porteuse un caractère plus tangible et prévisible que dans l'adoption traditionnelle, où les parents n'ont souvent aucune idée du moment où ils tiendront enfin dans leurs bras ce petit miracle tant désiré. Je me rappelle avoir reçu un coup de téléphone de Tammy un dimanche. Elle avait fait une demande d'adoption le vendredi précédent et voulait connaître mes disponibilités. Quels ne furent pas son choc et le mien, quand le mardi suivant – soit quatre jours en tout après son inscription –, elle reçut un appel l'informant qu'elle pouvait venir « réceptionner » son enfant ! Vous parlez d'une préparation à la maternité : vingt-quatre heures à peine ! Tammy a dû prendre l'avion pour aller chercher son bébé à mille cinq cents kilomètres de chez elle, à l'hôpital où il subissait les tests médicaux habituels destinés à s'assurer que le bébé adopté est en bonne santé. N'ayant jamais rencontré la mère, son seul lien avec le bébé était l'attestation médicale qu'on lui remit à son arrivée et, bien sûr, l'amour qui jaillit instantanément de son cœur quand elle serra contre elle ce petit être sans défense.

Accueillir chez soi un bébé reçu par « livraison spéciale »

Lorsqu'on rentre chez soi, son merveilleux cadeau dans les bras, il convient de garder plusieurs choses à l'esprit.

Maintenir le dialogue. Il est clair que parler avec son bébé tout neuf est l'une des toutes premières choses qu'une mère adoptive doit faire. Si, dans l'utérus, l'enfant a déjà entendu votre voix, c'est plus facile mais, dans la plupart des cas, la chose n'a pas été possible. Commencez par vous présenter à Bébé. Dites-lui combien vous avez de la chance de l'avoir. S'il est d'origine étrangère, il lui faudra plus de temps pour s'habituer à votre voix. Votre timbre, votre intonation et le rythme de votre langue diffèrent énormément de ce à quoi son oreille est habituée, c'est pourquoi je suggère généralement aux parents d'engager une nounou de même culture que leur bébé.

Mon conseil : si vous recourez à une mère porteuse, enregistrez une cassette avec votre voix et demandez à la maman biologique de l'écouter souvent afin que, dans son ventre à elle, Bébé puisse déjà s'habituer à votre voix à vous.

S'attendre à des premiers jours difficiles. Débarquer « chez lui » peut beaucoup perturber un bébé adopté qui vient non seulement de vivre le traumatisme habituel de la naissance, mais de subir un long voyage dans un vacarme de bruits et de sons inconnus. On ne s'étonnera donc pas que la majorité des petits adoptés soient de très mauvaise humeur les premiers jours. Ce fut le cas avec Hunter, le bébé de Tammy. Pour dissiper ses craintes et l'acclimater à son nouvel environnement, Tammy n'a pour ainsi dire pas dormi pendant quarante-huit heures, ne prenant de repos que lorsque son fils faisait la sieste. Elle lui parlait sans cesse et, dès le troisième jour, Hunter a été moins agité. Vous estimez peut-être que son agitation venait du long voyage en avion. Pour ma part, je pense que la voix de sa mère biologique lui manquait.

Ne pas focaliser sur l'impossibilité d'allaiter. Beaucoup de mamans adoptives font une fixation sur ce point, soit parce qu'elles auraient aimé nourrir elles-mêmes leur enfant, soit parce qu'elles voudraient qu'il profite des bienfaits du lait maternel. Ce dernier cas n'est pas un obstacle insurmontable : il suffit que la mère biologique accepte de tirer son lait, le premier mois. Je connais plusieurs familles qui reçoivent ainsi du lait maternel, expédié de l'autre bout du pays par courrier express. Mais si c'est le *sentiment* de donner le sein que recherche la mère adoptive, elle pourra tout du moins se faire une idée de la sensation, en utilisant un appareil d'alimentation mixte.

Observer Bébé quelques jours avant de lui faire suivre la routine EASY. Si, pour tous les enfants, il est important d'instaurer une routine structurée sans tarder, pour les enfants adoptés le temps d'observation indispensable se trouvera rallongé. Évidemment, tout dépend du moment où « le cadeau vous a été livré ». S'il s'agit d'un bébé né de mère porteuse, il y a de fortes chances pour que vous l'ayez reçu tout de suite après sa naissance. Dans ce cas, agissez comme n'importe quelle mère de bébé « normal ». En revanche, dans les autres cas d'adoption, il y a généralement un « vide » qui peut aller de quelques jours à plusieurs mois – voire années si vous recevez un enfant en bas âge (mais je laisse de côté cette éventualité, ce livre étant consacré aux nourrissons). Dans les orphelinats ou chez les familles d'accueil, le nourrisson de deux, trois ou quatre mois suit généralement un emploi du temps réglé à la baguette. C'est un stress supplémentaire que vous devrez prendre en compte. Accordez au nouveau venu plus de temps pour s'adapter. L'important, c'est de lui prêter l'oreille. Votre bébé vous dira tout ce dont il a besoin.

Lenteur et circonspection sont de mise, même quand vous ramenez Bébé chez vous directement de l'hôpital. Il s'agit de l'observer attentivement et de discerner ses besoins. La maman d'un enfant adopté doit manifester une vigilance toute particulière. Dans le cas de Tammy, il a fallu quatre ou cinq jours pour que son fils Hunter commence à se sentir chez lui, et pourtant c'était un bébé modèle, cela ne fait aucun doute : il mangeait bien, était assez prévisible et dormait presque deux heures d'affilée. Lui faire suivre la routine EASY n'a donc pas été difficile.

Comme les bébés adoptés ont tous vécu des expériences différentes, il est indispensable de prendre en compte ce par quoi *votre* enfant *à vous* est passé. S'il vous semble particulièrement désorienté, efforcez-vous de le rassurer en établissant une vraie proximité physique avec lui. Ne vous contentez pas de lui parler, portez-le contre vous, même dans la maison. Les premiers jours, vous pouvez reproduire son environnement prénatal en l'installant dans un porte-bébé tout contre votre cœur. Mais attention, que cela ne dure pas plus de quatre jours. Dès que l'enfant sera plus calme, dès qu'il commencera à réagir à votre voix, instaurez la méthode EASY, sinon vous risquez de tomber dans la catégorie des « parents fauteurs de troubles », décrite au chapitre suivant.

Si le bébé qui vous échoit n'est plus un nouveau-né, il y a peu de chances pour qu'il ait été habitué à ma routine EASY, mais plutôt à un régime impliquant le plus souvent de le mettre au lit sitôt la dernière goutte avalée. Vous pouvez le remettre sur le droit chemin, mais en lui accordant, là aussi, plus de temps qu'à un bébé « normal ». Pour cela, commencez par connaître sa consommation de lait exacte. Comme les bébés adoptés sont presque tous nourris au lait de substitution, ce n'est pas difficile. Sachant que la digestion s'effectue en gros au rythme de trente grammes à l'heure, veillez à lui donner des biberons suffisants pour qu'il dorme ses trois heures d'affilée. S'il s'endort pendant la tétée, c'est parce qu'il aura pris l'habitude de le faire. Réveillez-le (*cf.* chapitre 4, p. 125) et, après le repas, jouez un peu avec lui pour le maintenir éveillé. En quelques jours, il aura intégré la routine.

Vous n'êtes pas moins maman que la mère biologique. Au début, une maman adoptive se sent parfois incompétente ou indigne de son bébé – qu'il soit né sous X ou de mère porteuse. Mais pourquoi s'excuser d'avoir adopté un enfant ? Être maman ou papa est un acte, et non des paroles. Si vous vous êtes occupée de votre tout-petit, l'avez veillé quand il était malade, avez tenu auprès de lui votre rôle de mère ou de père en toutes circonstances, vous n'avez pas besoin d'un lien biologique pour mériter le titre de parents. Après les trois premiers mois, rien ne vous distingue d'une maman ou d'un papa qui ont conçu ensemble leur enfant.

Pourtant, vous êtes nombreux à vous interroger tout bas : « Notre enfant voudra-t-il retrouver sa mère biologique quand il sera grand ? » Vous avez raison de prévoir la chose, pas de vous inquiéter. Vous devrez en effet respecter le droit de votre enfant à connaître son passé s'il le souhaite. Ce sera à lui de décider. Mais laissez-moi vous le dire, plus vous tenterez de déjouer ses questions, plus il se montrera inquisiteur.

Soyez ouverte. Faites de l'adoption un thème récurrent de votre dialogue avec Bébé. Ainsi, vous n'aurez pas à vous casser la tête pour trouver « le bon moment » pour l'informer de ses origines. Pour les bébés nés de mère porteuse, pourquoi ne pas recourir à l'analogie suivante ? Vous avez une cour bétonnée et votre voisin un jardin. Vous lui remettez des graines et, lui, il vous rend des fleurs, quand elles ont poussé. Vous les installez dans votre véranda et les arrosez chaque jour pour qu'elles fleurissent et embellissent votre maison.

« Être ouverte » ne signifie nullement que vous deviez rester en contact avec la mère biologique. C'est une décision complexe et très personnelle, que les couples doivent prendre après mûre réflexion, en considérant la situation sous tous ses aspects. Quelle que soit la conclusion à laquelle vous arriverez, il est très important d'être franche avec votre enfant. Charlotte, par exemple, n'est pas restée en contact avec Vivian, la mère biologique. Celle-ci n'avait été qu'un lieu d'accueil pour son œuf fécondé in vitro par le sperme de Mack – situation appelée « gestation par mère de substitution » pour la distinguer de celle, plus courante, où la mère biologique est elle-même fécondée par le sperme du père. Dès que les jumeaux sont nés, Charlotte et Mack ont coupé tout contact avec Vivian qui n'était pour eux qu'une « hôtesse ». « Vivian a eu les bébés pendant neuf mois, maintenant c'est notre tour », considère Charlotte. Mais cela ne l'a pas empêchée de mettre une photo de Vivian dans la chambre de ses jumeaux et de leur expliquer : « Votre papa et moi avons eu beaucoup de chance de rencontrer Vivian. C'est une femme formidable. Comme je ne pouvais pas avoir de bébé dans mon ventre, elle vous a portés dans le sien et a veillé sur vous jusqu'à ce que vous soyez prêts à naître. »

Ne soyez pas étonnée de tomber enceinte. Non, ce ne sont pas des contes de bonne femme ! Bien que personne ne puisse l'expliquer, le fait est que des femmes apparemment stériles se découvrent soudain enceintes après avoir adopté un enfant. Regina, diagnostiquée comme étant irrémédiablement stérile, a adopté un nouveau-né. Quelques jours plus tard, crac ! la voilà enceinte, allez savoir pourquoi ! Était-ce parce que la pression s'était évanouie, parce qu'elle avait cessé de se sentir obligée d'avoir un enfant ? Toujours est-il qu'elle a maintenant deux bébés qui ont neuf mois de différence. Et elle est à ce point convaincue que c'est son fils adoptif qui l'a « aidée » à concevoir qu'elle l'appelle son « ange annonciateur ».

Arrivée anticipée – débuts incertains

Puisqu'on en est aux miracles, parlons des prématurés ! Rien n'est plus extraordinaire – rétrospectivement, s'entend – que de voir un bébé prématuré ou né avec de graves problèmes s'accrocher à la vie jusqu'à devenir enfin un bébé normal, alors qu'on a cru mille fois qu'il ne passerait pas la nuit. Je sais de quoi je parle : ma seconde fille Sophie, née avec sept semaines d'avance, est restée presque un mois et demi à l'hôpital. En Angleterre, les mamans peuvent demeurer auprès de leur bébé. Pendant trois

L'adaptation après un accouchement à haut risque

Dans ses recherches sur l'acceptation de la mort, Elisabeth Kübler-Ross a identifié plusieurs phases. Ce sont celles-ci que l'on reprend pour évaluer l'état mental d'un individu confronté à une crise.

• **Choc** : stupeur. Difficulté à digérer l'information dans tous ses détails, et à penser clairement. Une présence amie est souhaitable, pour vous soutenir et répondre à vos questions.

• **Occultation** : refus d'admettre les faits. Les médecins se trompent, forcément. La vue du bébé dans l'unité de soins intensifs finira par vous faire regarder la vérité en face.

• **Chagrin** : regret pour ce bébé idéal que vous n'aurez pas. Apitoiement sur soi-même, renforcé par l'obligation de rentrer chez soi, les bras vides. Vous avez mal à l'intérieur ; chaque instant est une torture. Vous pleurez souvent. Les larmes vous aident à aller de l'avant.

• **Révolte** : parfois accompagnée de culpabilité. « Pourquoi nous ?... Qu'est-ce qu'on a fait pour mériter ça ? » Vous reportez votre colère sur votre conjoint et vos proches, jusqu'au passage à l'étape suivante.

• **Acceptation** : la vie doit continuer. Vous le comprenez et admettez que vous n'avez pas la haute main sur tout.

Mon conseil : rappelez-vous cette leçon capitale : *la façon de gérer l'événement importe plus que l'événement lui-même.*

semaines je ne l'ai donc pas quittée. Les quinze jours suivants, j'ai fait la navette entre la maison et l'hôpital, passant la nuit auprès de Sara et le jour au chevet de Sophie.

Alors vous pensez si j'en connais un rayon sur les hauts et les bas par lesquels on passe. C'est bien simple, on a l'impression d'être emporté dans un tourbillon. Un jour, vous voguez sur un nuage d'espoir, le lendemain vous êtes paralysée de terreur parce que votre enfant est sous respiration artificielle. Oui, j'ai bien de la compassion pour les parents de prématurés et autres bébés placés en soins intensifs. Je connais leur obsession du poids dans une situation où chaque gramme est une victoire. Je connais leur hantise des microbes ; leur effroi à l'idée que le bébé garde des séquelles qui feront de lui un handicapé ; leur impuissance devant ce tout-petit, étendu dans sa boîte de plexiglas. Vous n'avez pas encore récupéré de la fatigue de l'accouchement, vos hormones font du yo-yo et voilà que vous êtes confrontée à une éventualité atroce : la mort de votre enfant. Vous vous raccrochez à chaque mot du médecin mais, la moitié du temps, vous n'arrivez pas à vous rappeler ce qu'il vient de vous dire. Vous essayez de vous convaincre qu'il y a forcément un espoir, quelque part. Mais à chaque heure qui passe la question se pose à nouveau : « Survivra-t-il à la suivante ? »

Tous les prématurés ne survivent pas. Presque soixante pour cent des complications graves ou des décès parmi les nouveau-nés sont la conséquence d'une naissance avant terme. Tout dépend du nombre de semaines passées dans le ventre de la maman (*cf.* l'encadré page suivante). Les survivants sont susceptibles de développer des problèmes chroniques ; leur état peut nécessiter une intervention chirurgicale – toutes choses qui ne sont pas faites pour calmer vos angoisses. Sachez cependant qu'un bon nombre de prématurés non seulement survivent, mais prospèrent si bien qu'au bout de quelques mois il est impossible de les distinguer des autres nourrissons de leur âge.

Quand ils rentrent chez eux avec leur prématuré, les parents ont les nerfs à fleur de peau. Ils ont beau savoir que le pire est passé, ils ont du mal à croire que la vie reprendra son cours. Voici quelques conseils pour vous aider à survivre, vous et votre bébé.

Taux de survie des prématurés

Les semaines sont calculées à partir des dernières règles. Les estimations comptabilisent la totalité des nourrissons en soins intensifs et sont donc sujettes à variation selon les cas.

23 semaines	10-35 %
24 semaines	40-70 %
25 semaines	50-80 %
26 semaines	80-90 %
27 semaines	plus de 90 %
30 semaines	plus de 95 %
34 semaines	plus de 98 %

Les chances de survie passent de 3 à 4 % entre la 23e et la 24e semaine, et augmentent chaque jour de 2 à 3 % entre la 24e et la 26e semaine. Après 26 semaines, le taux de survie étant élevé, la progression quotidienne ralentit.

Attendez le jour où Bébé était censé naître pour le traiter comme un nouveau-né normal. Bébé pèse deux kilos huit cents, l'hôpital vous a autorisée à le ramener chez vous. S'il n'a pas encore atteint sa date de naissance prévue, vous devez continuer à « prendre des gants ». Votre objectif : le faire manger et dormir le plus possible, et lui éviter au maximum les stimulations. C'est le seul cas pour lequel j'admette une entorse à ma règle « Pas d'alimentation à la demande ».

Partant du principe que Bébé devrait toujours se trouver *à l'intérieur*, reproduisez au mieux l'environnement prénatal. Langez-le en position de fœtus et maintenez sa chambre à une température voisine de 23 °C. Vous avez peut-être remarqué qu'en soins intensifs, les nouveau-nés avaient parfois les yeux couverts. Chez vous, faites donc la pénombre dans sa chambre et ne lui mettez pas sous les yeux des joujoux blanc et noir : inutile de le bombarder d'informations que son cerveau est incapable d'assimiler, n'étant pas encore totalement formé.

Et gare aux microbes ! Soyez encore plus stricte sur la propreté qu'avec les autres bébés. La pneumonie n'est pas une vue de l'esprit. Stérilisez tous les biberons !

Certains parents dorment la nuit à tour de rôle avec leur nouveau-né sur la poitrine. Cette technique dite du kangourou est excellente pour les poumons et le cœur des prématurés. Selon une étude londonienne, les bébés qui dorment à même la peau de leur maman récupèrent plus vite que ceux laissés dans les incubateurs, et ils ont moins de problèmes de santé.

Donnez des biberons au lieu du sein ou alternez. À l'hôpital, des spécialistes ont déterminé la meilleure façon de nourrir Bébé pour lui sauver la vie. Maintenant qu'il est chez vous et pèse près de trois kilos, votre souci n° 1, c'est qu'il prenne du poids. Le choix du biberon ou du sein doit être discuté avec votre pédiatre. Personnellement, j'ai une préférence pour le biberon – dans l'idéal, rempli de lait maternel – parce qu'on voit la consommation exacte de Bébé. De plus, les prématurés ont souvent du mal à prendre le sein, car le réflexe de succion n'apparaît qu'aux alentours de la trente-deuxième semaine de gestation. Si votre bébé est né avant ce terme, il ne l'a peut-être pas encore développé.

Dominez vos anxiétés, trouvez un exutoire. Maintenant que Bébé est chez vous, vous voulez rattraper le temps perdu et le tenir en permanence dans vos bras. Quand il dort, vous avez peur que ce ne soit pour toujours. Ces terreurs et autres pulsions protectrices sont bien compréhensibles, compte tenu de ce que vous venez de vivre, mais elles ne sont pas bonnes pour votre enfant, loin de là. Des études ont prouvé que les nourrissons percevaient intuitivement le désarroi de leur mère et pouvaient en être perturbés. Il est vital que vous trouviez un soutien auprès d'adultes – une oreille compatissante, une épaule accueillante. Celle de votre compagnon ? Peut-être, car il est le mieux placé pour comprendre vos angoisses. Toutefois il est utile que vous ayez chacun, et séparément, des amis sur lesquels vous pouvez compter.

L'exercice physique peut se révéler un bon moyen pour évacuer le stress. Ou la méditation. Faites n'importe quoi, du moment que ça marche, et ne lâchez pas !

Le retour à la maison sans Bébé

Quelques conseils pour vous sentir à la fois utile et moins seule :

• Apportez à l'hôpital le lait que vous aurez tiré entre six et vingt-quatre heures après votre retour chez vous. Que vous ayez ou non l'intention d'allaiter dans l'avenir, votre lait est bon pour Bébé. Si vous n'en avez pas, ce n'est pas grave. Bébé se développera très bien avec du lait de substitution.

• Rendez visite à Bébé tous les jours et essayez d'avoir avec lui des contacts physiques, mais ne passez pas votre vie à l'hôpital ! Vous avez besoin de repos. Vous devrez être forte en prévision du jour où il emménagera chez vous.

• Attendez-vous à être déprimée. C'est normal. Pleurez sans vous cacher, exprimez vos angoisses.

• Vivez au jour le jour. Ne pensez pas à un avenir sur lequel vous êtes sans pouvoir. Concentrez-vous sur ce que vous pouvez faire aujourd'hui.

• Rencontrez les mamans qui ont été dans votre cas. Dites-vous aussi que votre enfant n'est pas le seul à avoir des problèmes, d'autres ont également besoin de soutien.

Cessez de traiter Bébé en malade quand il est tiré d'affaire. Bébé est né prématuré ? Bébé est né à terme mais avec des problèmes de santé ? D'accord, mais à présent il est guéri. Il est temps de vous débarrasser de vos pressentiments sinistres. Mais voilà, ils vous ont accompagnée si longtemps que vous êtes incapable de les chasser et vous continuez à fonctionner comme si Bébé était toujours faible ou mal portant. C'est là votre plus gros problème. Il est fréquent. Le sachant, je demande toujours aux parents qui m'appellent pour des problèmes d'alimentation ou de sommeil : « Votre enfant est né prématuré ?... Il avait des problèmes à la naissance ? » D'ordinaire, la réponse est oui, à l'une des questions, parfois elle l'est pour les deux. Ces parents-là font une fixation sur le poids de Bébé sans se rendre compte qu'ils le suralimentent. Ils continuent de le peser, alors que leur petit a depuis belle lurette rattrapé le peloton des beaux bébés. J'en ai rencontré de ces gaillards qui, à huit mois passés, dormaient toujours sur le cœur de leurs parents et se réveillaient la nuit pour une tétée ! Que faire, alors ? Instaurer la routine EASY, je ne vois pas d'autre salut. Une vie structurée lui sera très bénéfique et vous apportera un soulagement certain. (Vous trouverez au chapitre suivant plusieurs histoires sur ce thème et les solutions mises en œuvre pour résoudre le problème.)

La joie multipliée par deux, trois ou plus

Grâce à cette merveille de la technologie qu'est l'échographie, il est rare que les femmes d'aujourd'hui accouchent ébahies de plusieurs bébés. Et c'est tant mieux, car si vous attendez des jumeaux ou des triplés, il y a de fortes chances pour que vous deviez rester étendue, les trois derniers mois de votre grossesse – en tout cas, le neuvième. Comme quatre-vingt-cinq pour cent des « bébés multiples » naissent avant terme, vous avez intérêt à préparer la chambre d'enfants à l'avance. Je conseille en général de le faire au troisième mois. C'est même un peu tard, parfois. Récemment, une de mes mamans, consignée au lit dès la fin de son quatrième mois de grossesse, a dû s'en remettre aux autres pour que tout soit prêt pour l'arrivée de ses jumeaux.

Ayant subi une grossesse difficile, souvent suivie d'un accouchement par césarienne, les mamans de jumeaux et de triplés n'ont pas seulement deux ou trois fois plus de travail quand les bébés sont là (et pire encore, s'il s'agit de quadruplés), elles ont également besoin d'un temps de récupération plus long. Si vous avez une amie dans ce cas, n'allez pas lui dire : « Ma pauvre, tu n'es pas sortie de l'auberge ! » C'est la dernière chose qu'elle ait envie d'entendre, croyez-moi. D'abord, parce que cela ne lui est d'aucun secours. Ensuite, parce qu'en général les gens qui font ces commentaires n'ont eu qu'un seul bébé à la fois. Pour ma part, je préfère m'exclamer : « Quelle chance ! Cela vous fera double (ou triple) ration de bonheur. Sans compter que les bébés auront un copain de jeu à demeure ! »

Si vos jumeaux naissent avant terme ou s'ils pèsent chacun moins de deux kilos huit cents, prenez les mêmes précautions que pour les prématurés. Sauf que vous devrez vous occuper de deux bébés et non d'un seul, et la différence est de taille. Les jumeaux n'arrivent pas toujours à la maison le même jour, car il arrive que l'un, nettement plus faible que l'autre, soit gardé à l'hôpital. Toutefois, dès qu'ils sont tous les deux à la maison, je les couche dans le même berceau. Peu à peu, vers l'âge de huit ou dix semaines – plus tôt s'ils commencent à saisir –, j'entreprends de les séparer. Pendant deux semaines, je les étends de plus en plus loin l'un de l'autre, jusqu'à les mettre finalement dans des berceaux différents.

Une fois passée la période des complications éventuelles, mieux vaut leur faire suivre des routines décalées. En effet, s'il est possible de donner le biberon à deux enfants simultanément, c'est une autre paire de manches que de les changer ou de les faire roter en même temps. Le décalage ne vous facilitera pas seulement la vie, il vous aidera à les considérer chacun comme un individu distinct.

Deux thèmes reviennent souvent à propos des jumeaux ou des triplés concernent le travail apparemment sans fin de la mère, et la nécessité de passer du temps avec chaque bébé. On ne s'étonnera pas que leurs mères soient plus réceptives que les autres à l'idée d'instaurer une structure dans le déroulement de la journée. Dame ! elles ne sont pas de ces gens qui boudent les solutions susceptibles de leur simplifier la vie !

Barbara, par exemple, a sauté de joie quand j'ai proposé d'appliquer la méthode EASY à ses jumeaux. Si déchirante que soit pour elle l'absence de son petit Joseph, resté trois semaines de plus à l'hôpital en raison de sa faible constitution, elle lui a permis de mettre déjà en place la routine à l'intention du seul Haley. Comme il avait été nourri toutes les trois heures à l'hôpital, il n'a pas été difficile de lui faire conserver ce rythme. Quand Joseph est arrivé, nous lui avons attribué un horaire de tétées décalé de quarante minutes par rapport à Haley et nous avons fait de même pour tous les autres moments de la routine. Vous trouverez ci-dessous l'horaire qu'ont suivi les jumeaux.

	Haley		Joseph	
Tétées	6 h - 6 h 30 9 h - 9 h 30 12 h -12 h 30 15 h -15 h 30 18 h -18 h 30 21 h 23 h	 Tétée du rêve Tétée du rêve	6 h 40- 7 h 10 9 h 40-10 h 10 12 h 40-13 h 10 15 h 40-16 h 10 18 h 40-19 h 10 21 h 30 23 h 30	 Tétée du rêve Tétée du rêve
	Jusqu'à ce qu'ils fassent leur nuit. Comme le temps de la tétée diminue à mesure que les enfants grandissent, Barbara peut réveiller Joey plus tôt et gagner ainsi un peu de temps pour elle.			
Activités Change : 10 mn Jeu seul	6 h 30- 7 h 30 9 h 30-10 h 30 12 h 30-13 h 30 15 h 30-16 h 30	Change et jeu seul, pendant que Barbara nourrit Joey	7 h 10- 8 h 10 10 h 10-11 h 10 13 h 10-14 h 10 16 h 10-17 h 10	Change et jeu seul, pendant que Haley va dormir
	Après la tétée de 18 h, Haley joue pendant que Joey a sa tétée, puis bain pour tous les deux à partir de 19 h 10, quand Joey a fini sa tétée.			
Sommeil	7 h 30- 8 h 45 10 h 30-11 h 45 13 h 30-14 h 45 16 h 30-17 h 45	sieste sieste sieste sieste	8 h 10- 9 h 25 11 h 10-12 h 25 14 h 10-15 h 25 17 h 10-18 h 25	sieste sieste sieste sieste
	Au lit, immédiatement après le bain.			
Temps personnel	Pas encore, maman !		Une fois Joey dans son berceau, Barbara se repose au moins 35 minutes, jusqu'à ce que Haley se réveille pour sa prochaine tétée	

Barbara n'a pas voulu compléter les tétées avec des biberons. Pour ma part, je propose souvent aux mamans de le faire parce qu'il est très difficile d'allaiter et de tirer son lait quand on se remet d'une césarienne.

L'affaire se corse encore si on a déjà un premier enfant. C'était le cas de Candace qui avait déjà une petite fille de trois ans, Tara. Candace avait accouché par voie naturelle et avait perdu beaucoup de sang. Fait peu courant, elle a dû rester à l'hôpital trois jours de plus que ses enfants, le temps que son taux de plaquettes remonte. Aidée de sa mère, je me suis occupée des jumeaux, un garçon et une fille. J'ai immédiatement instauré un horaire EASY.

De retour chez elle, Candace s'est dit prête à l'action. « J'avais eu la chance de porter les enfants jusqu'à terme, en étant moi-même en pleine forme pendant toute ma grossesse », se souvient-elle. Et elle ajoute que le fait d'avoir déjà un enfant l'avait aidée à ne pas s'épuiser inutilement. Cela lui a également permis de prendre conscience tout de suite des différences entre ses jumeaux et de ne pas les considérer en bloc. « Dans la pouponnière, Christopher était déjà si placide qu'il fallait le chatouiller fort pour qu'il pleure, alors que Samantha était un vrai volcan. Aujourd'hui encore, quand je la change, on pourrait croire que je lui fais subir les pires avanies. »

Il a fallu dix jours pleins à Candace pour que la montée de lait se mette en place. Et encore, elle n'en avait pas assez pour les deux petits. Elle les a donc nourris en combinant lait maternel et lait industriel. On peut dire qu'elle en avait du travail, surtout qu'elle devait encore s'occuper de sa fille aînée. « Je réservais tout mon mercredi à Tara, se rappelle-t-elle. Les autres jours, quand je restais à la maison, c'était un cycle sans fin de biberons, tétées, tire-lait, couches, siestes, et un répit d'à peine une demi-heure avant que ça recommence ! »

Le plus étonnant avec des jumeaux ou des triplés, c'est qu'une fois passée la période d'adaptation, la tâche est souvent plus facile qu'avec des enfants uniques, parce qu'ils jouent ensemble. N'empêche, il y a des moments où un bébé pleure. Et Candace a dû accepter de faire ce que font presque toutes les mamans de jumeaux ou triplés : en laisser pleurer un. « Je me souviens, je me disais : qu'est-ce que je vais faire ? Mais on n'a que deux bras, n'est-ce pas ? Alors, continue à langer celui qui est sur la table, en te disant que l'autre ne va pas mourir si on ne le console pas sur-le-champ. »

À cela, je dis amen. D'ailleurs, en conclusion de ce chapitre, je tiens à répéter : *ce n'est pas le problème qui importe, c'est la façon dont on le gère*. Dites-vous bien que de nombreux événements inattendus, des traumatismes liés à la naissance, deviennent en quelques mois des souvenirs anciens. Alors, considérez les choses en perspective, c'est la clef du succès dans les rapports parents-enfants – que les circonstances soient communes, extraordinaires ou même traumatiques. Au chapitre suivant, je traiterai des problèmes qui risquent de survenir quand les parents ne savent pas maintenir une vision des choses saine et raisonnable.

9

Les accidentés du bébé : cure magique de trois jours

Avant de vouloir changer quelque chose chez un enfant, il conviendrait de voir s'il n'y a pas quelque chose à changer en soi-même.

Carl Jung

« Ce n'est plus une vie ! »

Les parents qui démarrent l'éducation de leur enfant d'une certaine manière sans se demander s'ils ont l'intention de poursuivre sur cette voie ont toutes les chances de finir en « accidentés du bébé ». Exemple : Mélanie et Stan. Leur fils, Spencer, né trois semaines avant terme et nourri à la demande les premiers temps, avait très vite récupéré, mais sa maman continuait de se ronger les sangs. Dès qu'il pleurait, les parents se relayaient pour le bercer ; ils le promenaient dans la maison ou lui faisaient faire un tour de voiture et, la nuit, ils le couchaient dans leur lit. Tant et si bien que Mélanie et Stan avaient pris l'habitude de dormir, le bébé étendu sur l'un d'eux. C'était tellement plus commode pour les tétées de nuit, chaque fois que le bébé réclamait à manger. De toute façon, dès que Spencer avait l'air fâché, Mélanie le mettait au sein. Bien sûr que le petit se calmait. Comment peut-on crier quand on a la bouche pleine ? Mais sa maman, elle, n'était plus qu'une « tétine humaine ».

Huit mois plus tard, ces parents pleins de bonnes intentions se sont rendu compte que leur adorable bambin les tenait d'une poigne de fer. Impossible pour le couple de dîner tranquillement ; impossible pour le petit de s'endormir si Papa-Maman ne le promenaient pas tout autour de la pièce – or le gamin pesait à présent facilement quinze kilos ! Quant à le transporter de la couche commune dans le berceau, il ne fallait pas y compter. C'était à croire que Mélanie et Stan ne choisissaient jamais le bon moment. N'ayant d'autre issue, les malheureux faisaient dorénavant chambre à part, une nuit avec Spencer, une nuit dans la chambre d'amis, mettant définitivement une croix sur leur intimité.

Visiblement, ces parents-là n'avaient pas prévu que leur vie tournerait de cette façon – d'où mon terme de « parents accidentés du bébé ». Pis, se reprochant mutuellement la situation, ils en venaient à se disputer à propos du petit, voire à se fâcher contre lui. Mais Spencer ne faisait jamais que ce qu'on lui avait appris à faire. Quand j'ai débarqué chez le couple, il régnait une tension à couper au couteau. Personne n'était heureux, Spencer moins que quiconque : il n'avait jamais demandé qu'on lui confie les rênes du gouvernement !

L'histoire de Mélanie et de Stan est typique. Chaque semaine, je reçois entre cinq et dix appels de parents qui n'ont pas démarré leur vie de famille comme ils avaient l'intention de la mener par la suite. « Il ne me laisse pas le déposer dans son berceau..., se plaignent-ils, il ne mange que dix minutes d'affilée. » Comme si leur bébé opposait délibérément une résistance à tout ce qui était bon pour lui. Mais ce sont les parents qui, sans le vouloir, l'ont incité à mal se conduire.

Ce chapitre n'a pas pour but de vous culpabiliser, mais de vous apprendre à faire marche arrière et à démêler les fils embrouillés par vos soins, grâce à l'éducation dangereuse que vous avez mise en place. Croyez-moi, si Bébé dérange en quoi que ce soit vos relations intimes ; s'il perturbe votre sommeil ou vous empêche de mener une vie normale au quotidien, sachez qu'il y a toujours un remède. Mais avant tout, rappelons trois principes de base.

Bébé n'agit pas par obstination ou par méchanceté. Les parents n'ont souvent aucune idée de l'impact qu'ils ont sur leurs enfants, alors que ce sont eux qui façonnent ses espérances – les bonnes comme les mauvaises.

Reprogrammer Bébé est possible. À condition de bien vouloir analyser votre comportement – c'est-à-dire étudier ce qui, *dans vos actes*, a pu inciter votre enfant à agir de telle ou telle manière –, vous arriverez à comprendre ce que vous devez modifier en vous pour supprimer les mauvaises habitudes que vous lui avez inculquées involontairement.

Changer des habitudes exige du temps. Si Bébé a moins de trois mois, trois jours (et parfois moins) suffisent d'ordinaire pour transformer son comportement – son refus de faire la sieste, par exemple. Mais s'il est plus vieux, cela prendra plus longtemps car vous devrez procéder par étapes – et l'on compte généralement trois jours par étape. Évidemment, vous devrez faire preuve de patience et, surtout, agir avec constance car, si vous jonglez avec les stratégies, Bébé aura tôt fait de repérer la contradiction, et ces mauvaises habitudes que vous vouliez effacer s'ancreront encore plus profondément en lui.

Une méthode en trois points

« Par où commencer ? » demandez-vous, et le désespoir fait trembler votre voix. Rassurez-vous. Ma technique consiste à vous donner les moyens d'analyser en quoi vous êtes vous-même partie du problème, puis à vous faire découvrir comment modifier le pattern fautif. Trois points seulement à examiner.

Le précédent. Tâchez de vous rappeler l'événement à l'origine de la situation. Que faisiez-vous avec Bébé, alors ? Ou que ne faisiez-vous pas ? L'environnement de votre enfant comportait-il quelque chose de spécial ?

Le comportement actuel de Bébé. Votre enfant est partie prenante de l'événement. Est-il fâché ? Cela devrait s'entendre à ses cris, se voir à ses grimaces. A-t-il peur, faim ? Cette réaction lui est-elle coutumière ?

La conséquence. Les parents fauteurs de troubles ont tendance à persister dans l'erreur, autrement dit à ancrer chez Bébé une attente bien précise qui finira bientôt par bousiller leur vie à eux – par exemple bercer l'enfant ou lui fourrer un sein dans la bouche pour l'endormir. L'acte peut en effet remédier à la situation – temporairement – mais, à la longue, il aura pour effet de renforcer la mauvaise habitude. Le truc est donc d'agir *différemment* : de développer chez l'enfant un comportement neuf en remplacement de l'ancien, en changeant tout d'abord les mauvaises habitudes des parents.

Reprenons le cas Spencer, particulièrement ardu du fait de l'âge de l'enfant – huit mois. Il avait donc eu tout le temps de s'habituer à voir ses attentes comblées au beau milieu de la nuit. Pour retrouver une vie acceptable, Mélanie et Stan ont dû prendre plusieurs mesures successives.

La première a consisté à repérer l'origine de la situation, le *précédent.* Dans le cas présent, c'était leur angoisse d'avoir eu un bébé prématuré, même si Spencer était désormais un bon garçon joufflu. Soucieux de chérir leur petit et de lui apporter les meilleurs soins, le papa l'avait bercé et tenu contre son cœur ; la maman l'avait toujours consolé en lui donnant le sein. Et le petit Spencer démontrait à présent dans la grogne et l'exigence une constance qui n'avait rien à envier à celle de ses parents. Si ce *comportement* s'était ancré en lui, c'est parce qu'au premier pleur ses parents se précipitaient à son secours et refaisaient ce qu'ils faisaient toujours. La *conséquence* était qu'à huit mois Spencer ne savait ni trouver l'apaisement, ni s'endormir tout seul. Ce qui n'était certainement pas le but visé par Stan et Mélanie au départ. Pour corriger la situation – résultat de leur éducation dangereuse –, ils ont dû modifier leur comportement.

À pas de bébé, un petit peton devant l'autre

J'ai dû aider Stan et Mélanie à remonter le passé – à voir qu'il n'y avait pas un seul précédent, mais plusieurs qui, tous ensemble, avaient concouru à inculquer à Spencer l'habitude de téter quand il le voulait. Nous fondant sur tous ces précédents, nous avons décomposé en étapes le traitement à appliquer. En d'autres termes, nous avons travaillé à rebours de ce qui avait été fait, dénouant les problèmes les uns après les autres. Le processus suivi a été celui-ci :

Définir une stratégie à partir des observations. J'ai commencé par ne rien faire, si ce n'est observer. J'ai étudié le comportement de Spencer après son bain, quand Mélanie a voulu le mettre dans son berceau, l'a changé de frais et vêtu d'un beau pyjama tout propre. Il s'agrippait aux bras de sa maman, pris de terreur dès qu'elle faisait un pas en direction du berceau. J'ai traduit à l'intention de Mélanie : « Qu'est-ce que tu fais ? Ce n'est pas là que je suis censé dormir, et il n'est pas question que tu m'y fasses entrer ! »

Puis, je lui ai demandé : « À votre avis, pourquoi a-t-il si peur ? Que s'est-il passé, avant ? » L'origine de la panique de Spencer – en l'occurrence le *précédent* – est vite apparue en toute clarté : après avoir dévoré des masses de livres écrits sur le sommeil et harcelé de questions leurs amis, Stan et Mélanie avaient fini par jeter leur dévolu sur la méthode Ferber, dans l'espoir qu'elle saurait briser l'habitude prise par leur fils de dormir sur eux. Par trois fois, ils avaient tenté de la mettre en pratique. En vain. « Nous le laissions crier mais, à tous les coups, il pleurait si fort et si longtemps qu'on était en larmes, nous aussi. » La troisième fois, Spencer avait tellement pleuré qu'il en avait vomi. Sagement, les parents avaient préféré changer de stratégie.

La première chose que nous devions faire – ou plutôt défaire –, c'était supprimer chez Spencer ce sentiment d'insécurité quand il était seul dans son berceau. Visiblement sa terreur était grande et nous allions devoir nous armer de patience, je ne l'ai pas caché à Mélanie. Surtout, il nous faudrait veiller attentivement à ne rien faire qui puisse rappeler au bébé ses angoisses. Quant à l'autre problème – le comportement nocturne du petit garçon, son besoin de manger toutes les deux heures –, nous ne pourrions le régler qu'après avoir effacé sa peur du lit.

Agir étape par étape, sans aller plus vite que la musique. Cela nous a pris quinze jours entiers pour obtenir de Spencer qu'il entre dans son berceau. Pour ce faire, nous avons décomposé le processus en petites étapes, ne traitant que la sieste pour commencer. D'abord, j'ai demandé à Mélanie de promener un moment Spencer dans sa chambre, puis d'aller fermer les rideaux et de mettre en marche sa berceuse. Le premier jour, nous sommes convenues qu'elle ne ferait que s'asseoir dans le rocking-chair, Spencer dans ses bras, sans s'approcher du berceau. Le petit ne quittait pas la porte des yeux.

« Ça ne marchera jamais ! s'est désespérée Mélanie.

– Si, mais le chemin est long et nous devons avancer à petits pas de bébé. »

Trois jours durant, je me suis tenue aux côtés de Mélanie et nous avons répété le même scénario : entrer dans la chambre, tirer les rideaux, mettre en marche la boîte à musique. Au début, Mélanie s'est contentée de rester dans le fauteuil, en chantonnant à l'oreille de Spencer pour le distraire de sa peur. Il gardait toujours ses petits yeux rivés sur la porte. Puis elle a commencé à se lever et à marcher, Spencer dans les bras, en prenant soin de ne pas aller trop près du berceau pour ne pas l'effrayer. Les trois jours suivants, Mélanie s'est approchée progressivement du berceau, jusqu'à pouvoir se tenir à côté sans que le petit garçon se mette à gigoter. Le septième jour, elle l'a déposé dans son berceau, mais en restant penchée sur lui – si près de lui que c'était comme si elle le tenait toujours, sauf qu'à présent il était allongé.

C'était un vrai succès. Trois jours plus tard, Mélanie pouvait se promener dans la chambre avec Spencer, faire l'obscurité, mettre de la musique, rester un moment dans le fauteuil à bascule, puis aller doucement vers le berceau et y déposer son enfant. Elle continuait à rester penchée sur lui et à le rassurer, lui disant qu'il était très bien là où il était, en totale sécurité. Au bout de quelques jours, le bébé s'est un peu détendu, allant jusqu'à se détourner pour s'occuper de son lapin un court instant. Mais il revenait très vite au bord du berceau et reprenait ses fonctions de sentinelle, les yeux braqués sur nous.

Nous avons répété le rituel, faisant chaque jour un pas de plus le long du chemin. Au lieu de rester penchée sur Spencer, la main posée sur lui, Mélanie est restée debout près du lit. Puis elle a pu s'asseoir à côté. Au bout de quinze jours, Spencer entrait volontiers dans son berceau et y restait étendu. Cependant, dès qu'il commençait à s'endormir, il se réveillait et se rasseyait. Chaque fois, nous nous contentions de le rallonger tranquillement. Il commençait à se détendre, mais pleurait encore un peu, même quand il était déjà entré dans le sommeil (*cf.* p. 208). J'ai dit à Mélanie de ne pas brusquer les choses pour ne pas risquer d'interrompre le processus d'endormissement, ce qui l'obligerait alors à tout recommencer au début. Finalement, Spencer a appris à s'embarquer pour le pays des rêves en comptant seulement sur ses forces.

Résoudre les problèmes un par un. Vous avez probablement noté que je n'ai parlé que de la sieste. Nous en tenir à la journée a été un choix délibéré. La nuit, Spencer dormait toujours avec maman et papa et continuait de se réveiller plusieurs fois pour réclamer à manger. Traiter un problème « à tiroirs » comme celui-là exige du temps et de la patience : une hirondelle ne fait pas le printemps, comme on dit. Quand il est enfin apparu que Spencer se sentait en sécurité dans son lit, j'ai compris qu'on pouvait passer aux autres problèmes. J'ai dit à Mélanie : « Je pense qu'on va pouvoir s'attaquer aux tétées nocturnes. »

Les habitudes de Spencer étaient les suivantes : dîner à sept heures et demie (il mangeait déjà des solides), coucher dans le lit des parents, sommeil intermittent jusqu'à une heure du matin et là, réveil systématique toutes les deux heures pour un petit moment au sein. Le *précédent*, ici, c'était qu'au moindre mouvement de l'enfant sa maman, croyant qu'il avait faim, lui donnait à manger, bien qu'il ne prenne jamais plus d'une trentaine de grammes – tout au plus cinquante. Le *comportement* de Spencer – ses réveils répétés – était renforcé par le naïf empressement de Mélanie à déboutonner sa chemise de nuit. En *conséquence*, Spencer s'attendait à être nourri toutes les deux heures. Régime parfait pour un prématuré, mais qui n'avait plus de raison d'être pour un enfant de son âge.

Cette fois encore, nous avons abordé le problème par étapes. Les trois premières nuits, la règle a été : pas de tétés intermédiaires. Une à quatre heures du matin, puis une autre à six heures, laquelle pouvait être un biberon. (Par chance, Spencer avait été élevé au régime combiné.) Ses parents ont joué le jeu, lui donnant une tétine quand il se réveillait. Quatre jours plus tard, Spencer avait adopté le nouveau programme.

Au bout d'une semaine, j'ai dit à Mélanie et à Stan qu'il était temps que je passe la nuit chez eux. Cela leur donnerait quelques nuits de répit et, moi, cela me permettrait d'enseigner à leur enfant comment se rendormir – dans son berceau et tout seul, sans l'aide de maman, de papa ou du biberon. À présent, il mangeait des solides et buvait beaucoup de lait dans la journée, il n'avait donc plus besoin d'être nourri la nuit. De plus, depuis dix jours, il entrait sans rechigner dans son lit au moment de la sieste. L'habituer à dormir seul la nuit n'était certainement plus un vœu pieux.

Ne pas faillir. Les vieilles habitudes ont la vie dure, il faut s'attendre à des régressions. La première nuit, nous avons mis Spencer dans son berceau directement après son bain, en suivant le même rituel que pour les siestes. Comme il avait l'air fatigué, ça allait marcher comme sur des roulettes et nous nous réjouissions déjà en le portant jusqu'à son berceau. Las, à peine l'avons-nous déposé sur le matelas que ses yeux se sont ouverts d'un coup. Il s'est mis à gigoter, puis s'est relevé en s'agrippant aux barreaux. Nous l'avons rallongé et nous nous sommes assises à côté du berceau. Il a pleuré encore et s'est remis debout. Nous l'avons de nouveau étendu. Trente et une fois, nous l'avons ainsi mis en position allongée jusqu'à ce qu'il y reste et s'endorme.

Cette première nuit, il s'est réveillé en pleurant, pile à une heure du matin. Entrée dans sa chambre, je l'ai découvert debout dans son berceau. Doucement, je l'ai allongé. Pour éviter les stimulations inutiles, je ne lui ai pas dit un mot. Je ne l'ai même pas regardé dans les yeux. Quelques minutes plus tard, il s'est agité de nouveau et s'est relevé en pleurant. Il en est allé ainsi pendant un temps infini : il pleurait, se soulevait et je le rallongeais. Après quarante-trois tentatives, il s'est écroulé, épuisé, et s'est endormi. À quatre heures, il a recommencé son cinéma. Il collait tellement à son modèle qu'on aurait pu régler une pendule sur son comportement. Là encore, je l'ai remis à dormir. Ce coup-ci, le petit diable n'est sorti de sa boîte que vingt et une fois.

Eh oui, maman chérie, quand je compte, je compte ! C'est important de pouvoir donner aux parents qui s'inquiètent des renseignements précis. Il s'agit de bien les préparer à ce qui les attend quand ils endormiront leur enfant. Pour ne rien vous cacher, il m'est arrivé d'entamer sérieusement la centaine avec certains bébés !

Le matin suivant, j'ai raconté au couple comment s'était passée la nuit. « Ça ne marchera jamais, Tracy, a soupiré le papa. Pas avec nous ! » Je lui ai lancé un clin d'œil en hochant la tête. J'ai répliqué : « Que vous me croyiez ou non, je vois la lumière au bout du tunnel. » Et j'ai promis de revenir les deux nuits suivantes.

Cette nuit-là, le ballet debout-couché ne s'est reproduit que six fois. Puis, à deux heures du matin, quand Spencer a commencé à gigoter, je suis entrée sur la pointe des pieds dans sa chambre juste au moment où il allait s'asseoir. Tranquillement, je l'ai forcé à se rallonger. En tout, je n'ai eu à le faire que cinq fois, et il a dormi comme un ange jusqu'à sept heures moins le quart – chose qui ne lui était encore jamais arrivée. La troisième nuit, il s'est agité à quatre heures du matin, mais ne s'est pas levé. Il a dormi ensuite d'une traite jusqu'à sept heures du matin. Depuis, il dort ses douze heures d'affilée. Pour Stan et Mélanie, la vie a enfin recommencé.

« Il ne veut pas que je le pose »

Autre complainte : celle des mamans dont le bébé exige d'être porté à longueur de temps. Regardons le problème, armés de la méthode 1-2-3, en prenant pour exemple le cas du couple Sarah-Ryan et de leur Teddy de trois semaines, que nous avons rencontrés au chapitre 2 (p. 67). « Teddy ne supporte pas de ne pas être tenu dans les bras », se lamentait Sarah. Le *précédent* était que Ryan voyageait beaucoup et n'était pas là lorsque Teddy était né. Maintenant, il était tellement ravi de retrouver son fils quand il rentrait le soir de son travail qu'il le promenait constamment dans ses bras. De plus, Sarah avait une nounou originaire du Guatemala, où il est de tradition de porter son enfant. Le *comportement* du petit Teddy était donc parfaitement logique. Des centaines de bébés font comme lui. Que vous les posiez contre votre épaule, et ils se mettent à chanter comme des pinsons ! Mais à la seconde où vous les écartez de vous, les voilà qui fondent en larmes. C'est exactement ce qui se produisait avec Teddy : que je l'éloigne de moi de vingt centimètres, et il s'égosillait à pleins poumons pour se taire immédiatement, sitôt reposé contre mon cœur. Sarah, quant à elle, avait depuis longtemps abandonné la lutte, arguant que Teddy ne la « laissait pas le reposer ». Mais en reprenant chaque fois Spencer dans ses bras, elle avait renforcé sa mauvaise habitude. La *conséquence*, vous l'avez devinée : Teddy voulait tout le temps être blotti dans les bras.

S'il est clair qu'il n'y a rien de mal à tenir son bébé et à lui faire un câlin, il est tout aussi clair qu'un bébé qui pleure doit être rassuré, cela ne fait pas de doute. Mais rassuré *correctement*, tout est là. Le problème, comme je l'ai déjà dit, c'est que bien souvent les parents ne savent pas voir la frontière entre réconfort et mauvaise habitude : ils continuent à tenir leur enfant alors que *son besoin est amplement satisfait*. Du coup, Bébé en conclut, dans sa logique de bébé : « C'est chouette, la vie ! Y a toujours Maman-Papa à côté, prêts à me tenir dans leurs bras ! » Mais voilà, Bébé grossit et le porter en permanence n'est plus aussi facile. Ou bien les parents ont quelque chose à faire qui ne peut être accompli, un bébé dans les bras. Et Teddy de leur signifier : « Hep là, vous deux ! Une minute...Vous n'étiez pas censés me tenir dans les bras ? Si vous croyez que je vais rester gentiment à me languir, tout seul sur ce coussin ! »

Que faire ? Modifier la *conséquence* en modifiant votre conduite. Au lieu de tenir éternellement votre petit dans les bras, prenez-le quand il commence à pleurer, mais reposez-le dès qu'il est tranquillisé. S'il recommence à pleurer, prenez-le de nouveau et, quand il s'apaise, déposez-le encore. Et ainsi de suite, aussi longtemps qu'il le faudra. Ce qui veut dire que vous aurez peut-être à le prendre et à le reposer une vingtaine ou une trentaine de fois, sinon plus. En agissant ainsi, vous lui exprimerez : « Tu es parfaitement installé sur ton coussin et, moi, je suis juste à côté de toi. C'est très bien que tu vives ta vie. » Je vous promets que sa mauvaise habitude lui passera. Mais à une seule condition : que vous ne recommenciez pas à le réconforter quand il n'en a plus besoin.

Le secret de cette cure magique en trois jours

Appelez ce que je fais de la magie si cela vous chante, en réalité ce n'est que du bon sens, ni plus ni moins. Comment se fait-il, me demanderez-vous, que des cas comme celui de Spencer prennent des semaines d'un travail par étapes pour être corrigés, alors que deux jours suffisent à régler le comportement d'un Teddy ? En fait, tout dépend du *précédent* – s'il s'est produit peu de fois ou s'il s'est répété systématiquement sur une longue période.

La méthode en trois points me permet de déterminer quelle cure magique appliquer en la circonstance. Souvent, cela se résume à une ou deux techniques, capables de gommer l'ancien comportement. La période de trois jours est un invariant. En fait, vous supprimez ce qui a été fait par vous-même dans le passé. Vous effacez le vieux et le remplacez par du neuf – autrement dit : par une habitude nouvelle, apte à développer l'indépendance et la débrouillardise de l'enfant. Il va de soi que plus les bébés sont « vieux », plus il est difficile d'effacer leur comportement. La plupart des appels au secours proviennent de parents ayant des bébés de plus de cinq mois. Dans le « manuel de dépannage » à la fin du chapitre, je passe en revue les mauvaises habitudes qu'on me demande le plus souvent de corriger. Vous verrez qu'elles ont toutes des traits communs.

Problèmes de sommeil. Qu'il s'agisse d'un bébé qui ne fait pas sa nuit passé l'âge de trois mois, ou d'un bébé qui a du mal à s'endormir tout seul, le problème consiste toujours à : 1. accoutumer l'enfant à son lit ; 2. lui apprendre à y dormir sans que vous le rassuriez. Dans les pires scénarios, quand une « éducation périlleuse » a perduré plusieurs mois, le bébé peut avoir peur de son lit parce qu'il n'a jamais appris à s'y endormir tout seul, ayant été habitué à être tenu dans les bras ou bercé.

J'ai connu une petite Sandra qui était intimement persuadée que son berceau était une poitrine humaine. La première fois que je l'ai prise dans mes bras, j'ai cru qu'un aimant nous maintenait collées l'une à l'autre. Impossible de l'étendre, même tout près de moi. Chaque fois que j'essayais, elle pleurait – manière à elle de me dire : « *Moi*, ce n'est pas comme ça que je m'endors ! » Mon travail a donc consisté à lui enseigner une autre façon de dormir. Je lui ai dit : « Je vais t'apprendre à entrer dans le sommeil par toi-même. » Évidemment, elle n'a pas eu l'air convaincue, ni d'ailleurs très curieuse de goûter à la nouveauté. La première nuit, j'ai dû la prendre et la reposer cent vingt-six fois, trente fois la deuxième et quatre fois la troisième. Si je ne l'ai jamais laissée s'épuiser à pleurer, je ne suis pas non plus revenue à la formule kangourou pratiquée par ses parents, car cela n'aurait abouti qu'à perpétuer ses problèmes de sommeil.

Les trois points clefs du changement

Rappelez-vous : toute mauvaise habitude est la **conséquence** (3) d'un **précédent** (1) créé par vous, et qui a engendré chez l'enfant un **comportement** (2) que vous voulez désormais éliminer. Si vous ne changez rien à votre conduite, vous n'aboutirez qu'à enraciner l'automatisme en Bébé. Ce n'est qu'en modifiant radicalement vos façons de faire que vous parviendrez à briser ses mauvaises habitudes.

Problèmes d'alimentation. Les mauvaises habitudes alimentaires ont en général pour *précédent* une erreur d'interprétation des signaux adressés par Bébé. Gail, par exemple, se plaignait que Lily mette une heure entière pour téter. Je n'avais pas besoin de rencontrer cette petite fille de un mois pour deviner qu'elle ne passait pas soixante minutes, montre en main, à manger. Il était évident qu'elle utilisait le sein de sa mère en guise de tétine. Sa maman d'ailleurs trouvait si relaxant de lui donner la tétée – probablement avait-elle un taux d'ocytocine élevé – qu'elle s'endormait souvent, pour se réveiller en sursaut dix minutes plus tard, et découvrir sa Lily toujours pendue à son sein. Moi, qui pousse tant de mères à jeter leur minuteur à la poubelle, j'ai effectué un virage à cent quatre-vingts degrés. J'ai presque ordonné à Gail de brancher le sien sur quarante-cinq minutes. Surtout, je lui ai dit d'ouvrir l'œil, et le bon, pour découvrir si Lily mangeait réellement. Il est apparu qu'elle mâchonnait le sein, la tétée terminée. Nous avons donc décidé de lui donner une tétine, dès que le minuteur sonnerait la fin du repas. Au bout de trois jours, le minuteur était devenu inutile. Gail était à l'unisson des besoins de sa fille, laquelle n'avait par le moins du monde besoin d'un minuteur. En grandissant, elle a laissé tomber la tétine pour son doigt.

Dans les problèmes d'alimentation, il est fréquent que le bébé continue à téter bien après qu'il est rassasié ou encore qu'il tète par intermittence. Ce qu'il cherche à vous dire dans ce cas-là, c'est : « Hé, maman, je mange bien maintenant. Je n'ai pas besoin de téter si longtemps pour être rassasié. » Mais vous, ne comprenant pas ce que dit votre enfant, vous entreprenez de le cajoler pour le convaincre de se remettre au travail. Et il recommence à téter, parce que téter est le propre d'un bébé. Il peut aussi bien se réveiller la nuit pour réclamer à manger alors qu'en fait il n'a pas faim. Dans toutes ces situations, Bébé utilise le sein ou le biberon comme une tétine, ce qui ne sert ni ses intérêts propres, ni ceux de ses parents.

Quelles que soient les mauvaises habitudes de l'enfant en matière d'alimentation, la première chose que je suggère est d'instaurer une routine structurée. Un horaire EASY permettra en effet de réduire au minimum les tâtonnements. Sachant exactement quand Bébé est censé avoir faim, les parents pourront éliminer cette cause de leurs investigations, si leur bébé est nerveux peu de temps après avoir mangé. Voilà pourquoi je les exhorte à observer ce qui se passe, à supprimer peu à peu toutes les tétées superflues et à enseigner à leur enfant comment se tranquilliser sans recourir systématiquement au sein ou au biberon. Je commence souvent par réduire la durée des tétées inutiles. Bébé restant moins longtemps au sein, il ne risque pas d'être suralimenté. Ou bien je remplace le lait par de l'eau ou encore je recours à la tétine, ça facilite la transition. À la fin, le bébé ne se souvient même plus de son ancienne habitude et les grandes personnes parlent à ce propos de magie.

« Mon bébé a des coliques, je vous jure ! »

S'il est un domaine dans lequel ma cure de trois jours a véritablement démontré sa magie, c'est bien celui-là. Votre bébé geint et se crispe, jambes repliées contre la poitrine. Serait-il constipé ? Aurait-il des gaz ? Parfois, il a l'air de tant souffrir que vous en avez le cœur brisé. Votre pédiatre, les mères que vous interrogez, tous font des têtes d'enterrement, vous disent qu'il n'y a rien à faire. Ce qui est vrai en partie, les coliques n'ayant pas vraiment de traitement. Laissez-moi vous dire tout d'abord que ce terme de coliques est à ce point galvaudé qu'on y fourre toutes les situations difficiles ou presque, alors qu'un bon nombre des cas catalogués comme tels peuvent très bien être soignés.

Si votre bébé souffre de coliques, cela peut devenir très vite un cauchemar pour lui, mais aussi pour vous. On estime à vingt pour cent le taux de bébés atteints d'une forme de coliques ou d'une autre, dix pour cent des cas étant considérés comme graves. De quoi s'agit-il exactement ? De spasmes qui saisissent les muscles entourant le canal gastro-intestinal ou génito-urinaire et se traduisent généralement par une agitation, bientôt suivie de pleurs pouvant durer des heures. Il est à noter que les crises surviennent approximativement à la même heure tous les jours, ce qui incite les pédiatres à parler de « règle des trois » : trois heures de pleurs par jour, trois jours par semaine, pendant trois semaines ou plus.

Avec Nadia, type même du bébé à coliques, les choses se passaient ainsi : elle gazouillait la majeure partie de la journée puis, tous les soirs, de six à dix heures, elle pleurait, tantôt sans discontinuer, tantôt par intermittence. Une seule chose semblait la soulager un tant soit peu : que sa maman s'enferme avec elle dans un cagibi plongé dans le noir, ce qui réduisait les stimulations extérieures.

Alexis, la maman, était dans un désarroi presque égal à celui de sa fille. Elle dormait encore moins que des parents tout neufs.

Épuisée qu'elle était à tenter de gérer ses propres émotions, elle avait autant besoin de soutien que Nadia. Le meilleur conseil à donner aux parents d'un bébé sujet aux coliques, c'est de se dorloter (*cf.* l'encadré ci-dessous).

Ne vous tyrannisez pas

Devinette : dans une salle d'attente où des mères font la queue mais où aucun enfant ne pleure, laquelle a un bébé sujet aux coliques ? Réponse : celle qui a l'air le plus exténué. Elle s'angoisse, persuadée que tout est sa faute.

C'est ridicule. Si Bébé souffre de coliques, il y a un problème – indéniablement. Mais vous n'y êtes pour rien. En fait, vous n'avez pas moins besoin de soutien que lui.

Chers couples, au lieu de vous accuser l'un l'autre, comme je vous vois parfois le faire à mon grand désespoir, vous devriez vous épauler. Chez beaucoup de tout-petits, les pleurs reviennent chaque jour à la même heure, disons : de trois à six heures du matin. Alors, relayez-vous : un jour, papa dort dans la chambre d'amis, laissant maman de service, le lendemain c'est l'inverse.

Si vous êtes mère célibataire, enrôlez une grand-mère, une sœur ou une amie. Qu'elle fasse un saut chez vous pendant les heures les plus pénibles. Mais, vous, ne restez pas plantée là, à écouter Bébé crier. Dès que les secours arrivent, prenez la poudre d'escampette ! Obligez-vous à faire une promenade ou n'importe quoi d'autre, du moment que ça vous change les idées.

NB : Et ne vous arrachez pas les cheveux ! Ça va passer, promis juré !

Souvent, les coliques apparaissent subitement vers la troisième ou quatrième semaine pour disparaître tout aussi mystérieusement vers l'âge de trois mois. En réalité, il n'y a là aucun mystère : dès que le système digestif sera rodé, les spasmes diminueront dans la plupart des cas. Vers le même âge, les bébés apprennent à coordonner leurs mouvements et commencent à savoir s'apaiser tout seuls, en suçant leur doigt. Par ailleurs, l'expérience m'a appris qu'une bonne partie des cas étiquetés « coliques » n'étaient pas tant causés par une défaillance physiologique que par un dérapage au plan de l'éducation – provoqué par des mamans ou des papas qui, pour calmer leur nouveau-né, le bercent ou le nourrissent d'office puisque la technique semble efficace – du moins quelque temps. Ce faisant, ils instillent chez leur enfant l'attente de ce réconfort, chaque fois qu'il se sent dérangé. En quelques semaines, l'habitude est prise ; rien d'autre ne calme plus Bébé. Total : tout le monde le croit atteint de coliques.

Bien des parents, persuadés que leur enfant souffre de coliques, me racontent des histoires similaires à celle vécue par le couple Seth et Chloé mentionné au chapitre 2 (p. 72). Au téléphone, Chloé m'avait prévenue : « Isabella pleure presque tout le temps à cause de ses coliques. » À mon arrivée, Seth m'a accueillie sur le seuil et m'a remis un chérubin au visage tout rond, qui s'est aussitôt pelotonné dans mes bras d'un air ravi, puis sur mes genoux pendant tout un quart d'heure, tandis que ses parents m'exposaient la situation.

Peut-être vous rappelez-vous que ce couple adorable était le champion de la désorganisation. Je les voyais déjà poussant des *Vade retro, Satanas* horrifiés, ponctués de grands signes de croix, à la seule mention de mots tels que structure et routine. Je les ai cependant prononcés, ne pouvant me résigner à ce que cette adorable Isabella subisse plus longtemps les effets de leur vie de bâton de chaise. D'un coup, ils ont voulu tout laisser tomber.

« Elle va un peu mieux, a dit Chloé. Peut-être qu'elle est en train de sortir de cette fameuse période de coliques. » Et de m'expliquer que la petite dormait avec eux depuis sa naissance et se réveillait plusieurs fois dans la nuit, toujours en pleurant. Le jour, ce n'était guère mieux. Isabella pleurait même pendant les tétées, lesquelles avaient lieu toutes les heures ou deux. Que faisaient alors les parents ? ai-je voulu savoir. Chloé a pris la parole :

« Parfois, on lui met sa combinaison-anorak, parce que ça l'engonce et qu'elle remue moins. Ou bien on l'installe dans la balancelle et on lui passe de la musique. Les Doors. Si ça ne va vraiment pas, on l'emmène faire un tour en voiture, en espérant que le mouvement la calmera et si cela non plus ne marche pas, j'escalade le siège pour la rejoindre à l'arrière et je lui donne la tétée.

– On arrive parfois à l'empêcher de pleurer en la changeant d'activité », a enchaîné Seth sur un ton conciliant.

Si gentils soient-ils et sincèrement inquiets pour leur fille, ces parents-là n'imaginaient pas une seconde que tout ce qu'ils faisaient ou presque allait à l'encontre de leur dessein. Grâce à la technique 1-2-3, ils ont réussi à comprendre que la situation n'avait fait qu'empirer depuis son origine, cinq mois auparavant. Comme la vie d'Isabella se déroulait selon un schéma aux antipodes d'un semblant de structure, Seth et Chloé ne cessaient de se tromper dans l'interprétation de ses désirs, traduisant ses moindres cris par « J'ai faim ». En l'occurrence, le *précédent* était : suralimentation et surexcitation.Les pleurs du bébé, son *comportement*, contribuaient en partie à perpétuer le modèle. Quant à la *conséquence*, je l'avais sous les yeux : un enfant épuisé, incapable de couper le courant avec le monde extérieur ou de s'apaiser par lui-même. En ne comprenant pas les besoins de leur fille, en pensant qu'ils devaient à longueur de temps inventer un truc nouveau pour la faire patienter, Seth et Chloé concouraient malgré eux à augmenter sa détresse et à compliquer la situation.

Comme pour prouver la justesse de mes déductions, Isabella a laissé échapper de petits pleurs. Des cris qui ressemblaient à une toux, du moins à mes oreilles, et que j'ai aussitôt traduits par : « Maman, j'ai eu mon compte. »

« Vous voyez ? s'est exclamée Chloé.

– Ça y est, c'est reparti pour un tour ! a renchéri Seth.

– Mais non, Maman et Papa, ai-je dit en prenant une voix de bébé, c'est juste que je suis fatiguée. (Et d'ajouter en reprenant ma voix :) Le truc, c'est de la mettre au lit tout de suite, avant qu'elle ne s'énerve trop. »

Chloé et Seth m'ont conduite dans leur chambre à l'étage, une pièce inondée de soleil avec un lit de taille moyenne et des murs couverts de photos.

Première évidence : une surabondance de lumière et de stimuli visuels. Comment voulez-vous qu'un enfant fasse le vide en lui dans ces circonstances-là ? Remédier à la chose n'était pas sorcier. J'ai demandé : « Vous avez un berceau ou une poussette où l'installer pour dormir ? »

J'ai montré à Chloé et à Seth comment langer Isabella en lui laissant un bras dehors (*cf.* p. 215). À son âge, leur ai-je dit, la petite avait le contrôle de ses membres. Elle pourrait trouver ses doigts. Serrant contre mon cœur le bébé bien langé, j'ai quitté la chambre pour aller dans un couloir obscur et, tout en lui tapotant régulièrement le dos, j'ai répété tout bas à l'oreille d'Isabella : « Tout va bien, ma chérie, tu es fatiguée, c'est tout… » En quelques instants, l'enfant était calmé.

La stupéfaction des parents a viré au scepticisme quand ils m'ont vue me pencher sur le couffin pour y déposer leur fille. La petite est demeurée tranquille et silencieuse quelques minutes. Je n'avais pas interrompu mon tapotement. Puis elle s'est mise à pleurer. Je l'ai reprise dans mes bras. L'ayant calmée à nouveau, je l'ai de nouveau étendue dans son berceau. J'ai dû recommencer la manœuvre encore deux fois avant qu'elle s'endorme pour de bon. Les parents n'en revenaient pas.

« Comme elle est habituée à dormir par petits bouts, je doute qu'elle reste tranquille longtemps, ai-je déclaré. À partir de maintenant, votre travail consistera à faire en sorte que ses siestes se prolongent. »

J'ai expliqué aux parents que les bébés, tout comme les adultes, passaient par des cycles de sommeil d'environ quarante-cinq minutes (*cf.* p. 221). Ceux qui, comme Isabella, n'avaient pas appris à se rendormir, devaient l'apprendre maintenant. Ce qui signifiait pour les parents : ne plus se précipiter sur l'enfant au premier couinement. Si Isabella se réveillait au bout de dix minutes, ils devaient la réexpédier au pays des rêves au moyen d'un câlin tout doux et ne pas considérer qu'elle avait eu son compte de sommeil. C'est ainsi qu'elle apprendrait à se rendormir toute seule et, par la suite, ses siestes s'allongeraient.

« Mais… ses coliques ? a demandé Seth, visiblement inquiet.

– Je n'ai pas vraiment l'impression qu'Isabella souffre de coliques, si vous voulez mon avis, ai-je répondu. Et même, si c'est le cas, il y a des choses que vous pouvez faire pour qu'elle se sente mieux. »

J'ai enchaîné sur la confusion qui régnait dans le foyer, brodant sur le thème afin de leur faire entrer dans la tête qu'au cas où leur enfant souffrirait de coliques, le désordre ambiant ne pouvait qu'accroître le problème. À mon sens, les malaises d'Isabella résultaient d'une éducation régie par des fauteurs de troubles : Papa-Maman. À force d'être nourrie chaque fois qu'elle pleurait, la petite en était venue à prendre le sein de sa mère pour une tétine. Par ailleurs, étant suralimentée, elle se contentait de « picorer ». Résultat : ce qu'elle buvait, c'était la partie du lait riche en lactose – celle qui désaltère, mais risque aussi d'occasionner des gaz. « Quant à son estomac, il n'a jamais de répit, vu qu'elle prend des en-cas tout au long de la nuit ! » ai-je conclu.

Les parents étaient atterrés. Je leur ai démontré ensuite qu'Isabella ne connaissait jamais de long sommeil réparateur, de nuit ou de jour. Elle était donc constamment fatiguée. Et que fait un bébé épuisé quand il veut faire barrage au monde extérieur ? Il pleure. Et quand il pleure, il avale de l'air – ce qui, à son tour, peut causer des gaz ou comprimer l'air qu'il a déjà dans l'estomac. Et que faisaient Papa-Maman, croyant la soulager ? Ils ajoutaient à sa fatigue en multipliant les stimulations – promenade en voiture, balancelle, stéréo (les Doors, on croit rêver !). Au lieu d'apprendre à leur fille à développer ses capacités d'apaisement personnelles, ils les avaient étouffées ! J'aurais voulu achever ces adorables parents que je n'aurais pas mieux réussi.

Je les ai quittés sur ce conseil : « Instaurez la méthode EASY et, surtout, soyez persévérants ! Continuez à langer Isabella. Vers six mois, laissez-lui les deux bras dehors – à cet âge les risques de se griffer ou de se pincer sont moindres car les petits bras ne battent plus dans tous les sens. Nourrissez-la à intervalles courts, à six heures, huit heures et dix heures, de sorte qu'elle emmagasine suffisamment de calories pour être en mesure de passer la nuit. Si elle se réveille encore, ne lui donnez pas de biberon mais sa tétine. Consolez-la quand elle pleure et rassurez-la. »

Pour qu'Isabella ne soit pas trop fatiguée ni énervée, je leur ai dit d'introduire les changements par étapes, en commençant par les siestes, car le fait de réajuster le sommeil du jour a parfois un effet positif sur le sommeil de la nuit. Surtout, je les ai prévenus que la transition prendrait du temps. Cris et pleurs continueraient sûrement plusieurs semaines. Mais, après des mois d'horreur, qu'avaient-ils à perdre ? À défaut de résultat immédiat, du moins verraient-ils poindre l'espoir au bout du tunnel.

Et si j'avais tort et qu'Isabella souffre vraiment de coliques ?

La vérité, c'est que cela n'avait aucune importance. Finalement, rien ne traite vraiment les gaz, pas même des antiacides légers prescrits par le pédiatre. Alors que je tiens pour certain qu'une alimentation adaptée et un bon sommeil soulagent réellement le bébé.

Pour soulager le mal de ventre

• Dans tous les cas – surtout s'il s'agit de gaz –, aider Bébé à faire son rot en le frottant du côté gauche, à hauteur de l'estomac, en remontant. Si, au bout de cinq minutes, le rot n'est pas venu, étendez l'enfant. S'il se met à haleter, à se tortiller, à rouler des yeux et à faire une sorte de sourire crispé, c'est qu'il a un gaz. Reprenez-le dans vos bras. Faites passer ses bras par-dessus votre épaule en veillant à ce qu'il ait les jambes bien droites, puis essayez de le faire roter à nouveau.

• Bébé étant étendu sur le dos, faite-le doucement pédaler.

• Étendez Bébé à plat ventre en travers de votre avant-bras et appuyez doucement sur son ventre avec votre main.

• Pliez un lange de façon à en faire une ceinture d'une vingtaine de centimètres de large et entourez-en l'abdomen de Bébé, en serrant bien mais pas trop, pour ne pas lui couper la circulation. (S'il devient bleu, c'est que c'est trop serré.)

• Pour aider Bébé à expulser les gaz, tenez-le contre vous et tapotez-lui les fesses. Ça l'aidera à se concentrer sur cette partie de son anatomie.

• Massez-lui le ventre en faisant des C inversés et non des cercles, de manière à suivre le tracé du côlon – d'abord de gauche à droite, puis en bas, et enfin de droite à gauche.

Par ailleurs, suralimentation et manque de sommeil peuvent engendrer des comportements proches des coliques. De toute façon, que Bébé souffre de vraies coliques ou de fausses, il est tout aussi mal à l'aise. Pensez à ce qu'il en est pour vous, qui êtes adulte. Comment vous sentez-vous quand vous ne fermez pas l'œil de la nuit ? Énervé, j'en suis sûre. Et comment réagit un adulte allergique au lactose quand il boit du lait, dites-moi ? Les bébés sont des êtres humains comme nous autres. Ils souffrent des mêmes désordres gastro-intestinaux. L'aérophagie est un cauchemar pour un adulte, c'est pire pour un bébé qui ne peut ni se masser le ventre ni exprimer sa douleur avec des mots.

Au moins, avec la méthode EASY, Maman-Papa peuvent-ils analyser les besoins de leur enfant et en tirer les conclusions qui s'imposent. Quand Bébé pleure, ils sont en mesure de dire : « Il a eu son biberon il y a une demi-heure, donc il n'a pas faim. Ce doit être des gaz. » En étudiant les expressions et la gestuelle de leur enfant, ils arrivent à faire la différence entre un pleur de détresse (grimaces et jambes repliées vers la poitrine) et un pleur de fatigue (précédé de bâillements). En respectant une routine structurée, le sommeil de Bébé s'améliorera. L'enfant ne sera plus grognon et énervé du matin au soir. Non seulement il aura ce repos qui lui est indispensable, mais il ne pleurera plus autant, car ses parents auront su deviner et satisfaire ses besoins *avant* que ses pleurs ne dégénèrent en sanglots incontrôlables.

Bien gérer l'alimentation est primordial. Mais il est certain qu'un jour ou l'autre, Bébé aura mal au ventre. Vous trouverez p. 314 les techniques les plus efficaces, à mon sens.

« Bébé ne veut pas abandonner le sein »

Cette plainte émane le plus souvent des pères (notamment de ceux qui ont éprouvé du dégoût les premiers temps en voyant leur femme allaiter) et quand la maman continue à le faire alors que l'enfant a plus d'un an. Que la mère refuse d'admettre qu'elle est la raison même de l'obstination de Bébé, et cela peut aboutir à de graves tensions au sein de la famille. Pour ma part, je considère que les femmes qui prolongent la période d'allaitement le font pour leur plaisir, et non pour le bien de l'enfant – parce qu'elles aiment ce rôle et se sentent comblées en le remplissant ; parce que ce moment leur procure une proximité particulière avec leur bébé ; parce qu'elles sont convaincues d'être les seules au monde à pouvoir apaiser leur petit et qu'elles chérissent sans se l'avouer l'idée que Bébé dépende d'elles.

Adrianna, par exemple, continuait à nourrir Nathaniel, bien qu'il ait deux ans et demi. Exaspéré, son mari, Richard, a décidé de m'en parler. « Qu'est-ce que je peux faire, Tracy ? Dès que Nathaniel s'énerve, elle lui donne le sein. Elle refuse d'en discuter avec moi et se réfugie derrière la ligue LaLeche, qui lui aurait dit que c'est "normal" et même "très bon" de réconforter un enfant en lui donnant le sein. »

J'ai alors interrogé Adrianna. « Je veux réconforter mon bébé, Tracy. Il a besoin de moi. » Consciente de l'irritation de son mari, elle continuait d'allaiter Nathaniel en cachette. Mais l'autre jour, chez des amis à un barbecue, voilà que le gamin avait commencé à tirer sur son corsage en disant « Tata, tata » (son petit mot pour téter). « Richard m'a fait de ces yeux ! me dit-elle, je lui avais juré que j'avais sevré Nathaniel. Il était furieux que je lui aie menti. »

Ma tâche ne consiste pas à changer l'opinion d'une femme sur l'opportunité d'allaiter, c'est une question que chacun règle à sa manière et en privé, je l'ai assez répété. Toutefois, je maintiens que dans ce domaine comme ailleurs la sincérité est de mise. J'ai donc répondu à Adrianna : « Je ne vous dirai pas de sevrer Nathaniel, ce n'est pas mon rôle, mais de considérer votre famille dans sa totalité. Regardez le résultat sur vos proches : vous avez aussi un mari à prendre en considération. Or, visiblement, c'est Nathaniel qui l'emporte. Si vous lui mettez dans la tête l'idée qu'il peut prendre votre sein du moment qu'il le fait en cachette de son père, vous fabriquez là un parfait petit menteur. »

Vous voyez maintenant ce que je veux dire quand je parle de parents fauteurs de troubles. J'ai suggéré à Adrianna de regarder les choses en face, d'examiner les raisons qui la poussaient à allaiter son fils et aussi d'imaginer l'avenir. Avait-elle vraiment envie de donner un mauvais exemple à son gamin ? Pour ne rien dire du fait qu'en mentant à son mari, elle risquait un jour de payer très cher les pots cassés. « Vous voulez le fond de ma pensée ? ai-je conclu. Je ne suis pas certaine que Nathaniel ait tellement besoin de votre lait, je crois plutôt que c'est vous qui avez besoin de lui donner le sein. »

Adrianna s'est interrogée sans indulgence. Elle s'est rendu compte qu'en réalité Nathaniel lui servait d'excuse pour ne pas reprendre son travail, bien qu'elle répète à tout le monde qu'elle mourait d'envie de retourner au bureau. En fait, ce qu'elle désirait au fond de son cœur, c'était rester encore plusieurs années auprès de son enfant et peut-être même avoir un autre. Elle a fini par s'en ouvrir à Richard. « Il a été formidable, m'a-t-elle raconté. Il a dit que nous pouvions nous passer de mon salaire et qu'il était très fier que je sois une aussi bonne maman. Et aussi qu'il ne voulait pas se sentir exclu de la partie éducation. » Le jour même, Adrianna s'est attelée à sevrer Nathaniel.

Elle a commencé par les tétées de la journée. « Fini tata ! a-t-elle dit à son fils. Seulement au moment de se coucher ! » Et chaque fois que le bambin essayait de soulever sa chemise, ce qu'il a fait plusieurs fois les premiers jours, elle lui a répété : « Il n'y en a plus » et lui a donné à boire à la tasse à la place. Au bout d'une semaine, elle a cessé de le nourrir la nuit aussi. Nathaniel essayait de la convaincre en disant : « Juste cinq minutes », mais elle ne se laissait pas attendrir. « Fini tata ! » Nathaniel l'a harcelée deux bonnes semaines avant d'abandonner la partie. Mais quand il s'est résigné, il l'a fait pour de bon. Un mois plus tard, Adrianna m'a confié : « C'est à croire qu'il a perdu tout souvenir d'avoir jamais pris le sein. Quant à Richard, j'ai l'impression de revivre avec lui une seconde lune de miel. » Et cela, c'était sûrement le plus important.

Introspection et pondération, voilà la leçon qu'Adrianna a tirée de l'aventure. Il faut les deux pour être de bons parents. Bien des problèmes viennent de ce que les mamans et les papas ne se rendent pas compte qu'ils projettent énormément d'eux-mêmes sur leurs enfants. Or il est capital de se demander sans cesse : « Est-ce que je fais cela pour mon bébé ou pour moi ? » Des parents continuent à tenir leur enfant dans leurs bras quand ils ne devraient plus le faire ; des mamans à nourrir Bébé alors que celui-ci n'en a plus besoin depuis belle lurette. Adrianna, quant à elle, utilisait son gamin pour se cacher la vérité. Et se cacher de son mari aussi, sans s'en rendre compte. Dès qu'elle a été capable de regarder les choses en face, d'être sincère avec elle-même et avec Richard, de comprendre qu'il ne tenait qu'à elle de transformer une situation néfaste en une situation bénéfique, elle est devenue une meilleure maman et une meilleure épouse, et elle a acquis d'emblée une force intérieure.

Guide du dépannage

Ce qui suit ne prétend pas constituer une liste exhaustive des difficultés que vous serez peut-être amenée à rencontrer, mais des cas pour lesquels on me contacte le plus souvent. Si plusieurs de ces problèmes vous concernent, Bébé et vous, rappelez-vous qu'il faut les régler l'un après l'autre. Commencez par vous poser deux questions : « Qu'est-ce que je veux changer ? » et « Quel est le comportement que j'aimerais obtenir à la place ? » Les problèmes d'alimentation et de sommeil sont souvent liés. Vous ne résoudrez ni l'un ni l'autre si, par exemple, Bébé a peur dans son berceau. Usez de bon sens au moment de définir par quoi commencer, la solution est souvent plus évidente qu'on ne le croit.

Conséquence	Précédent probable	Solution
Mon bébé veut tout le temps être tenu dans les bras	Vous-même – ou une assistante maternelle – l'avez probablement beaucoup pris dans les bras, au début. Maintenant il s'y est habitué	Prenez-le dans vos bras quand il a besoin d'être consolé et reposez-le dès qu'il cesse de pleurer en lui disant : « Je suis là, je ne me suis pas envolée » Ne prolongez pas l'instant au-delà du besoin légitime de réconfort
Mon bébé prend presque toute une heure pour manger	Visiblement, il prend votre sein pour une tétine Ne seriez-vous pas en train de parler au téléphone pendant que vous le nourrissez, sans prêter attention à la *façon* dont il mange ?	Au début, un bébé tète avec force et rapidité, on peut l'entendre avaler. Il en est alors à la partie désaltérante du lait. Quand il arrive à la partie nourrissante, il boit plus lentement, à gorgées longues et fermes S'il ne boit pas réellement, mais se tranquillise en gardant le sein en bouche, vous ne le sentez ni tirer sur le sein ni aspirer, bien que sa mâchoire inférieure remue Mettez-vous à l'unisson de *votre* bébé ; décryptez ses besoins Ne laissez pas les tétées durer plus de 45 minutes
Mon bébé réclame à manger toutes les soixante à quatre-vingt-dix minutes	Visiblement, vous vous trompez dans l'interprétation de ses pleurs, croyant chaque fois qu'il s'agit de faim	Peut-être s'ennuie-t-il. Au lieu de le nourrir, changez-le d'environnement Donnez-lui une tétine pour apaiser son besoin de succion

Conséquence	Précédent probable	Solution
Mon bébé a besoin du sein ou du biberon pour s'endormir	Vous l'avez peut-être conditionné à cela en le nourrissant avant de le coucher	Appliquez la méthode EASY pour qu'il cesse d'associer sommeil et tétée Apprenez-lui à s'endormir tout seul (*cf.* p. 217-220)
Mon bébé de cinq mois ne fait pas sa nuit	Il a peut-être interverti la nuit et le jour. Rappelez-vous votre grossesse : Bébé donnait-il beaucoup de coups de pied la nuit, et peu le jour ? Dans ce cas, c'est son biorythme Ou peut-être l'avez-vous laissé faire de longues siestes au cours des premières semaines, et il s'y est accoutumé	Il faut reprogrammer Bébé, c'est important. Dans la journée, réveillez-le toutes les trois heures (*cf.* p. 218) Le premier jour, il sera apathique, le deuxième plus alerte. Le troisième jour, vous aurez réajusté son horloge biologique
Mon bébé ne peut s'endormir sans qu'on le berce	Visiblement, il associe sommeil et bercement. Peut-être laissez-vous passer ses signaux de sommeil (*cf.* p. 211) et il s'épuise. Vous avez dû l'y habituer et il n'a pas appris à s'endormir par lui-même	Tâchez de repérer à temps ses bâillements. Remplacez le bercement par des murmures et des tapotements. Prenez-le dans vos bras, en restant debout immobile ou en vous asseyant dans un fauteuil à bascule
Mon bébé pleure toute la journée	S'il pleure littéralement toute la journée, il est peut-être suralimenté ou fatigué. Peut-être a-t-il aussi une overdose de stimulations	Rares sont les bébés qui pleurent aussi longtemps, consultez votre pédiatre. Si Bébé a des coliques, vous devez tout faire pour les atténuer S'il ne s'agit pas de coliques, vous devrez probablement changer vos façons de faire (*cf.* p. 308-314)

		Dans tous les cas, appliquez la méthode EASY et instaurez un rythme de sommeil intelligent. À défaut de régler définitivement le problème, cela soulagera l'enfant (p. 204 et suivantes).
Mon bébé est toujours agité au réveil	Mis à part son caractère, il souffre probablement d'un manque de sommeil. Peut-être le réveillez-vous au moment où il passe d'un cycle à un autre (*cf.* p. 221)	Ne vous précipitez pas dans sa chambre au premier piaillement. Attendez un peu, pour lui permettre de se rendormir tout seul. Prolongez ses siestes. Bizarrement, ses nuits rallongeront et ce, parce qu'il ne sera pas aussi fatigué

ÉPILOGUE

Quelques réflexions finales

> *Agissez avec tact et délicatesse, en vous rappelant que la vie est Acte de Grand Équilibre. N'oubliez jamais d'être adroit et habile. Et ne prenez jamais non plus votre pied droit pour votre pied gauche. Réussirez-vous ? Bien sûr ! Sans l'ombre d'un doute ! Je vous le garantis à 98,75 %.*
>
> Dr SEUSS,
> *Oh, ces lieux où vous vous rendrez !*

Je voudrais terminer ce livre sur un dernier point capital : prenez du bon temps ! Tous ces conseils pour vous apprendre à charmer votre bébé resteront inutiles si vous ne prenez pas plaisir à être maman ou papa. Oui, je sais, c'est dur parfois – surtout les premiers mois lorsque vous êtes épuisés. Mais vous devez toujours garder à l'esprit qu'avoir un enfant est une chance inouïe, un cadeau.

Rappelez-vous aussi qu'être parents est un engagement de toute une vie, une tâche à prendre plus au sérieux qu'aucune autre. Vous voilà désignés pour guider et former *un autre être*. Existe-t-il plus haute mission ?

Dans les moments difficiles (et vous en rencontrerez même si vous avez un bébé angélique), tâchez de toujours considérer les choses en perspective. La petite enfance de votre fils ou de votre fille est une période merveilleuse, source d'effroi mais aussi de joies, et tellement éphémère. Si vous doutez un seul instant qu'un jour vous penserez avec nostalgie à ces heures simples et douces, interrogez les parents d'enfants plus âgés : tous vous le certifieront. S'occuper d'un bébé n'est qu'un petit clignotement sur l'écran radar de votre vie – net, brillant et terriblement fugace.

Je vous souhaite d'en savourer chaque minute, même les plus pénibles. Mon but n'était pas tant de vous donner des renseignements et des trucs pour parvenir au succès que de développer en vous quelque chose de bien plus important : la confiance dans vos capacités à résoudre les problèmes.

Oui, cher lecteur et chère lectrice – Maman, Papa, Mamie et Papy, vous tous qui tenez ce livre entre vos mains –, vous pouvez disposer à votre guise de mes secrets, ils ne m'appartiennent plus. Employez-les judicieusement, vous découvrirez la joie merveilleuse d'apaiser un enfant et d'établir avec lui des liens et une communication authentiques.

Remerciements

Je tiens à exprimer à Melinda Blau toute ma gratitude pour avoir prêté sa plume au merveilleux projet d'écrire un livre sur mon travail et pour avoir si bien rendu le son de ma voix. Dès notre première rencontre, j'ai compris qu'elle était en phase avec mes conceptions sur les bébés. Son amitié m'est très précieuse.

Merci à vous, Sara et Sophie, mes filles formidables. Vous avez été les premières à éveiller mes dons et à me permettre d'établir des liens avec les tout-petits à un niveau d'intuition plus profond.

Ma famille proche et lointaine a droit, elle aussi, à toute ma reconnaissance – ma mère et ma grand-mère Nan, en particulier, pour leur patience et leur soutien indéfectibles, pour les bases solides qu'elles m'ont offertes et pour leurs encouragements constants.

Comment trouver les mots pour dire ma gratitude à toutes les familles qui m'ont permis au fil des ans de partager leurs joies et des moments si précieux de leurs vies ? Je les en remercie infiniment. Un merci tout particulier à Lizzy Selders. Je n'oublierai jamais son aide et l'amitié qu'elle m'a manifestée au quotidien.

Enfin, je suis reconnaissante à tous ceux qui m'ont guidée tout au long de mon exploration de cette terre encore vierge pour moi qu'était le monde de l'édition. Je remercie notamment Eileen Cope, de l'agence Lowenstein Associates, pour avoir si chaleureusement accueilli ce projet et l'avoir supervisé avec talent jusqu'à son terme ; Gina Centrello, présidente de Ballantine Books, pour sa foi en mon travail ; et Maureen O'Neal, notre éditrice, pour son soutien ininterrompu.

Tracy Hogg
Encino, Californie

Observer Tracy Hogg exercer sa magie fut pour moi un délice et, pourtant, j'avais déjà interviewé de nombreux spécialistes en éducation et suis maman moi-même. Ses conceptions et ses manières de faire n'ont cessé de me stupéfier. Je la remercie de m'avoir ouvert les portes de son monde et d'avoir répondu si patiemment à mes éternelles questions. Merci également à Sara et à Sophie pour m'avoir prêté leur maman.

Je suis de même très reconnaissante aux clients de Tracy qui ont accepté de me recevoir et de me présenter leurs bébés. Grâce à eux, j'ai pu comprendre ce que Tracy avait réalisé pour leur famille entière. Je m'incline avec gratitude devant Bonnie Strickland. Son carnet d'adresses inépuisable m'a permis d'entrer en contact avec Rachel Clifton, laquelle m'a introduite au monde de la recherche sur l'enfant. De nombreux autres professionnels ont également partagé avec moi leurs réflexions.

Je suis reconnaissante à Eileen Cope, de l'agence littéraire Lowenstein Associates, pour m'avoir une nouvelle fois prêté une oreille attentive et prodigué jugements avisés et soutien. Je remercie aussi Barbara Lowenstein pour m'avoir fait bénéficier de sa vaste expérience, ainsi que Gina Centrello, Maureen O'Neal et toute l'équipe de Ballantine pour avoir épaulé ce projet avec un enthousiasme sans précédent.

Enfin, je tiens exprimer ma gratitude à deux mentors pleins de sagesse – Henrietta Levner qui, à quatre-vingts ans, continue d'entretenir avec moi une correspondance suivie, et Tante Ruth, qui est plus qu'une parente – une amie. Ces deux dames qui savent ce qu'écrire veut dire m'ont soutenue de leurs encouragements incessants. Et puis je tiens à remercier Jennifer et Peter de ne pas m'en avoir voulu lorsque, plongée dans la rédaction de ce livre, je leur disais : « Je suis occupée, je ne peux pas vous parler », alors qu'ils mettaient sur pied leur cérémonie de mariage. Quant à Mark, Cay, Jeremy et Lorena si proches de mon cœur, je veux qu'ils sachent, s'ils l'ignorent encore, combien j'apprécie cette « famille élargie » que nous formons tous ensemble.

Melinda BLAU
Northampton, Massachusetts

Table

Composition : Facompo, Lisieux

Cet ouvrage a été réalisé par

FIRMIN DIDOT

GROUPE CPI

Mesnil-sur-l'Estrée

pour le compte des Éditions Robert Laffont
24, avenue Marceau, 75008 Paris
en avril 2002

Imprimé en France
Dépôt légal : avril 2002
N° d'édition : 42662/01 – N° d'impression : 59244